全国基层文化队伍培训教材
QUANGUO JICENG WENHUA DUIWU PEIXUN JIAOCAI
文化馆（站）系列

QUNZHONG WENHUA
HUODONG DE CEHUA YU ZUZHI

群众文化活动的策划与组织

贾乃鼎◎主　编

北京师范大学出版集团
BEIJING NORMAL UNIVERSITY PUBLISHING GROUP
北京师范大学出版社

图书在版编目(CIP)数据

群众文化活动的策划与组织/贾乃鼎著. —北京：北京师范
大学出版社，2013.8(2025.1重印)
（全国基层文化队伍培训教材）
ISBN 978-7-303-16758-6

Ⅰ.①群… Ⅱ.①贾… Ⅲ.①群众文化－文化活动－中
国－业务培训－教材 Ⅳ.①G249.2

中国版本图书馆 CIP 数据核字(2013)第 172934 号

出版发行：北京师范大学出版社 https://www.bnupg.com
　　　　　北京市西城区新街口外大街 12-3 号
　　　　　邮政编码：100088
印　　刷：北京虎彩文化传播有限公司
经　　销：全国新华书店
开　　本：730 mm×980 mm　1/16
印　　张：25
字　　数：300 千字
版　　次：2013 年 8 月第 1 版
印　　次：2025 年 1 月第 10 次印刷
定　　价：50.00 元

策划编辑：马洪立　　　　　责任编辑：马洪立　李　念
美术编辑：李向昕　　　　　装帧设计：李向昕
责任校对：李　菡　　　　　责任印制：马　洁

全国基层文化队伍培训教材

文化馆（站）系列编委会

主　编：冯守仁

编　委：（以姓氏笔画为序）

王全吉　石振怀　巫志南　陈彬斌

贾乃鼎　路　斌　戴　珩

作者简介

贾乃鼎，毕业于中央文化管理干部学院，研究馆员。

曾任：北京市房山区燕山文化卫生分局副局长；北京市文化局研究室副主任；北京群众艺术馆馆长、书记；中国群众文化学会理事。

现任：中央文化管理干部学院客座教授。

曾在多项大型群众文化活动中担任总策划或总编导。在首都国庆40周年庆典活动中荣获一等功，是首都国庆50周年大型庆典活动主要策划人之一，首都国庆55周年游园指挥部演出组副组长兼主场文艺演出总导演；北京市2003—2006年群众文化系列初、中级职称考试大纲起草者；"北京市农村城市化进程中文化建设问题"调研课题报告主执笔。

多篇论文获部级奖，并创作过数部影视作品和文学作品。

序　言

　　文化部国家公共文化服务体系建设专家委员会组织编写的全国基层文化队伍培训教材陆续出版了。这是加强公共文化服务人才队伍建设的一项基础工作，很有意义。

　　推动社会主义文化大发展大繁荣，队伍是基础，人才是关键。2007 年中央"两办"发布的《关于加强公共文化服务体系建设的若干意见》中，就对加强公共文化服务人才队伍建设作出了部署，明确提出了提高公共文化服务人才队伍思想素质和工作能力的要求。2010 年《国家中长期人才发展规划纲要（2010—2020 年）》发布之后，文化部专题部署了开展全国基层文化人才队伍培训的工作。党的十七届六中全会通过的《关于深化文化体制改革，推动社会主义文化大发展大繁荣若干重大问题的决定》，提出基层文化人才队伍是文化改革发展的基础力量的重要论断，要求制订实施基层文化人才队伍建设规划，完善机构编制、学习培训、待遇保障等方面的政策措施。《国家"十二五"时期文化改革发展规划纲要》对加强基层文化队伍建设、完善文化人才培训机制作出了具体部署。建设一支德才兼备、锐意创新、规模宏大、结构合理的基层文化人才队伍，成为新时期公共文化服务体系建设的重要任务。

　　2010 年 9 月，为落实《国家中长期人才发展规划纲要（2010—2020 年）》，文化部发布了《关于开展全国基层文化队伍培训工作的意见》，主要任务是用五年时间，对全国现有约 24 万县乡专职文化队伍和 360 多万业余文化队伍进行系统培训，促使基层公共文化队伍素质显著提高，服务能力明显增强。为此要求建立、健全基层文化队伍培训工作体制和机制，建立分级负责、分类实施的培训组织体系，其中文化部负责指导各地培训、组织编写教学纲要、建设远程培训平台、培养省级师资、举办示范性培训等工作。按照文化部的统一安排，组织编写教学纲要和教材这一任务，由国家公共文化服务体系建设专家委员会负责实施。

专家委员会在广泛征求意见、充分讨论研究的基础上，形成了培训教材编写的整体方案：教材的内容规划为"公共文化服务通论系列"、"公共图书馆系列"、"文化馆（站）系列"三大系列；教材的形式设计为培训大纲性质的教学指导纲要和系统化的教材并举，为应培训之亟须，先行编写出版公共图书馆系列和文化馆（站）系列的教学指导纲要；纲要和教材的编者在全国范围内遴选一流的专家学者和富有经验的实际工作者。2012 年年初，先行组织编写的《公共图书馆业务培训指导纲要》和《文化馆（站）业务培训指导纲要》由北京师范大学出版社出版，文化部免费配送至全国县以上文、图两馆及相关部门。现在呈现在读者面前的，就是在指导纲要基础上编写的系统化教材。按照计划，三大系列共 17 部系统化教材在 2012 年年内全部出齐。

就文化馆（站）系列的教材而言，更有其特殊的意义。群众文化学是我国一门新兴的学科。从文化建设层面讲，群众文化是具有鲜明中国特色的社会文化现象。新中国成立后，正式提出"群众文化"的概念。随着群众文化事业的发展，群众文化的理论研究不断深入，1959 年出版了第一本群众文化理论著作——《群众文化工作概论》，标志着群众文化学基础理论的初露端倪。20 世纪 80 年代末 90 年代初，陆续出版了《群众文化学》、《群众文化管理学》、《群众文化辅导学》、《文化馆管理学》等一批群众文化理论专著，标志着群众文化学基本形成。当前，在推动社会主义文化大发展大繁荣的大背景下，群众文化活动空前地蓬勃开展，人们对群众文化地位和作用的认识不断提高，理论探索持续深入，实践创新快速推进，政策法规逐步完善，群众文化的总体运行环境和基本形态发生了深刻变化，迫切需要总结提炼群众文化实践和研究成果，丰富和发展群众文化理论，形成新的系统化的理论著作和教材。此次文化馆（站）系列教材的出版，填补了空白，解决了基层群众文化队伍培训工作的燃眉之急。文化馆（站）系列教材第一次比较全面、系统地阐述了国家公共文化服务体系建设中的群众文化理论和群众文化工作，比较集中地体现了近年来群众文化理论创新和实践探索所取得的成果，是群众文化理论建设发展到一个崭新阶段的重要标志。

在文化馆（站）系列教材的编写过程中我们遇到的第一个困难就是，可供参考的理论专著和教材数量太少。由于群众文化学在大学里没有常设的专业，所以专业教材数量一直很少，专门面向基层文化馆（站）从业人员在职学习、岗位培训的适用教材更是缺乏，而且大都是20年前的教材。经过反复研究讨论，我们确定编写工作要遵循以下原则：第一，继承性原则。即以群众文化的基本理论为基础，以《群众文化学》、《群众文化管理学》、《群众文化辅导学》、《文化馆管理学》等著作作为参照，继承和发展群众文化理论研究的成果，保持群众文化理论发展的连续性和稳定性。第二，与时俱进原则。广泛收集近年来群众文化实践的新经验和研究的新成果，总结、提炼群众文化工作的新观点、新理论、新探索，并将其上升为系统的理论成果，对原有的群众文化理论、知识技能进行发展、完善和创新。第三，与国家公共文化服务发展的方针政策相一致的原则。教材内容要力争全面、准确地阐述党和政府发展公共文化事业、构建公共文化服务体系的理念、思想、方针和政策，体现国家公共文化服务发展战略对群众文化理论、群众文化工作、文化馆（站）的建设与发展提出的新要求。第四，适用性原则。教材内容要以提升文化馆（站）业务人员管理和服务能力的现实需求为牵引，以提升从业人员的职业素养和业务能力为目标，以政策法规、专业知识、文化素养和能力养成为重点，以"学得会、用得上、有实效"为标准，不过分追求体系的完整性。教材的编写注重总结、提炼、升华实践中成功的做法、经验和案例，适应启发式、案例式、研讨式教学的需要。

教材编写的成功与否关键在人——编写人员，这也是我们遇到的第二个困难。同样是由于群众文化学在大学里没有常设的专业，所以也缺乏专门从事群众文化专业教育、理论研究和教材编写的专家，又没有国家文化馆可以依托，很难像公共图书馆系列教材的编写那样组织一批学者、教授参与其中。因此，文化馆（站）系列培训指导纲要和教材编写人员的组成，是以长期从事群众文化工作和群众文化理论研究，有着丰富群众文化工作经验和理论功底的群众文化工作者为主体，还包括群众文化工作的领导干部，以及从事公共文化服务体系研究的专家。他们大都拥有为业务骨干讲授的实际历练，有的已经形成了讲义并在全国作专题讲座，如社区公共文化服务、群众文化活动的策划与组织、群众文艺创作等，这些都为此次编写指导纲要和教材奠定了坚实的基础。他们的长处是有着丰富的实践经验和较深的理论功底，他们的短处是缺少一定的教材编写经验。但是，他们有着一个共同的特点，那就是热爱群众文化事业，有着为群众文化理论建设和群众文化事业发展贡献自己聪明才智的一颗火热的心。

教材不是个人专著，因此编委会通过研讨、交流乃至碰撞、争鸣而形成共识就显得尤为重要。在本套教材的编写过程中，编委会的每个成员都表现出了令人敬佩的高度重视、严肃认真、团队合作、学术包容的态度和精神。每本教材的主持人都组织编写人员进行了多次多种形式的研讨交流，从内容划分到框架体系，从章节要点到附属材料，都经过了编写团队的反复研讨打磨。三大系列所有编写人员参加的研讨会先后召开了 4 次。2011 年年底，公共图书馆和文化馆（站）业务培训指导纲要预印本印出后，分别在南京图书馆和宁波文化馆召开了由省、地、县各级公共文化服务机构代表参加的征求意见会。可以说，目前形成的教材，不仅凝聚着全体编写人员的心血，同时也包含着众多业界同仁的智慧。尽管如此，我知道问题和不足肯定还存在。欢迎使用本套教材的各级文化部门和基层文化工作者提出修改意见和建议，我们将在今后适当的时候作必要的修订。

参加文化馆（站）系列教材编写工作的还有上海市群众艺术馆、江苏省和江苏省相关地市文化馆、北京群众艺术馆和相关区县文化馆、天津市群众艺术馆等的专家和群众文化工作者。在编写过程中还得到了全国许多文化馆和群众文化工作者的热情帮助。教材的编写仅有编写人员的努力还不够，还应该感谢中国文化传媒集团公共文化发展中心为编写工作提供的有力保障，感谢北京师范大学副校长杨耕教授，北京师范大学出版集团叶子总编辑和李艳辉副总编辑，高教分社原副社长江燕老师，以及各位责任编辑，他（她）们为教材的出版把了最后一道关口，付出了心血和努力。

冯守仁

前　言

　　提升公共文化服务水平是不断夯实文化强国坚实基础的重要任务。习近平总书记指出，"完善公共文化服务体系，深入实施文化惠民工程，丰富群众性文化活动""要推动公共文化服务标准化、均等化，坚持政府主导、社会参与、重心下移、共建共享，完善公共文化服务体系，提高基本公共文化服务的覆盖面和适用性"。

　　党的十八大以来，以习近平同志为核心的党中央高度重视公共文化服务体系建设。习近平总书记就公共文化服务体系建设作出了一系列重要论述，为新时代公共文化服务发展指明了前进方向。

　　2021年8月17日，习近平总书记主持召开中央财经委员会第十次会议时指出，促进共同富裕与促进人的全面发展是高度统一的，要强化社会主义核心价值观引领，加强爱国主义、集体主义、社会主义教育，发展公共文化事业，完善公共文化服务体系，不断满足人民群众多样化、多层次、多方面的精神文化需求。

　　党的二十大报告指出："实施国家文化数字化战略，健全现代公共文化服务体系，创新实施文化惠民工程。健全现代文化产业体系和市场体系，实施重大文化产业项目带动战略。加大文物和文化遗产保护力度，加强城乡建设中历史文化保护传承，建好用好国家文化公园。坚持以文塑旅、以旅彰文，推进文化和旅游深度融合发展。"

　　随着我国社会主义现代化建设的飞速发展，群众文化事业也正沿着科学化、规范化的轨道快步前进。事业的科学化离不开科学理论建设和高素质文化队伍建设。文化部根据当前我国基层文化队伍的实际情况，于2011年组织力量编写了《文化馆（站）业务培训指导纲要》，并针对纲要中的各项内容相继展开了与之相应的六本培训教材的编写工作，《群众文化活动的策划与组织》便是该套系列教材当中的一本。

　　这本教材是针对我国基层群众文化队伍和骨干力量的实际情

况，参照全国现有的群众文化设施和当前群众文化活动的平均运作水平编写的应用性教材。所涉及的内容均是在群众文化活动操作当中经常运用的最基础的知识，因此作者将相关理论进行简化，采用通俗的语言进行表述，尽量满足全国各地大多数基层群众文化工作者的需要。

讲义共分五章二十九节，分别从基层群众文化活动的特征、规律；活动的创意和策划；活动的设计和布局；活动的组织和实施；活动方案的编写等与群众文化活动有关的各个方面，进行较系统的论述，力求从活动的创意理念和运作方式等方面，为广大基层人员的实际操作提供帮助。

群众文化活动当中所涉及的群众艺术，与我们通常所说的专业艺术有着必然的联系，既然称之为艺术就应当遵循统一的审美标准和规范的表现形态，这是大量艺术人才加入群众文化活动队伍中来的重要原因。但两者之间又存在着很大的差异，群众艺术所面对的服务对象、创意动机和目的、表现手段和方式、艺术特征和规律，等等，都与专业艺术有着很大区别。从本质上讲，群众文化活动属于社会文化范畴，艺术表现是实现其社会功能的手段和技巧，而不是目的。因此，群众文化活动从创意、策划，到布局、分类，以及运作规律等方面，都与职业文艺团体和电视新闻媒体等产业化文化单位的运作，有着巨大的差别，形成了群众文化活动特有的文化表现形态。

由于受篇幅所限，在本教材中没有将相关案例及案例分析包含在内，但在与本教材同时出版的系列教材中有一本《群众文化案例选编》，其中收集了大量的群众文化活动案例，各单位在组织本地区培训活动时，若将两本教材结合使用，可取得更好的效果。

当前，群众文化活动还没有形成一个成熟的理论体系，故在教材的编写过程中，能够参考的资料十分有限。教材中的一部分内容具有一定的探索意义，但还需要不断加工和完善。群众文化理论体系的构建，需要全国每一个群众文化工作者的共同努力才能实现。希望有更多的同志加入到群众文化理论体系的建设中来。

贾乃鼎

目　录

第一章　群众文化活动策划与组织的基础知识

【目标与任务】

　　通过对本章的学习，要求学员了解并掌握在群众文化活动的策划与组织过程中必须具备的相关基础知识，其中包括基层群众文化活动的规律与特征；大型群众文化活动的作用与特征；群众文化活动的组织理念；开展群众文化活动的基本要素；基层群众文化活动项目确立的程序和步骤；大型群众文化活动项目确立的程序和步骤。并能将上述知识运用到活动的策划和组织程序中。

第一节　基层群众文化活动策划应把握的几个问题

　　基层群众文化活动是直接满足群众文化需求的重要活动形式之一。基层群众文化活动的参与者一般是指城市街道、社区，农村乡镇、村落的居民及个体成员，还包括机关、学校和企事业单位的所属人员等。

　　随着我国现代化建设的快速发展，广大群众的文化需求理念发生了重大变化，其需求的内容和形式也在不断地改变。基层群众文化活动所面对的是直接参与文化消费的基层群体和个人。不同的职业、不同的年龄、不同的文化背景，以及不同经济基础状况下的人们，对文化需求的理解是不同的。面对复杂多变的基层文化需求环境，群众文化活动的策划者与组织者必须掌握与其相应的思维方法和运作理念，并从众多的活动元素中寻找出相通的规律性要素，根据基层群众文化活动的特殊要求进行活动设计，这样的文化活动才能具有针对性和实用性，才能受到基层群众的欢迎。

在实际运作之前，活动的组织者和策划者应当从规律、特征和理念等方面对基层群众文化活动进行认真的分析和研究，这是策划活动的前提和基础。一些基层文化单位常常忽视对群众文化需求的研究，尤其是对基层群众文化活动共性元素的探索，仅凭上级单位的决策，或活动策划人的经验去进行运作，这样的活动很容易流于形式，难以对本地区基层文化事业产生深远影响。

一、基层群众文化活动的四个重要规律

我们所说的规律是指在基层群众文化活动各项元素之间存在的内在必然联系，这种联系是客观存在的，群众文化工作者可通过这些内在的联系把握活动的方向和趋势，使活动沿着科学的轨道发展，从而得到广大群众的认同与欢迎。

基层群众文化活动的规律主要表现在活动的规模、活动的手段、活动的方向和活动的效果四个方面。

（一）活动规模的抓小顾大

基层群众文化活动按规模划分可分为小型群众文化活动和大型群众文化活动两类。

1. 小型群众文化活动

小型群众文化活动又称日常性活动，具有机动性强，操作简便，投入经费较少，一个或几个人就可以运作的特点。它贯穿基层全年文化活动的始终，是基层群众文化活动的基础性活动。对于基层群众文化单位来说，开展小型活动是日常工作中的重要内容。

在通常情况下，由于客观条件的限制和人们实际文化生活的需要，广大群众不可能经常参与大型群众文化活动，而是通过小型群众文化活动来满足自身的文化需求的，小型群众文化活动的机动性和可变性可以满足人们不断变化和多样的文化需求，其操作的简便性又可使群众触手可及，具有亲切感。如社区、村落里的秧歌队、戏曲戏剧社、合唱团，以及群众在公园里自发组织的晨练活动等，人们自愿组合，来去自由，各取所需。基层群众文化单位应充分认识到，小型群众文化活动是维系基层群众正常文化生活的基本要素，要下大力气使小型群众文化活动的开展做到常规化和日常化，做到月月有计划，周周有活动，让广大群众的文化需求在家门口就能得到满足。

随着我国市场经济的快速发展，特别是城乡一体化进程的飞速推进，人们的社会生活模式正在发生着重大改变。生活节奏的加快，工作压力的增大，价值观念的改变，以及社会人口的快速流动等，都对人们的精神世界产生着巨大影响。老年人的孤独，中年人的压力，青少年的求知拼搏，等等，都需要通过一种方式来调节自身的精神状态，使这些压力得到释放和缓解，群众文化活动便是人们的最佳选择。在社区内经常看到老年人走出家门，自愿组合在一起健身、唱歌、跳舞、扭秧歌；企事业单位定期要组织员工开展各类文化娱乐活动；学校内，老师带领和组织学生开展经常性的课余文化活动等。从某种程度上讲，参加群众文化活动已经逐渐成为广大群众日常生活的重要组成部分。广大基层群众文化工作者应当像家庭主妇料理家庭饮食一样，根据所属辖区群众的文化需求口味，不断地调整文化活动的品种和内容，从而达到满足群众文化需求的目的。

小型群众文化活动是调节基层社会关系的润滑剂，是人与人之间情感沟通的纽带，是保障社会和谐稳定的重要手段。在现实生活中，每一个社会成员都身处具体的基层社会空间中，而这些基层社会空间又构成了社会，社会的和谐稳定是基础元素。我们经常会看到这样一种现象：在同一个社区文化中心或农村文化大院中，不同年龄段、不同职业、不同经济状况、不同社会地位的人们，为了共同的文化需求和爱好，参加到同一个文化活动中。他（她）们互不相识，但平等相处、相互交流、彼此沟通。通过活动促使人们相互了解、相互包容，这就是基层文化活动所应达到的根本社会目的。

从上述的内容中可以看出，广大基层群众在日常生活中接触最多的是小型群众文化活动，他们从这些活动中可以得到文化需求的满足和乐趣。因此，应当将开展小型群众文化活动视为基层群众文化工作的重中之重。

2. 大型群众文化活动

虽然小型群众文化活动是基层群众文化基础性活动，但大型群众文化活动对广大群众的文化生活来说，同样具有重大意义。

基层群众从小型群众文化活动中得到的满足往往带有自娱的性质，人们依据自身现有的审美水平和需求标准来选择活动项目及内容。由于每个人的职业、年龄、经济条件、价值观念、生活习惯及审美标准等各不相同，若想通过环境条件、信息数量、经费与规模都受到限制的小型活动来得到在艺术修养方面质的飞跃是非常困难的。因此，在基层群众文化建设中，必须重视对大型群众文化活动的组织，从而确保基层群众文化活动整体水平的提高。

对于基层群众文化建设来说，大型群众文化活动可以在以下几个方面发挥作用。

①在一般情况下，基层群众参加的小型活动大多都在自身的居住地或周边的邻近社区内进行。其活动的内容及活动的硬件和软件条件均处在封闭或半封闭状态，人们在活动中所得到的满足，无论从质量上还是丰富度上都受到了限制，从长远的观点看，对

提高基层群众的精神文明水平和基层文化建设水平都是不利的。大型群众文化活动恰恰可以弥补小型群众文化活动的不足。定期组织基层群众参加大型文化活动，可以从中得到丰富的群众文化信息，开阔广大群众的视野，并将从大型活动中得到的启迪和营养带回到本社区和本乡镇，从而促进基层文化活动水平的提高。

②小型群众文化活动往往是通过群众自娱自乐的方式得到体现的，参与活动的人员素质决定了活动的质量和水平。由于缺少与外界经常性的艺术交流和比较，致使基层文化活动的审美水准受到制约。大型群众文化活动的综合性和示范性提供了这一方面的补充，人们在参加大型群众文化活动时，通过多种方式得到了交流的机会。无论从艺术形式上还是表现能力上，无论从内容的深度上还是广度上都会得到学习的机会，由此达到提高群众的审美水平和精神文明水平的目的。

③由于小型群众文化活动具有随意性强和机动性强的特点，因此人们在活动中往往处在一个较松散的状态中，这给基层群众文化工作者的组织工作带来了一定的困难。为基层群众创造参加大型群众文化活动的机会，可以使人们增强集体主义精神。人们在活动中可以充分体会到团结的重要性，只有相互包容、协同合作、统一步调才能达到参加活动的预期目标。因此，大型群众文化活动可以锻炼群众文化骨干队伍，培养基层群众的全局观和纪律观念，不仅对提高基层群众文化活动的综合水平发挥重要作用，而且对构建和谐社会也具有重大意义。

④大型群众文化活动操作的复杂性和内容形式的综合性，要求活动的参与者必须要有较强的组织能力和控制能力。基层群众在参加大型文化活动时，只有按照活动规范和规章来约束自身行为，才能与活动融为一个有机的整体，确保活动的顺利进行。而做到上述要求仅凭基层文化工作人员的努力工作是无法完成的，

必须发动参与活动的群众共同努力，自我约束、自我管理，并从大型活动中探索文化管理的经验和规律。如果将这些经验带回基层单位的日常文化活动中，就可以大大提高基层群众文化活动的质量和水平。由此可见，基层群众可通过参加大型群众文化活动来提高自主管理的能力，为"群众文化群众办"打下坚实的基础。

3. 大型群众文化活动示范，小型群众文化活动铺面，是基层群众文化活动的规律之一

综前所述，大型群众文化活动和小型群众文化活动在基层群众文化活动中都占有十分重要的位置。小型群众文化活动是基层群众触手可及的活动形式。随着我国经济、文化建设的飞速发展，人们的文化需求水平也在不断变化和发展，基层群众的文化需求也在不断地变化。基层文化活动的可变性和随机性恰好可以满足这些需求。如老年人的健身、中年人的精神调节、青年人的竞技比赛、少年儿童的游戏娱乐等需求，完全可以根据具体情况及时调整和安排。基层文化工作者应当根据小型群众文化活动便于操作和灵活性较强的特点，开展内容丰富、形式多样的小型群众文化活动，并将这些活动经常化、常规化，发动骨干力量将各类形式的小型群众文化活动在本地区全面铺开，吸引多数群众走出家门，融入到社区或村落的大家庭中来，达到满足群众的各类文化需求的目的。

在小型群众文化活动全面铺开的同时，还要在开展或参与大型群众文化活动上面下功夫。充分利用大型群众文化活动的示范、引导功能，使基层群众文化活动水平得到质的提高。由于大型群众文化活动在组织操作、经费投入、人员协调等方面需要投入较大力量，基层群众也不可能频繁地参加大型活动，因此基层文化单位应将提高本地区群众的文化素质作为组织大型群众文化活动的主要目的，把小型群众文化活动与大型群众文化活动有机地结合起来，使开展基层群众文化活动的最终目的落实到满足人们的文化需求上来。一些单位仅仅为了提高自身的知名度，将主要精力投入到开展大型群众文化活动上，致使活动的参与者总是局限于小部分群众上，这对基层文化建设的长远发展是十分不利的。

中型群众文化活动是介于大型与小型群众文化活动之间的中间类型，从活动规律的角度上讲，可视情况将其分别归类于大型或小型群众文化活动之中，在此不单独进行论述。

(二)活动手段的寓教于乐

基层群众文化活动的手段是多样的，但通过文化娱乐手段达到教育目的是基层文化活动的基本规律。

群众文化活动是人们为了满足自身文化需求，通过各类文学艺术形式所进行的社会性活动。但人们对文学艺术活动的参与同艺术院校的教育有着根本的不同，这一不同主要体现在接受活动及教育的目的上。艺术院校的教学目的是培养艺术人才，而群众参加群众文化活动是为了自身的需要。同样是文学艺术的传播，但群众参与的起点却是兴趣，他们将接受知识和接受教育的目的通过娱乐的方式来完成。因此，群众文化活动，尤其是基层群众文化活动仅采用单一灌输式或说教式的方法进行教育是行不通的。基层群众文化工作者必须设法通过活动吸引广大群众，使其产生参与活动的兴趣，并将这一兴趣转化为需求，使人们在活动中不知不觉地受到教育，这是基层文化活动的重要任务。

在实际活动中，群众参与活动的兴趣是极易变化的，具体来说可总结为以下几类情况。

1. 当人们对某一活动产生需求疲劳时，兴趣便会转移

活动的组织者必须及时提高活动的品位、层次，或者丰富活动的内容和形式，才能保证活动参与者相对的稳定性。例如，某人参加了一个业余合唱辅导班，但这个班长期只反复排练一两首

歌曲，而且方法单一、形式雷同，这一过程如果持续过长，这个人便会产生厌烦情绪。解决这一问题的具体方法是根据人们的具体情况适当增加技术难度；改变辅导方式，增强趣味性；创造与外界交流或演出的机会等。

2. 群众个体在同一时间内，可能同时对多项活动产生兴趣

面对这类多种兴趣共存的群众，活动的组织者应当采用必要的娱乐手段保持他们的各种兴趣，并设法将他们的娱乐型兴趣逐渐转变为知识型兴趣。如果某个个体忽然在同一时间内对多个内容产生兴趣，则往往伴随盲目性和不稳定性，他们会从这些众多的兴趣中选择能够从中得到收获的内容和形式并将其稳定下来，群众文化活动的寓教于乐规律在这时就会发挥了关键性作用。广大基层群众文化工作者应非常重视这部分群众的需求，他们通常是基层文化活动的积极分子，如引导得当就会成为基层文化活动的骨干力量，为基层文化建设作出贡献。

3. 有些个体在某一段时间内，可能对所有文化活动失去兴趣

我们暂可将其称为所谓"没有文化需求的文化需求者"。这部分群众之所以产生没有娱乐兴趣的现象，大致可归于两类原因。第一，由于工作压力或不具备参与活动的条件（如身体有病、年老体弱等）的原因，他们没有精力去参加基层文化活动，只能将原有的爱好和兴趣舍弃。对于这些群众，基层文化单位只要为他（她）们创造条件，提供较为轻松愉快的文化活动，他（她）们中间就会有部分群众逐渐参与到基层文化活动中来。第二，按照群众参与活动的表现形式划分，可以分成表现性需求和接受性需求两类。表现性需求是指群众对文化活动的主动参与意愿，他（她）们在活动中通过自身的表现和展示来达到满足文化需求的目的。例如，参加业余歌手比赛、参加书画展览、参加文化馆组建的舞蹈团队等，这些群众往往是基层文化活动的活跃分子，因此又可称之为主动性需求。接受性需求是指群众不是通过主动的创造性参与，而是采用被动接受的方式达到满足文化需求的目的。例如，看电视、阅读报刊、游园观景、观看文艺演出等。这些群众表面上没有明显的兴趣和需求，因此常常被基层文化单位误认为没有文化需求。这部分群众在广大基层群众中占有相当大的比例，他（她）们一般对文化活动的选择性和倾向性比较强，但从众心理较弱。各基层文化单位必须给予高度重视，要在遵循寓教于乐这一规律上下功夫，要用丰富多彩的娱乐活动促使人们产生兴趣，随之引导大家从这些活动中得到知识或受益，只有这样他（她）们的需求才能趋于稳定。

寓教于乐是群众文化固有的活动手段。群众文化工作者必须把握好娱乐与教育之间的关系，熟练掌握通过娱乐的手段达到教育的目的这一基本规律。广大人民群众在日常生活中，可以采用多种渠道学习各种社会、文化及科学知识，但群众文化活动可以使人们在轻松欢快的氛围中得到丰富的知识，这就是寓教于乐的魅力所在。基层文化活动应当利用便民、亲民的特点，通过文化娱乐手段普及科学文化和艺术知识，提高广大群众的文明及审美水平，这是基层文化工作者的主要任务之一。

群众文化活动的寓教于乐手段是基层文化传播中非常独特的手段，具有其他传播方式不可代替的作用。基层文化活动通过文化娱乐的方式促使人与人面对面地进行交流互动。来自不同职业、处于不同状况的人们平等相处、增进了解、情感沟通、加深信任。群众文化工作者应当充分利用寓教于乐这一手段，引导基层群众走出家庭，进入社区，通过丰富多彩的文化活动培养广大群众健康向上的审美情趣，积极平和的社会心态，这是基层文化活动的根本目的。

(三)活动方向的城乡辐射

我国群众文化事业在改革开放以后获得了飞速发展的机会，作为群众文化重要组成部分的群众文化活动更是得到了广大人民群众的认同和支持，尤其在城市和农村的基层单位，群众文化活动已经逐渐成为人们日常生活中的一部分。纵观基层群众文化活动几十年来的发展历史，一条基本规律逐渐显现出来，即城市群众文化活动向城镇基层社区和农村乡镇、村落等基层单位辐射的规律。这一规律对城乡基层群众文化活动的建设具有十分重要的意义。

城市是本地区经济文化中心。开放的社会，多样的信息，流动的人群，变化的经济环境给城市群众文化活动的发展提供了广阔的天地。我国社会主义现代化建设的飞速发展，使人们的文化理念、消费理念、价值理念等都发生了巨大的变化，而且这些变化在城市中每时每刻都在发生。作为以满足群众文化需求为目的的群众文化活动也必然随之变化。由于城市文化的影响力、信息量及传播能力都大于农村和城镇的基层社区，因此其辐射功能便发挥出巨大作用。城镇社区群众本身就是城市的成员之一，但因社区的环境、类别、人员构成及信息获取能力等各不相同，其群众文化活动的水平也就各不相同。社区群众距离城市主体群众文化活动最近，急需从活动中得到满足，故城市主流文化理念首先向城镇基层辐射。广大农村群众获取新文化理念、新信息的能力明显低于城镇群众，前者需要从城市文化中获取营养，这就促使城市群众文化向农村辐射成为必然规律。

我国广大基层群众的文化需求——无论是主动性需求还是被动性需求，都要从城市主体群众文化中获取自身所需的文化内容。但由于各自的生活环境及生活习惯不尽相同，对城市群众文化的接受程度也各不相同。城市主体群众文化向社区和乡村辐射的过程中，必须经过选择和二次加工的阶段，使之成为适合当地文化特征的文化元素。这个过程不可能由基层群众直接完成。与城市主体群众文化活动直接发生联系的是城市街道和农村乡镇文化站，他们了解本地区基层群众的文化需求和文化特征，又熟知当地城市主体群众文化活动的方向和本质特征，因此，文化站成为城市主体群众文化活动向基层辐射的中转站。政府设立基层文化站的重要目的之一，就是将城市主体文化按照本地区基层群众的实际文化需求水平和审美水平进行针对性改造，使基层群众能够自觉自愿地从城市文化中获取新内容、新理念，从而达到提高基层群众文化活动水平和群众精神文明水平的目的。

城市群众文化活动在发展过程中表现出来的示范性、整合性和传播性，决定了其向城乡基层的辐射功能。

对于基层群众文化活动来说，示范性是城市群众文化活动的基本特征之一。城市中大量的文化信息，多样的文化活动内容和形式不断输送到基层，开阔了基层群众的眼界，提高了基层群众对新知识的接受能力和理解能力。同时，城市的开放性使群众文化活动不断将新思想、新观念融入其中，从而在向基层辐射时起到了示范作用。基层群众从城市群众文化活动中不断获取新知识，丰富了自身的想象力和创造力，从而使基层群众文化活动更加丰富多彩。因此，城市群众文化活动的辐射功能决定了基层群众文化活动的丰富程度和普及程度。

城市是本地区经济、文化中心，社会经济的发展和人口的多样化促使开放的城市每一天都在发生着变化。人们的文化需求无疑会随着社会发展的变化而不断变化。由此伴随的城市群众文化活动为了满足广大人民群众的文化需求也必然处在不断的整合之中。由于我国各地区的社会经济和文化状况不同，故各城市群众文化活动的整合内容和整合方向也不尽相同，这就促使各个城市产生了各自的活动特色。基层群众不断从城市群众文化活动中获取动力，并与自身的需求和审美水平相结合，也就逐渐形成基层群众文化活动的特色。可以说城市群众文化活动的整合性决定了基层群众文化活动的更新率和特色。

社会成员之间通过群众文化活动直接面对面地交流，这促使人们在增进感情的同时还相互传递了社会文化信息和科学知识，这种传播方式是其他平面媒体和互联网传播所不能替代的。城市文化的开放性带来了群众性文化交流的开放性，基层社区和农村群众通过城市群众文化活动的传播和交流功能，使其文化需求理念和文化消费理念也逐渐跨出自身所处的小环境，并随着城市群众文化活动的不断传播而变化。这种传播的速度越快，城市群众文化向基层的辐射程度就越深，基层群众的文化理念的开放程度也就越广泛，最终使基层群众融入城市主体群众文化活动之中。总之，城市群众文化活动的传播性决定了基层群众文化活动的开放程度和辐射程度。

(四)活动效果的基层体现

当形式多样、内容丰富的群众文化活动完成之后，如何评价活动效果，如何检验社会效益是一个十分重要的问题。一些单位和地区在评估群众文化活动的成果时，往往将活动的规模大小、形式的丰富多样与否、场面的热烈程度等作为考核标准，其实这样的测评是不全面的。检验一个地区或一个单位开展群众文化活动的实际效果不应仅停留在领导是否重视，宣传是否具有轰动效应，场面是否轰轰烈烈等方面，而是要看基层群众对活动的感受，要看他(她)们在活动中的满足程度。开展基层群众文化活动的根本目的是满足群众的文化需求，而不是其他。

在现实生活中，每一个人都处在与自身相应的社会环境之中，无论何种职业，何种地位的个人都不可能脱离其基本的基层生活环境，与人民群众息息相关的是基层群众文化活动。因此，基层群众文化活动是群众文化活动的基本元素，任何群众文化活动，包括大型群众文化活动在内都离不开基层群众文化活动的支持。例如，市级群众文化活动离不开区县文化馆、文化站的支持；区县大型群众文化活动离不开街道社区、乡镇村落广大群众的参与；大型企业举办庆典活动离不开各基层单位的大力支持等。

衡量一座城市或一个地区的精神文明水平和文化综合水平的高低，不仅要看其举办最高水平大型活动的能力和各级政府的支持力度，更要看最基层群众的精神文明水平和文化素质是否得到提高。只有基层群众文化活动水平得到提高，才能证明该城市或该地区的总体群众文化水平的提高。因此，检验群众文化活动的综合实力，最终应体现在基层群众文化活动的水平上。

无论何类形式何种规模的群众文化活动，都不能忽视基层群众文化活动的作用。当人们参与大型群众文化活动之后，还是要回归到基层文化活动中来，广大群众的日常文化需求是从基层得到满足的。大型群众文化活动给人们提供了展示才华的机会，而基层小型群众文化活动可使人们得到生活上的满足。基层群众文化活动是满足广大群众文化需求的基本表现形式。

二、基层群众文化活动的几个重要特征

基层群众文化活动是以小型群众文化活动为基础的，与大型群众文化活动相比，具有以下几个重要特征。

(一)家园性

我们这里所指的基层环境是在街道、乡镇、社区和村落范围内，构成以家庭为单位的基本活动环境及生活环境。各级政府为基层群众提供了必要的群众文化活动条件，如社区文化活动中心、村级文化大院等。广大群众在自家门口就能享受基本的文化服务，

如夏季晚饭以后，居民们走出家门坐在一起观看基层文化单位组织的消夏文艺晚会、电影晚会等，这种亲切感只有通过基层群众文化活动才能向居民传递。

不同状态下的群众长期生活在同一个基础文化环境中，他（她）们的职业不同、观念不同、年龄性别不同、经济条件及生活习惯等都各不相同，但人们在这个基层环境中彼此都是平等的，大家将各自对社会、对文化的不同理解及相关知识通过群众文化活动展示出来，经过交流、磨合，逐渐形成共同的文化氛围。

在社会发展过程中，人是社会中的人，每一个人都不可能独立于社会之外而存在。但在社会经济高速发展的今天，人们的生活节奏加快了，生活压力增大了，包括家庭在内的社会成员之间的情感距离拉大了，沟通机会减少了。广大群众需要在工作之余通过群众文化活动来调节自身的精神和情绪，同时在活动中达到与社会互动的目的，人与人之间增进了感情，加强了了解，促使人们逐渐从家庭中走出来，完成从血缘性情感向社会性情感的转化，在基层群众文化活动中找到家的感觉，这是其他活动很难达到的效果。因此，加强基层群众文化活动是沟通不同状态人群的有效纽带。

基层群众文化活动使居住在同一地区内互不相识的人们走到一起，共同创建和谐的小家园文化。在城市社区里和乡镇村落中，互不相识的人们在一起打太极拳，跳健身操等。无数群众的平和心态打造了小家园的和谐，我国是由无数个小家园组成的，小家园的和谐构成了大家园的稳定。

广大基层群众文化工作者必须认识到，在众多的基层群众中还有相当数量的群众因生活压力大、身体健康状况差、审美水平不高等原因，没有加入到群众文化活动的队伍中来，还处在我们工作的视线之外，对于这部分群众的文化需求必须高度重视。基层群众文化活动是家园文化中的重要组成部分，应通过丰富的基层群众文化活动动员广大基层群众融入家园之中，这是每一个基层文化工作者的重要职责。

（二）娱乐性

娱乐性是基层群众文化活动的主要特征之一。人们在日常生活中，往往通过娱乐性活动来调节自身的精神和情绪。不同环境和不同状况下的人们对娱乐的感受是不同的，有的人喜欢唱歌，有的人热爱跳舞，有的人常聚在一起打牌，有的人每天都要打太极拳，无论人们娱乐的方式和内容差异多大，有一点却是共通的——兴趣。基层群众文化活动正是以群众的兴趣为起点，开展群众喜爱的文化活动，才使得基层群众文化事业充满活力。因此，基层文化工作者应认识到，启发群众的兴趣是基层文化活动的重要任务之一。

由于基层群众各自的经济和社会背景不同，他们对文化娱乐的理解和要求也各不相同。不同的娱乐理念带来了群众文化兴趣的多样性，同时也带来了基层文化活动的多样性。群众的文化兴趣转变到文化需求需要一个过程，群众文化工作者应该在开展文化活动前，对群众娱乐兴趣的类别进行全面详尽的调查研究，找出其向文化需求转化的渠道，并按需求采用寓教于乐的方式开展丰富多样的群众文化娱乐活动，这样的活动极易被广大群众认同和接受。

基层群众文化工作者应当从群众的娱乐活动中完成并实现群众文化活动应有的本职任务和目的。

1. 从娱乐中寻找需求兴趣点

这是基层群众文化满足群众需求的第一步，也是群众文化工作者工作起来十分困难的一步。群众多样的文化需求来源于多样的兴趣，人们在不同经济、不同文化背景下的兴趣点是各不相同的，只有从各不相同的兴趣点中寻找出其共性特征，才能设计出受群众欢迎的群众文化活动。

2. 从娱乐中寻找审美层次提高点

虽然基层群众的娱乐兴趣点多种多样，但由于受基层的客观条件和个人的素质所限，人们的审美水平和鉴赏水平也参差不齐。群众文化活动的主要职能之一是提高人民群众的精神文明水平和艺术审美水平，要设法将科学知识和艺术知识融入娱乐活动中，引导群众在活动时对各类知识产生兴趣，逐步达到由最初的娱乐型动机向求知型动机转化，确保基层群众文化活动健康发展。例如，基层文化辅导者在组织社区老年合唱活动时，应先设法让老人们张口唱起来，不论艺术效果如何，只要人们对合唱活动产生了兴趣便达到目的了。在此基础上由浅入深地将合唱艺术知识引入活动中，使老人们在不知不觉中体会到艺术的魅力，这是基层小型活动的最佳效果。

3. 从娱乐中寻找宣传教育入手点

基层群众在参加群众文化活动的过程中都会带有不同程度的娱乐倾向。由于每个人的价值观、世界观和对社会的认知度各不相同，因此对娱乐内容和形式的选择倾向也不尽相同。宣传教育职能是群众文化的主要社会职能之一，群众文化活动也担负着引导群众教育群众的职责，但这项教育不能采用灌输式的方法，应从群众喜闻乐见的文化娱乐形式入手，这是基层群众文化活动的主要特征之一。例如，人们在业余摄影活动中，通过取景窗看到了社会的变化；通过参加社区舞蹈队感受到了社会的祥和；通过参加合唱团懂得了统一协作的道理等。群众文化活动中的教育功能是在潜移默化中发挥作用的，这正是基层群众文化活动能够成为群众日常生活重要组成部分的原因所在。

4. 从娱乐中寻找社会和谐结合点

基层群众文化活动是靠人与人之间直接相互交流才能完成的。平等相处、情感融洽、兴趣相投、互助包容是高质量群众文化活动的必要条件。由于基层文化活动具有多变性和不确定性，使得这种和谐关系也带有很大的不确定性。基层文化工作者应善于从群众日常的文化娱乐活动中摸索出能够使其和谐的结合点，通过开展多样的群众文化活动将这一和谐关系稳定下来，并逐渐转化为常规化的社会和谐关系。例如，我国是一个多民族国家，每一个民族都有其独特的娱乐方式，有的与生产方式相关，有的与情感交流相关，有的与庆典礼仪相关，有的与生活环境相关等。这些丰富多彩的民族娱乐性文化活动融入本民族的血液之中，成为本民族文化生活的符号，而且这个符号给人们带来了荣誉感与自豪感。

群众文化活动之所以成为广大人民群众生活中的一部分，是因为它能够给人们带来愉悦和快乐，人们能够从快乐中得到满足。在开展基层群众文化活动的过程中，如果群众在某个环节中感到不愉快，他（她）就会选择离开，这是基层群众文化活动的随意性和不确定性特征所决定的。因此，愉悦功能必须贯穿基层群众文化活动的全过程。

（三）自愿性

群众文化是我国公共文化服务体系中的重要组成部分，满足群众的基本文化需求是基层群众文化活动的主要目的。广大人民群众对文化娱乐的需求是每一个公民的权利，每一个公民都拥有对文化生活的享有权、参与权和选择权。人们有权依据自己的意愿选择不同形式的文化服务，满足自己多样的文化需求，任何类别的群众文化活动都不应将活动意图强加给受众，而应采用宣传、吸引和引导的方式动员群众广泛参与。例如，有的单位为了在文艺比赛中取得好成绩，强行要求没有意愿参加活动的人员加入竞赛行列，如不服从就采取经济处罚措施，这种现象是极不可取的，违背了群众文化活动的根本目的和原则。基层群众文化工作者在开展群众文化活动时，必须在组织策划前对基层群众的文化需求进行了解，只有符合群众意愿的活动才有生命力。各基层文化单位在开展各类群众文化活动时必须时刻牢记自愿性原则。

在实际工作中，我们还应当注意到，虽然满足群众的文化需求是群众文化活动的根本目的，但人们的文化素质是千差万别的。群众的文化需求分正需求和负需求两类，弘扬和满足正需求，限制和禁止负需求是基层文化工作者的职责，如禁止封建迷信活动、散布谣传、聚众赌博等。在宣传社会主义先进文化和主流价值观时，人们对新事物、新理念往往有一个适应和接受过程，如环保理念、和谐社会理念、包容理念等。对于上述各项内容的实施，除了运用法律和政策性宣传等手段之外，最有效的是充分发挥群众文化活动的交流引导职能，让群众在喜闻乐见的文化活动中亲身体验社会主义精神文明的精髓，启发和引导人们从被动性需求向主动性需求的转化，这是群众文化的宣传教育功能赋予群众文化活动的重要职责。因此，正确处理文化活动的引导职能和群众参与的自愿性两者之间的关系，是开展基层群众文化活动的重要任务。

(四)灵活性

基层群众文化活动是以小型活动为基础的布局模式。小型群众文化活动具有操作简便、不确定性强的特征，加之群众对文化需求的多样选择和兴趣的不断转移，从而决定了基层群众文化活动的灵活性特征。基层文化工作者在策划、组织文化活动时，需考虑到群众对文化的需求始终处在不断的变化之中，这是基层文化工作的规律之一。例如，春季，当群众有郊游的需求时，基层文化单位就要考虑组织人们进行踏青活动；夏季，社区居委会发现许多居民晚饭后经常聚在一起纳凉时，就应为群众举办消夏电影晚会等。总之，根据基层群众的文化需求开展经常性的群众文化活动，将人们平时最喜爱、最熟悉、最贴近生活的小型文化活动纳入本地区的工作计划之中，使不同状态下的基层群众能随时参与到群众文化活动中来，共同创造美好的和谐氛围。

随着我国信息时代的到来，外部环境对基层文化活动的影响越来越大。人们利用小型活动机动便利的特点，将各自学到的新知识和新信息进行相互交流实践，被群众广泛认同的便保留下来，不被接受的便淘汰弃用。这样的将新知识、新内容、新形式与本地文化相结合的探索几乎每时每刻都在进行，人们在长期的变化中逐渐找到了适合本地区的活动模式，并发展成为特色。可以说基层群众文化活动的灵活性特征在基层群众文化建设中发挥了巨大作用。

群众文化工作者应善于从基层群众文化活动的灵活性中探索其具有共性的因素和规律，这是形成基层文化特色和风格的重要条件。基层文化活动与各类大型活动不同，它主要体现在服务功能上。群众的文化需求的多样性由多种原因产生，如年龄的差异、经济条件的差异、身体条件的差异、生活习惯的差异等，不同差异下的需求是不相同的。随着社会和谐程度的加强，这种差异也会随之发生改变，只有抓住差异变化的方向和脉络，其活动的灵活性才能得到充分展现。例如，某一社区的文化干部在近些年发现喜爱摄影的退休老人越来越多，他（她）们经常在社区内或在公园里进行拍照，并三三两两地在一起切磋摄影技巧。社区文化工作者立即抓住这一现象请来专业老师进行培训指导，并组织摄影爱好者开展经常性的采风活动，还开辟了展示场地，为人们提供交流的平台和机会。几年下来，一个以群众摄影活动为核心的特色文化社区便建设起来了。

三、开展基层群众文化活动的两个理念

(一)多种渠道，共同参与理念

在组织基层群众文化活动的过程中，经常遇到一些困难，如经费不足、人才不足、设施设备简陋等，统称"老三难"。一些同志认为，既然基层文化事业是公共文化服务体系的重要组成部分，各级政府就应当提供全部经费并配备充足的文化人才来满足群众的文化需求，否则就难以开展工作，这种理解是不全面和不正确的。在实际工作中，我国不同地区的经济条件是不一样的，一些地区的经济发展速度与本地区群众日益增长的文化需求并不能完全成正比关系，面对群众文化需求的多样性和多变性，基层政府也不可能不断地向广大群众提供各类专项的文化人才，各基层文化单位应当采取有效措施，用积极的态度去克服困难。一些有作为的群众文化单位经常这样讲："坐着等，不如干着学。"走出自己的"小天地"，在开放的社会中调动一切可调动的力量，开辟多种渠道，发动群众积极参与基层群众文化的建设。

1. 积极争取政府和上级领导的支持

群众文化事业是我国公共文化事业的重要组成部分，基层群众文化活动得到各级政府及全社会的支持是必然的，也是必须的。但同时也应当看到，由于经济条件和对文化的认知理念不同等原因，政府对基层文化活动的支持程度是有区别的，政府必须确定值得投入才能给予支持。在通常的情况下，社会单位和上级领导会对下列几种情况向基层文化活动给予积极的支持。

(1)对全社会或本地区产生较大积极影响的活动

例如，本地区非物质文化遗产的保护和利用；宣传本地区精神文明的典型事例；对本地区群众能够产生较大凝聚作用的活动；能够对本地区的社会或生态环境发挥积极影响的活动；宣传本地

区精神，提高地区影响力和知名度的活动等。基层文化单位要研究并熟知本地区的工作重心和战略发展规划，了解政府发展本地区文化事业的动机和目的。不应盲目申报活动项目，造成不必要的内耗。

(2)虽然暂时的效果不明显，但有较好的发展前景

例如，特色文化活动品牌的创建；推广新知识、新理念的普及性活动；挖掘整理本地区文化遗产及民间艺术的相关活动；建设和谐社区、乡镇的基础性文化活动等。基层文化单位应在活动的策划阶段大力开展宣传鼓动工作，力争得到基层群众的支持，政府会视群众的需求程度给予相应的支持。

(3)党和政府大力推广和鼓励的热点课题

例如，歌颂党、歌颂祖国、弘扬社会主义主旋律的文化活动；配合政府中心工作的宣传活动；维护社会稳定，促进和谐的文化活动；政府大力倡导，需要全社会的理解和支持的活动等。这类活动需要办出特色和规模来，群众参与得越踊跃政府支持的力度就越大。

(4)通过自身的努力，其工作业绩得到了社会及上级单位的广泛认同，拥有良好美誉度的活动

政府或投资单位会认为将经费拨入这样的单位相对安全，能够得到有效的利用，风险较小且经得住检验。当开展文化活动时，上级领导单位就会比较大胆地给予经费支持。俗话说，信誉是干出来的而不是等出来的。每一个基层群众文化单位都会遇到这样或那样的困难，发动群众，集思广益，要用自身的实际行动来争取政府及社会的支持。

2. 采用多个单位合作的方法开展群众文化活动

在我国交通、信息事业高速发展的今天，人们的思想观念发生了巨大变化。农村城市化进程的快速推进，大大缩短了城市与

农村的距离。广大基层群众已经逐步走出自己依存的小环境，融入社会大环境之中。在这样的形势下，基层群众文化工作者也应当用开放的理念来开展文化活动。现提供三种方式供基层文化单位思考。

(1)走出小环境，开展地区性活动

在当前的现实生活中，基层小环境封闭式的活动模式早已被打破。一个村子唱大戏，附近村落的乡亲们都来观看；城东的社区成立合唱团，城西的群众也来参加。这样的实例随处可见。各城市街道办事处、农村乡镇所设立的文化站应当着眼组织社区和村级单位开展跨区域的地区性群众文化活动，鼓励基层群众走出自己的小天地，进行开放性的文化交流。在城市的公园里经常出现这样的情况，来自不同地区的人们在一起练习太极拳，然后他(她)们回到各自的社区，将学到的拳术再传授给本社区的居民。这些群众给基层群众文化活动带来了朝气，并不断补充着新内容、新形式。地区性文化活动不一定是专指大型活动，组织小型示范性培训和艺术交流型活动同样可以达到跨地区的效果。

(2)各相关单位联手办文化，资源共享，取长补短

由于各地区所处的环境和经济状况不同，故基层单位所拥有的财力资源、人才资源、场地资源及器材设备资源等也各不相同。为了克服此类困难，各相关基层单位可以遵循资源共享，取长补短的原则，联手开展群众文化活动，这种方法可以取得意想不到的效果。北京市丰台区有三个街道文化站(马家堡街道、西罗园街道、右安门街道)，他们每年都分别因为经费、人才和场地的不足，很难单独组织起高质量的群众文化活动。为此，这三家文化站决定联合起来，取长补短，每年举办一届"马(马家堡)西(西罗园)右(右安门)文化艺术节"。各社区的群众为了在艺术节上取得好成绩，都将日常的小型活动与艺术节的内容联系起来。这种做

法不但提高了社区群众文化活动水平，还增强了的社区内部的凝聚力和荣誉感，取得了非常好的效果。

（3）建立常规性的联建制度，形成纵向、横向协作网络

为了加快基层文化建设的步伐，各基层文化单位应设法建立纵向和横向的协作网络。纵向是指建立城乡基层单位的文化活动协作关系。城市基层文化活动带有较强的现代文化元素，而农村的村落文化活动又具有极强的民间文化色彩，二者之间的协作必将加强城乡群众的沟通和了解，进一步促进城乡一体化的发展。横向是指与本社区或村落相邻的平行基层单位建立的文化活动协作关系。加强横向单位的文化合作，可以提高本地区对文化活动的运作能力，加强各基层单位文化活动的深度和广度发展。这种做法可扩大基层群众的文化交流视野，对基层文化的现代化建设具有重要意义。

3. 充分利用和挖掘有利条件扩大自身影响力

许多基层文化工作者在实际工作中会发现，无论自身的条件多么优越，仅凭本单位的力量，采用封闭的方式开展群众文化活动都不会取得非常好的效果。用自身的优势来吸引外部力量共同发展，是许多基层单位采用的好办法。具体操作可分为下列五个步骤。

（1）认真研究自身的优势条件和特色元素

任何基层单位都会有自身的优势条件和劣势不足，就是十分贫困的偏远地区也会存在自身的优势，只是还没有被发现而已。基层文化工作者应当塌下心来耐心地研究和分析本地区的优势条件，而且研究得越透彻越好，有些可开发的因素可能就隐藏在劣势、不足之中。有的地区没有雄厚的经济条件，但有丰富的民间文化资源；有的地区地处偏远，但风景秀丽，空气新鲜；有的地区信息闭塞、观念陈旧，但民风朴实、待人热情等。必须认识到，本地区的任何优点都不应当放过，这是对外合作的本钱。

(2)探索吸引外部力量的途径

当对本地区的优势和劣势因素分析透彻后，就要下大力气寻找与外部沟通的渠道，要清楚自身的哪些优势条件可以引起外界的注意和兴趣，对这些优势感兴趣的群体都是哪些。这是一个细致的调研过程，外部力量是不会无目的地自动找上门来的。

(3)借用外部力量开展活动，以弥补自身力量的不足

基层文化单位在对自身优势条件做足文章的同时，针对劣势和不足有目的地寻找合作对象联合开展群众文化活动，达到借用外部力量弥补自身不足的目的。例如，某城市小区的老年人十分喜爱老年时装表演活动，她（他）们自筹经费组织开展了多次表演活动，在社区内产生较大影响。但由于经费有限、缺乏指导等原因，活动质量总是不尽如人意。社区文化中心为了保护群众的积极性，对这支老年时装表演队进行了广泛宣传。不久，一家服装加工厂的业务人员找上门来，提出联合开展活动的愿望，厂家出资、提供经费，表演队用该厂的产品开展表演活动。几年下来，这支老年时装表演队得到了快速发展，并带动了全社区的基层文化活动，使该社区的老年人的精神面貌发生了巨大改变。

(4)以本地区文化活动特色为基础，积极寻找外部伙伴，建立较稳定的合作关系

基层文化单位要努力将优势条件转化为特色品牌活动，以此来吸引合作单位为基层服务。经过较长的了解、选择、磨合、淘汰、确定等过程，与合作单位最终建立较稳定的合作关系，这种关系是平等的、互利互惠的、相互尊重的协作关系。只有平等互利，其协作关系才能长久。

(5)建立规范的协作规则与标准，探索适合本地区特点的活动模式

与合作单位建立协作关系必须遵循一个原则，即以有利于发

展基层群众文化事业为原则。离开这一原则，任何协作都是无意义的。因此，基层文化单位在与外界建立协作关系的同时，要不断地探寻本地区最佳的活动模式，并将这一模式与外界的协作关系紧密结合起来，建立和制定相应的规范和标准，确保基层群众文化活动始终沿着健康的轨道发展前进。

4. 调动社会力量，鼓励群众活动群众办

基层群众文化活动的多种渠道，共同参与的理念不仅是针对外部力量的开发利用，这一理念对基层单位内部力量的挖掘也同样适用。仅凭基层文化单位的人力和财力无法加速基层群众文化建设，满足群众的文化需求离不开全社会的支持和帮助，其中包括外部力量和内部力量。调动社会内部力量的支持可分以下三个步骤。

(1)掌握本地区社会力量的类别、数量及特征

基层文化工作人员在实际工作中要善于发现和培养不同类型的群众文化活动的骨干力量。应清晰掌握群众自主调节和控制活动的能力及水平，并了解参加基层群众文化活动的业务骨干、具有组织能力的骨干及经常参加活动的积极分子的基本状况和特征。这是保障基层群众文化活动能够良性发展的基础性力量。与此同时，还要努力发掘本地区的各类资源潜力，如自然资源优势、专业人才优势、可利用的无形资源潜力等，调动一切潜能为我所用。

(2)探索吸引和发动社会力量的可行方法

在掌握了内部社会力量的特点和数量之后，采取措施调动骨干力量的积极性并保持队伍的稳定性就显得格外重要了。由于城市和农村基层单位的具体形态不同，其调动骨干力量的途径也各不相同。在一般情况下，可采用群众推举、单项活动委派、常规性活动承包等方式。不论采用哪类方式，所任用的人才都必须符合下列条件：在群众中享有较高威信，能得到人们的广泛拥护；

品德端正，顾全大局，团结同志，不计较个人得失；有一定的组织号召能力，组织纪律性强。

在基层群众文化活动中，对活动积极分子的爱护和支持是十分必要的。基层群众参加群众文化活动的根本目的是满足自身的文化需求，活动的组织者应当在群众的需求心理上下功夫。许多基层群众经常说："我们参加文化活动什么都不图，既发不了财也出不了名，就是得了冠军也得照样回家吃面条，图的就是个乐儿！"这段话说出了广大群众参加群众文化活动的真正意图。人们图的这个"乐儿"具有多层含义，它包含着趣味、公平、展示后的满足和自豪。基层文化工作者切记不可伤害基层活动骨干和积极分子的感情，经常鼓励或赞美他（她）们，一定会取得良好效果。

（3）鼓励群众在基层文化单位的指导下，自行组织、管理和开展各类群众文化活动

基层文化单位在调动起群众参加文化活动的积极性后，应着手扶植和支持群众自发组织各类形式的文艺团队和集体，并依靠群众自身的力量自主发展，自主管理，大胆放权，鼓励活动骨干独立操作，并按骨干队伍的不同特点进行重点环节的锻炼与培训。基层文化单位应根据实际情况制定针对性较强的规范和制度，对上述业余团队和文化活动实施指导和监督职能。采用此方法有下列几个优点：第一，充分调动了群众的积极性，使基层群众文化活动充满了活力；第二，群众可以按照自己的意愿开展各项文化活动，其对文化需求的满意度可以得到明显提高；第三，补充了基层文化专业力量的不足。

特别应当强调的是，基层文化单位在放权的同时必须要对各类队伍和活动加强管理，尤其是活动方向的把握，必须保证基层群众文化活动的良性发展。

(二)家园文化活动理念

基层群众文化活动的家园理念主要包括两个方面：第一，基层群众文化工作者对待身边的群众要像对待亲人一样爱护和关心，要让广大群众有家的感觉；第二，居住在基层单位的群众要把本社区或本村落的事情当作自家的事去办，把基层群众文化活动当作家里的事去关心。要做到这两点是很不容易的，必须经过基层群众文化工作者的艰苦努力才能够实现。

①基层文化单位在平时的工作中，要时刻牢记基层群众文化活动抓小顾大的基本规律，将开展小型文化活动作为基层社会成员之间情感沟通的纽带，并通过开展大型文化活动增强区域内部的团结和凝聚力。这是每一个基层文化工作者的基本功。要努力把群众文化活动与群众的精神世界联系起来，要使人们能够在文化活动中找到精神寄托。当广大群众感到离不开群众文化活动时，就会十分用心地去经营它。

②抓好基层群众文化工作仅凭工作人员的积极性和责任心是远远不够的，应当经常组织骨干力量采用"走出去，请进来"的方法，提高开展基层群众文化活动的能力。所谓"走出去"是指走出去看——看外面世界的新动向、新理念、新知识、新思路，展开胸怀、开阔视野；走出去学——学兄弟单位的好经验、好办法、好创意、好模式，为本地区文化事业的现代化打下基础；走出去交流——与相关单位交流经验、交流活动、交流资源、交流人才，用开放的理念打开走向外界的通道。所谓"请进来"是指将人才请进来——请进来传授知识，提高本地区群众的审美水平；将经验请进来——汲取其中的营养，提高管理水平；将活动请进来——丰富本地区群众的文化生活，增强社会和谐氛围。总之，鼓励本单位工作人员和骨干队伍，采取多种方式获取信息，提高建设家园的本领是基层文化单位必须面对和完成的重要任务。

③对于基层文化干部来说，平时养成深入群众生活的习惯十分重要，应做到内部深挖（调研），外部勤搭（合作），及时掌握群众随意多变的文化需求。所谓内部深挖是指加强区域内部的社会调研工作，了解社会环境的变化、群众心理的变化、经济条件的变化以及开展群众文化活动对群众产生的影响等。所谓外部勤搭是指多多搭建与外部合作的平台，及时掌握外部信息，了解社会新动向，发展新趋势，确保基层文化单位永远处在开放的状态。

基层群众文化工作者平日应练就"六勤"基本功：即眼勤、耳勤、嘴勤、手勤、腿勤、脑勤。眼勤即多看，不放过工作中的细小变化。耳勤即多听，随时倾听群众的意见，时刻将群众的需求放在心中。嘴勤即多问，不断学习新知识、新理论，紧跟社会发展的脚步。手勤即多动手、多实践，有意识地在实际工作中磨炼自己、锻炼自己。腿勤即多走，深入到基层群众中去，与群众打成一片，取得人们的信任。脑勤即多想，在工作中多思考问题，善于总结经验，做有心人。

④基层群众在文化活动中受到的教育是通过娱乐的手段来实现的，寓教于乐是开展群众文化活动的基本方法。如何正确处理教育和娱乐之间的关系是开展群众文化活动经常遇到的问题。活动的组织者要熟练掌握活动中的教育和娱乐的转换技巧，使基层群众在受到教育的同时始终保持旺盛的兴趣。

娱乐渗透法——这个方法的关键是渗透，而不是灌输。通过文化娱乐手段，将需要传授的知识和道理不留痕迹地融入文化活动之中，使群众在不知不觉中受到教育。例如，通过双人捆腿赛跑活动，使人们懂得步调一致的道理；在群众合唱活动中，人们逐渐明白了仅凭个人的特点是无法完成作品的，只有统一发声才能唱出动听的旋律。

娱乐引导法——这个方法的关键是兴趣转移，而不是强行规定。通过文化娱乐手段，引导启发群众获取相关知识，完成从潜需求向显需求的转变。在通常情况下，人们如果认为自己所参加的活动枯燥无味，得不到任何收获，就会逐渐失去兴趣。若活动的组织者将群众关心的科学知识或文化知识加入活动中，并给予适当的引导，人们就会在享受活动的同时感受到知识的吸引力，他们便会将对活动本身的兴趣自然地转移到对获取知识的需求上来，从而达到寓教于乐的目的。

娱乐自教法——这个方法的关键是启发自悟，而不是饱和性教育。通过文化娱乐手段，使参与者自悟某些道理和知识，在自娱自乐中受到教育。在基层群众文化活动中，特别是传授和培训辅导类活动，组织者千万要注意不要把辅导内容全部传授完毕，应留下一部分互动性知识交给群众自己去感悟和体会，辅导者只给予启发和点拨，群众的主观能动性被调动起来，活动就变得有朝气。如果仅仅是被动接受，人们就会感到乏味无趣。

娱乐渐进法——这个方法的关键是循序渐进，而不是一蹴而就。群众审美素质的提高需要一个渐进的过程，可以通过系列文化娱乐手段，分层次、分阶段地开展群众文化活动，使群众在不感到吃力的状态下获得教育机会。例如，组织群众摄影活动，可以先从游园活动办起，鼓励群众在游玩之余将美景拍摄下来，然后开展摄影作品欣赏活动，以此提高群众的兴趣，在此基础上依次由浅入深地开展摄影知识讲座，保证群众在轻松的氛围中使自身的文明素质和审美素质逐渐得到提高。

第二节　大型群众文化活动的作用与特征

一、大型群众文化活动的基本概念

在我国类型多样的群众文化活动中，大型群众文化活动占有特殊的位置，它是群众文化事业的现代化发展过程中的重要平台，各级政府和文化单位每年都要在策划组织大型群众文化活动上投入大量的精力和财力。为了充分发挥大型群众文化活动的社会功能，保持其科学性和规范性，我们有必要对其基本概念进行明确的认定，这是开展大型群众文化活动的基础。

大型群众文化活动是主办方为了满足广大人民群众精神文化生活的需要，有目的、有步骤地开展对本地区能够产生较大社会影响的群众文化活动。较之一般的群众文化活动，其活动规模比较大，操作程序比较复杂，资金投入比较多，并且必须能够产生较大的社会影响。

一些同志将大型群众文化活动从群众文化领域中分离出来，与文化产业或文化市场结合在一起，这种定位是不准确的，甚至可以说是错误的。只有对大型群众文化活动的性质及功能给予准确的定位，才能保证群众文化事业的健康发展。

(一)大型群众文化活动是群众文化活动的一部分

我国的群众文化事业是公共文化服务体系当中的重要组成部分。群众文化活动在群众文化体系中处于核心地位。是以提高全民精神文明水平和审美水平为宗旨，以满足群众文化需求为目的，以文学艺术及文化娱乐为载体，以寓教于乐为手段，以社会效益为衡量标准的非职业性文化行为。公益性是群众文化活动的基本属性，任何非公益性活动都不属于群众文化活动范畴。例如，全国各地每一年的春节期间都要组织"文化三下乡"活动，专业剧团的下乡演出是否属于群众文化活动范畴，应当看其活动性质与群众文化活动的基本属性是否相符。下乡演出的虽然是职业剧团，但演出的性质是非商业性的公益行为，因此剧团并不是该次活动的主体，真正的主体是享受本次活动的广大群众，其演出的目的是满足群众的文化需求，故该类演出应属群众文化活动范畴。相反，某业余文艺社团以营利为目的，参加了大型商业性演出，其动机是为了获取经济利益，获益方是参演单位而非群众，因此群众不是活动的主体。虽然该业余文艺社团是群众文化团体，但演出不是公益性活动，故不能视其为群众文化活动。

大型群众文化活动是群众文化活动的有机组成部分，同样具备群众文化活动的基本特征及属性。大型活动与中小型活动只存在规模上的区别，并不能改变其基本属性。大型群众文化活动并不能替代所有大型文化活动。

(二)大型群众文化活动是一个相对概念，又是一个绝对概念

所谓大型群众文化活动是相对中小型群众文化活动而言，就其"大型"的概念可以从以下几个方面理解。

①大型群众文化活动是一个相对概念，不同区域、不同级别的单位对于"大型"的理解是不尽相同的。例如，某城市的一个区决定举办区一级的艺术节，为全市艺术节打基础。从区一级文化部门的角度来看，区艺术节应属于大型群众文化活动。但从全市宏观角度看，这个大型就要打折扣了。而对于基层群众来说，能够参加区艺术节是一件很大的事情。因此，不同的人站在不同的角度对大型活动的理解是不相同的。

在实际工作中，有些基层单位的文化干部认为，大型群众文化活动只有政府或相当级别的文化单位才有资格举办，这一观点并不准确。随着社会经济的发展，基层单位举办高质量的大型群众文化活动的实例并不少见。作为基层文化单位来说，不管是何单位开展的群众文化活动，只要符合大型群众文化活动的必要条件，该项活动就可视为是该地区的大型群众文化活动。因此说，大型群众文化活动是一个相对概念。

但从另一个角度讲，它又是一个绝对概念。大型群众文化活动与中小型群众文化活动有着巨大的差别。从立项到审批、从策

划到实施，大型群众文化活动都有其十分严格的运作程序和操作
规范。无论何类单位举办的群众文化活动，只有达到规定的标准
和条件，才可称其为大型群众文化活动。

②大型群众文化活动的界定，不以主办方的级别和性质作为
标准，而是从社会的影响力；群众的参与数量；人力、物力、财
力的投入状况；策划与操作协同程度四个方面的标准进行评定。
在一般情况下，区县以上级别的文化单位为了充分发挥示范和指
导职能，虽然也开展小型群众文化活动，但主要是以举办社会影
响力较强的大型群众文化活动为主。例如，重大节日的庆典活动、
区县以上级别的艺术节和具有示范引导作用的大型文艺活动等。
基层文化单位应把重心放在开展小型群众文化活动上，但只要条
件具备，仍然拥有举办大型群众文化活动的权力。例如，春节村
里唱大戏、正月十五逛花灯等。因此，主办单位的级别和性质不
是衡量大型活动和小型活动的标准。

③大型群众文化活动的主办与受众是衡量其规模的决定性因
素。活动主办方是活动的决策单位，掌握着从创意、策划到实施
各阶段的审批权，而活动的性质、活动的布局、经费投入数量、
内容形式的设计、设定活动的规模等，都要从活动的策划方案中
得到体现。因此，主办方是活动规模的设计者。受众是指参加活
动的群众，他们对活动产生的社会影响具有决定性作用，而社会
影响又是衡量大型群众文化活动的主要依据，因此是关键性因素。

(三)大型群众文化活动是一项复杂的文化行为

在我国举办一项大型群众文化活动需要四部分成员构成，即
主办单位、创意策划人员、组织实施人员和参与活动的人民群众。
他们各自在活动中发挥着不同的作用，同时还要相互协同配合，
确保大型活动的完整性。这是一个十分复杂的运作过程。其复杂
性表现在以下几方面。

创意和策划过程的复杂性。大型群众文化活动的策划是一个综合性很强的设计过程，需要先期占有大量信息资料，不仅要对活动内容和形式的丰富性和生动性进行全方位谋划，还要对包括活动宣传、后勤保障、安全保卫、环境布置、群众组织等诸多方面在内的工作项目进行统一安排和布局。活动的策划者必须具有大局观和创造性构思的能力，并将策划成果反映在策划方案上。

项目申报和立项的复杂性。由于群众文化活动是公益性活动，其中大型活动对社会的影响力非常巨大，活动的方向引导，活动的质量规模，以及活动的特色和方式等，都会对广大群众的需求心理产生影响。因此，自活动项目提出开始，必须要经过创意、论证、考察、再论证、形成草案、上报审批等一系列的立项过程。任何环节的失误都会给国家造成不必要的损失。

多个单位系统协同、协调的复杂性。大型群众文化活动所涉及的范围十分宽泛。仅以春节花会表演为例，它需要文化部门、园林部门、公安部门、交通部门、环卫部门等多个单位的共同合作，才能使活动顺利进行，任何大型群众文化活动都不可能由一两个单位独立完成。因各合作单位所处的位置不一样，故思考问题的角度和重点也各不相同，必须建立协同合作系统，这是大型活动实施过程中的重要步骤。在建立协同体系时，要充分考虑到各单位的工作特点和风格，这是一项较为复杂的任务。

实际操作过程的复杂性。大型群众文化活动是群众参与数量众多的综合性活动，其操作过程的严密性和复杂性是中小型群众文化活动所不能比拟的。从前期准备阶段的组织机构建设、资金准备、工作制度的建立、各项任务的分配；中期准备阶段各项任务的落实、筹备；后期准备阶段的检查、验收，直至活动项目的实施及后期收尾等，构成了完整的工作链条。链条中的各个环节必须环环相扣，不能有任何脱节和不协调。参与活动的各相关单位必须通力合作，相互配合，尽量缩短磨合期，确保活动的顺利进行。

(四)大型群众文化活动应具备的必要条件

虽然任何级别的文化单位和社会团体都有权举办大型群众文化活动，但在立项前必须对自身的条件进行认定，确认是否有能力开展大型活动。举办大型群众文化活动必须具备以下五个条件。

1. 建立完善的组织机构

大型群众文化活动必须要按照预定的工作程序，由若干相关单位和个人协同一致，共同努力才能完成。众多的人员，复杂的运作和严密的程序，决定了必须要有完善的组织机构来保障。其中包括领导机构——负责活动的决策和审定，是活动的大脑；工作机构——保障各项任务的完成，是活动的四肢；协调机构——维护各系统的正常合作秩序，是活动的神经。没有组织机构的保证，活动就会处于瘫痪状态。

2. 制定完整的策划方案和实施方案

大型群众文化活动的设计和实施是一个复杂的过程，各个环节、各种布局、运作节奏以及活动方向等，都要经过周密的设计，必须要由众多的部门依据自己的职责完成不同的任务。如果没有策划方案，所有参与人员就会失去方向。如果没有实施方案，活动就会乱作一团。因此，制订完整的方案系统是大型群众文化活动基础性保证。

3. 拥有与活动相适应的经费与设施设备

在我国现代化建设高速发展的今天，广大人民群众的文化消费观念发生了巨大改变，其文化需求水平也有了更大提高。特别是对大型群众文化活动，如果没有相应的财力、物力保证，很难得到群众的满意。活动经费的保证是大型群众文化活动的先决条件，在策划前期就应当设定，否则一切工作都会失去意义。

与活动相适应的设施设备对于大型群众文化活动来说十分重要，对活动的效果具有重大意义。设施设备的数量和质量直接关系到该次活动能否达到预期目标，广大群众能否满意。任何大型文化活动都要将设施设备的合理配置作为必要的条件之一。

4. 拥有与活动相适应的人才储备和技术能力

无论何类群众文化活动都需要拥有相应技术水平的人员去操作。在大型群众文化活动中，各个工作岗位都有其相应的技术要求。例如，领导岗位的决策能力，策划岗位的布局能力，管理岗位的协调控制能力，专业技术岗位的实际操作能力等。因此，这里所指的技术能力是指各个岗位上的所有人员具备的与本岗位相称的实际运作水平。

5. 能够在当地产生重大社会影响

这是大型群众文化活动必须具备的条件中最重要的一项，任何主办方单位都必须把社会影响作为首要内容并纳入策划要素之中。产生重大社会影响的因素是多方面的。例如，活动的方向是否符合社会主义先进文化的发展方向，活动的内容和形式是否能得到广大群众的欢迎，活动的特色是否新颖突出，活动的宣传是否有力到位，等等。

二、大型群众文化活动的作用

(一)示范引导作用

大型群众文化活动巨大的社会影响可以将大量的信息传达给广大群众，人们可以从活动中得到许多收获。归纳起来，大型群众文化活动可以从以下几个方面发挥示范引导作用。

1. 活动方向的引导作用

各级政府可以通过活动向社会传达当前群众文化活动发展的

趋势与走向，形象展示我国主流文化的形态，群众文化单位和部门可以从大型活动中领会到什么样的活动是健康有益的，什么样的活动是消极落后的，如何将党和政府的声音形象地传达给人民群众，引导群众自觉地建立起社会主义核心价值观。例如，在举办北京奥运会前以绿色奥运为主题的大型群众文化活动，庆祝新中国成立 60 周年的大型群众文化活动，每年的"红五月"群众性歌咏活动，等等。

2. 艺术审美的示范引导作用

由于大型群众文化活动影响的范围广，涉及的地区和单位多，因此它成为展示本地区最高文化艺术水平和推广最佳群众文化艺术产品十分理想的表现方式。各级群众文化活动的组织者可以从中找到自身的差距，领悟出向更高标准发展的方向。广大群众也会从大型群众文化活动本身的震撼力中体会到艺术的魅力，对开阔眼界、提高艺术审美水平具有重大意义。

3. 活动运作的规范化作用

我国群众文化活动经过多年的发展，广大群众文化工作者积累了丰富的经验，这些经验在组织基层文化活动中发挥了重要作用。但随着时代的发展，群众文化活动的理念和规模都发生了很大变化，文化工作者仅凭经验已经无法跟上科学化发展的速度了。大型群众文化活动可以为群众文化单位提供理性化学习的机会，人们通过参与和运作大型活动，对掌握活动规律、操作程序、宏观布局及规范化理念的形成等都会有新的认识。加速各类群众文化活动运作由经验型向规范型的转变过程。

4. 活动理念的示范作用

我国是现代化高速发展的国家，各类理论和理念的更新速度十分迅速。大型群众文化活动的社会影响力要求活动的组织者和策划者要努力将现代元素融入活动中，从策划到实施都会不断地展现时代的信息。无论是群众文化工作者还是参与活动的群众，都可从大型活动中感悟到新的理念，如供需理念、竞争理念、公平理念、环保理念、和谐理念，等等。经常参加大型文化活动有助于群众文化活动综合水平的提高。

（二）文化传承作用

文化传承作用本身就是群众文化主要特性之一，大型群众文化活动将其集中体现出来，成为文化传承的重要载体。

中国各个民族千百年来共同创造了悠久丰富的华夏文化艺术，数不尽的民间文化艺术在这片土壤中生息、酝酿、发展、繁荣。民族文化旺盛的生命力首先来源于继承，这是保持文化特征的根本因素。文化的继承主要应体现在两个方面：首先是保持承递渠道。在我国历代都保留着口头流传、师徒承递、家族承递等传统的承递通道。当代的各类文化培训班、辅导班促使文化继承走出了封闭形态。但文化继承仅有承递通道是不够的，还必须得到社会的承认，在这个方面大型群众文化活动发挥了重大作用。每一个民族都有自己的大型文化活动，这些活动在保持本民族文化特征方面功不可没。例如，蒙古族的那达慕、白族的三月街、潍坊的风筝节，等等。大型群众文化活动把继承内容交给了公众，广大人民群众的认同使继承的内容有了生存发展的土壤。因此，大型群众文化活动是文化继承不可缺少的重要环节。

文化传播是群众文化传承的另一个方面，大型群众文化活动强大的社会影响力赋予了其文化传播的功能。前文已述，在大型群众文化活动的必要条件中，有一条是"能够产生重大社会影响"，许多地区正是把握住了这一"影响"条件，经常通过举办大型文化活动来传达政府的声音，或用来提高地区的知名度，其主要原因就是充分利用了大型群众文化活动的轰动效应。

　　大型群众文化活动是一种特殊的文化传播载体。其特殊性表现在广大人民群众在参加大型文化活动时并不是被动型参与，如看电视、读报纸、阅览图书杂志等。而是主动参与到活动之中，并投入了大量的精力和情感，他们对活动预设的继承性文化元素能够获得亲身的体验和感受，这是其他传播方式很难做到的。被群众接受的文化是接地气的文化，它来源于民间，扎根于群众之中，是最有生命力的。

　　从文化传播的角度上看，大型群众文化活动比中小型群众文化活动更具有优势。大型活动的宣传效应往往与各类媒体和宣传机构联系在一起，其传播的速度和影响力都大于其他类型的群众文化活动。应当说，大型群众文化活动将我国民族文化的继承和传播有机地结合在一起，在文化资源的挖掘保护、文化技能的传承、文化内容和形式的传承等方面，发挥着不可替代的作用。

（三）普及推广作用

　　广大人民群众精神文明水平和文化素质的提高，很大程度上取决于对科学文化知识的掌握能力上。群众对知识的学习动力来源于兴趣，大型群众文化活动在普及新知识、新理念，推广新的文化品种方面发挥着重要作用。这主要来源于其强大的号召力和影响力，它可以吸引广大群众的注意力，调动其潜在的文化需求心理，为群众文化辅导活动打下良好的基础。在群众文化领域中可以从以下几个方面发挥作用。

1. 弘扬和推广我国优秀文化遗产

　　几千年来扎根于民众之中的民族民间文化，是我国民族文化的结晶，保护文化遗产是各级群众文化单位的职责。收集、整理、加工、抢救是继承文化遗产的必须步骤，但最有效的保护方法是优秀遗产的普及推广，将小众文化变为大众文化。如风筝、剪纸、年画、苏绣、蜡染等，早已成为广大人民群众喜爱的民间文化形式。大型群众文化活动可使地区性的或知名度较小的民间文化品种得到普及，广大群众是文化遗产的最大保护载体。例如，北京市用了数年时间对本地区的民间秧歌进行了加工改造，先后创编了十几个民间秧歌，并采用大型群众文化活动的方式在全市进行了系列性普及推广活动，为弘扬我国民族文化作出了贡献。

2. 普及和推广新的文化艺术品种，发扬时代精神

我国经济和科技的现代化发展，促进了群众文化事业的现代化发展，人们的文化需求水平有了显著提高。随着群众文化生活的日益多样化，传统的文化内容已不能满足群众的需求愿望，人们渴望新的文化艺术品种和方式出现，以此充实群众文化活动。在十年前，摄影艺术对大多数群众来说，还是个可望而不可即的事情，而现在从公园到街头，随处可见离退休老人手持相机进行摄影创作的身影，这是现代科技发展的成果。过去以民间花会为主要活动方式的北方农村，对"国标舞"很难接受，但现在舞蹈老师供不应求，这是社会开放的结果。大型群众文化活动的主要任务就是将这些时代的信息和精神，通过新的文化形式推广到广大群众中去，这也是群众文化的重要功能。

3. 促进外来文化与我国群众文化的有机结合

我国改革开放以后，大量的外来文化涌入国内，中外文化的交流使广大群众的文化需求理念不断地发生变化。如何解决西为中用的问题，对于群众文化事业来说同样是一个重大课题。大型群众文化活动在这一课题中起到两个重要作用：第一，引导群众对外来文化进行鉴别，普及优秀外来文化艺术；第二，寻找外来文化与群众文化的结合点，使二者得到有机结合。例如，2012年6月在河南郑州举办了《全国少儿街舞展演》活动，将外来文化的街舞艺术与我国少儿群众文化活动结合在一起，发挥了大型群众文化活动的推广作用。

(四)宣传鼓动作用

大型群众文化活动是群众文化活动的有机组成部分，寓教于乐的本质特征同样适用于大型群众文化活动。人们的各类文化需求是通过丰富的群众文化活动得以满足的，大型活动最容易吸引群众的注意力并使群众从中得到启示，从而激发人们产生新需求的兴趣，这是大型群众文化活动的特有优势。群众文化活动的组织者和策划者应当运用大型活动的号召力，将社会主义文化精髓和民族精神融入活动之中，人们通过文化活动亲身体会和感受活动的内涵，这是最好的宣传鼓动方式，大型群众文化活动在潜移默化中影响着广大群众的价值观。

大型群众文化活动主要以文艺形式和娱乐活动来宣传社会主义核心价值观，以优秀的文艺作品感染人，以高尚的精神鼓舞人。北京市在筹备 2008 年奥运会期间举办了几百项大型群众文化活动，有力地宣传了奥运精神，营造了奥运氛围；江苏省太仓市浮桥镇的"邻里文化节"活动，大力宣传了邻里互助、和睦相处的传统美德，积极倡导健康、和谐、文明、科学的生活方式，进一步推进了新农村建设。

三、大型群众文化活动的特征

(一)活动立项的程序性

大型群众文化活动与中小型群众文化活动的最大区别是其确立项目的严肃性。从活动项目的提出到最终的立项，都要经过严格的调研、论证、设计、决策等一系列的运作过程。

大型群众文化活动的立项不具有中小型群众文化活动的随意性和灵活性，它除了考虑群众的文化需求以外，还要兼顾活动的社会影响和目标导向，经认真调查研究后才能够认定。

大型群众文化活动在立项前要经历一个创意阶段，这是个集思广益、群策群力的过程，全程要求科学严谨，不仅要立意新颖，还要切实可行。

当完成了立项准备工作后，才能进入严格的申报审批程序，因此大型活动立项的程序性是群众文化活动领域中的重要特征。

(二)活动内容和形式的综合性

这是由大型群众文化活动的规模和群众的文化需求所决定的。群众文化活动在内容的选定上本身就具有综合性，它不像其他艺术门类的类型选择，如舞蹈、戏剧、美术、摄影等。群众文化活动的内容选择依据是群众的文化需求，而群众的文化需求是多样的，群众的多样化文化需求决定了群众文化活动的多样性，大型群众文化活动的规模为群众的多样化文化需求提供了可供选择的各种文艺形式。

由于大型活动内容和形式涉及的范围广、受众面大，因此参与活动的单位数量众多。需要文化、公安、交通、环保、旅游等不同性质的单位共同协作才能完成，这从协同关系上表现出其综合性特征。活动内容和形式决定了大型活动协同的综合程度，种类越多综合程度就越高。

(三)策划和各项计划的严谨性

在实施的过程中，活动计划的严谨性尤为重要，这是由大型群众文化活动的复杂程度决定的，任何环节上的疏忽都会给活动带来麻烦，甚至造成活动的失败。

当遇到意外情况时，小型文化活动可以随机变更，灵活调整。但大型活动由于其复杂的操作程序，必须由众多单位和部门的共同协作才能完成，所以，活动一旦立项就不能轻易更改。活动的策划者必须在策划阶段就将各种状况考虑在总体构思和设计之中，活动的实施方也必须将可能发生的各种因素列入各自的计划之中。这就需要有一种办法来确保项目组按部就班地工作和从容有序地实施，这个办法就是制订严谨的活动策划方案和实施计划。

策划方案是活动的依据蓝图，而实施计划则是完成活动任务的基础。一项大型群众文化活动需要多种类别的活动计划，这些活动计划必须相互结合，形成有机的链条，每一项计划都有其相对独立的工作任务，但各计划又必须成为一个整体，确保活动的顺利进行。

计划中的内容要尽量做到严谨、完整、针对性强，这是确保活动质量的根本保证。

(四)操作过程的协调性

大型群众文化活动的策划和操作是一项系统工程，就像是一个链条中的各个环节紧紧相扣，其中有一个环节出现问题就可能导致活动的失败。而这些个环节都是由不同的相关单位来承担的。只有完成了各自所担负的任务，才能保障该项文化活动的顺利进行。

在一项大型群众文化活动中，为了保证工作的进度和质量，通常要根据任务状况组建相应的工作机构。设置工作机构的种类和工作人员的数量要视活动任务的需要而定。这些工作机构在完成各自任务的同时，必须要保持相互之间的高度协同性。例如，某个城市在市中心公园举办了夏季文化广场大型文艺演出活动，演员预定在18：00从驻地出发，市交通部门制定了周密的道路通行部署。但活动的后勤部门因某种原因将出发时间推迟了半小时，打乱了交通部门的部署，造成了市中心道路交通混乱，导致文艺演出无法按时进行。究其原因是部门间的协同工作出现了问题，后勤部门没有提前将时间变化通知交通部门，致使交通部门措手不及。因此，协同性运作是大型群众文化活动的基本特征，没有协同就没有秩序。

第三节　群众文化活动的组织理念

一、满足广大群众的文化需求是活动的根本目的

在实际工作中，群众文化工作者经常被问到一个问题："我们开展的群众文化活动应当向谁负责?"答案是多样的。有人说向上级领导负责，领导满意就是标准；有人说向党和国家的中心工作负责，政府设立群众文化机构就是要传达政府的声音；有人说向市场负责，文化市场是我国市场经济的重要组成部分；有人说向群众负责，群众的需求是开展文化活动的依据等，这些回答都有道理但又都不完整。每一个群众文化工作者必须时刻牢记：满足群众的文化需求是开展群众文化活动的根本目的。这是上级领导满意的基本标准，是政府与人民保持密切联系的重要通道，是文化市场信息的主要来源，是广大人民群众幸福感的主要体现。

群众的文化需求来源于人们的精神文明素质和文化素质，不同素质的个体对文化的需求水平是不同的。在一般情况下，文化素质越低其需求水平也就越低，因此产生了群众文化的正需求现象和负需求现象。健康有益、积极向上的需求是正需求，消极落后、封建迷信的需求为负需求。许多群众在日常生活中对文化活动并没有明显的需求愿望，他们还处在潜需求状态之中，我们通常称之为所谓"没有文化需求的文化需求者"。这些人必须要通过某种契机或平台的动员和启发才能将自身的潜在需求转化为显性需求。因此，广大群众文化工作者要开展丰富多样的群众文化活动，大力倡导正文化需求，抵制和消除负文化需求，在提高全民的精神文明水平上下功夫。

必须认识到，满足群众的文化需求是社会发展的必然趋势。

广大人民群众对生活的满意度和通过文化活动所得到的平和心态是构成和谐社会的基本元素之一。人民的幸福感标志着社会的稳定、经济的发展、人民生活水平的提高。当人的文化需求得到满足后，便会产生更多的文化需求，并对需求的质量提出更高的要求。所以说，满足广大人民群众的文化需求不是一句简单的口号，为了这一基本目的，我们要将群众文化活动当作一项事业来抓，这是群众文化活动的基本组织理念之一。

二、寓教于乐是群众文化活动的基本原则

各类群众文化书刊中多次提到，寓教于乐是开展群众文化活动的基本手法，这已成为群众文化工作者的共识。但作为活动的组织理念就必须从以下几个方面加强认识。

(一)群众文化活动的教育功能，是使群众在娱乐活动中获取知识、受到教育，是不同层次不同状况的群众都愿意接受的方式

群众文化活动产生的效果是其他活动不能比拟的。这其中的关键概念是"娱乐"，包括娱乐的内容、娱乐的形式、娱乐的手段、娱乐的规模等。群众文化工作者在工作中对寓教于乐的"教"考虑较多，但对"娱"研究得相对不够。广大群众并不是对任何娱乐方式都可以接受的，每个人都有自己的审美方式和审美角度，只有人们的审美需求和活动的娱乐方式相吻合，娱乐的效能才能得到最大限度的发挥。仅以娱乐内容为例，在各城市基层社区和公园内经常有许多自发组织的老年合唱团，他(她)们唱的歌曲有卫国战争时期的《喀秋莎》、《共青团员之歌》、《山楂树》，还有《红梅赞》、《映山红》等。歌唱中，老人们十分投入，仿佛身临其境，令旁观者都兴奋不已。但这些歌曲在许多青年人眼中却十分陌生，在群众性合唱比赛时，他们经常找不到感觉。反之，年轻人喜爱的流行乐曲也不合老年人的胃口。

因此，要使娱乐活动真正达到教育的效果，就必须针对不同的对象采用不同的娱乐模式，不能一概而论。

(二)正确把握娱乐底线

群众文化活动中所涉及的娱乐活动，必须是积极向上，有利于广大群众身心健康的。要坚决抵制和杜绝低级庸俗、封建迷信等娱乐形式和内容，这一原则绝不能动摇。在实际工作中有以下几个方面值得我们高度重视。

①以弘扬传统文化为借口，在群众文化活动中搞封建迷信活动。例如，所谓"科学算命""八卦测字"等。

②以"玩儿"文化为幌子，传播"只要能把人逗乐就是好文化"的言论，将低俗、媚俗的内容加入群众文化活动之中。例如，一些丑化恶搞类游戏、以人体缺陷为娱乐元素的文艺表演、传播低俗传闻及谣言等。

③以市场经济为幌子，利用群众文化活动骗取钱财。例如，在某些民俗文化活动中，诱使群众参加民俗婚礼仪式索取劳务费的行为；利用变戏法骗钱骗物等。

④以宣传现代科学文化为理由，大肆传播西方价值观，宣扬极端享乐主义和极端个人主义思想。这一现象与前几类相比具有较高的隐蔽性，对社会的危害尤为巨大。造成这类情况的原因有两个：第一，活动的组织者受本身的思想水平所限，没有足够的辨别能力，无意中传播了负面思想；第二，活动的组织者本身具有强烈的西方价值观，有意而为之。

各级群众文化单位必须认识到，文化娱乐是有底线的，群众文化活动的最终目的是提高全民的精神文明水平和审美水平，娱乐活动也应当遵循社会主义先进文化的发展规律。

(三)正确处理教育与娱乐的关系

通过娱乐手段来达到教育目的，是群众文化活动的主要表现形式，教育和娱乐之间应是一个有机整体，既有区别又密切相连。

群众文化工作者在开展群众文化活动时，不应将娱乐和教育对立起来，在实际运作时应注意两个问题。

①群众文化活动娱乐内容和方式的选定应来源于群众的认知，而不取决于组织方的主观设定。新内容、新形式的推广应给群众一个认同的时间和空间。例如，我国改革开放以后，群众性交谊舞活动得到了普及。但这种活动方式在一些农村地区却经历了相当长的认识过程。地区不同，人们的生活习惯不同，道德理念不同，对娱乐活动的理解和适应性也不同。

②群众文化活动的组织者在选择教育内容的过程时，要充分考虑到娱乐活动本身的承载能力和适应能力，活动的内容与教育的内容应当匹配，而不是硬性结合。活动中的教育内容如果过多，群众就会产生被说教的感觉，从而失去兴趣。如果教育内容过少，群众就会将注意力集中在娱乐活动本身，活动也就失去教育的意义。最有效的方法是引导群众从娱乐入手，在活动当中逐步将注意力转移到活动的主要动机上来。若想传授摄影知识，首先要设法使活动对象对摄影产生兴趣；若要培养舞蹈骨干，就必须先使他（她）们成为舞蹈爱好者。熟练掌握群众文化活动中娱乐与教育的合理结合点，是组织活动的重要技巧。

(四)群众文化工作者的社会责任

群众文化工作者是群众文化活动的策划者和组织者，对活动结果负有直接责任，群众文化工作者对娱乐和教育的理解直接关系到活动的结果和社会效果。

①群众文化活动的服务主体是群众，群众的需求决定了活动的内容、形式和规模。但掌握活动设计权、决策权的却是群众文化工作者。教育内容的设定，与活动娱乐的结合均由活动的组织方进行设计，而非群众。因此，群众文化单位及相关人员拥有对

活动的支配权。在一般情况下，群众文化活动组织者的动机和目的，决定了活动中娱乐和教育的结合质量及活动方向，任何不负责任的行为都会给广大群众带来重大的心理伤害。在群众眼中，包括基层文化单位在内的群众文化机构就是上级组织的代表，群众文化工作者是与群众关系密切的联系纽带，他们的一言一行都被视为政府的声音。因此，群众文化工作者要把社会责任视为生命。

②提高群众文化工作者的综合素质是提高社会责任的基础。教育内容的确定取决于思想素质水平，娱乐活动的选择取决于业务素质的能力，深入群众，了解需求，则取决于高度的社会责任感和敬业精神。凡是开展群众文化活动成绩显著的地区，一定会有一支高素质的群众文化工作队伍。广大群众的欢乐背后是无数群众文化工作者的辛勤汗水和高度的责任心。

三、群众文化活动的几个意识

在我国社会主义文化大繁荣大发展的今天，群众文化事业必须跟上时代的脚步。现代化的建设必定要有现代化的意识，群众文化活动建设也不例外。我国改革开放几十年来，群众文化活动从活动规模到活动方式，从活动理念到操作程式都发生了巨大变化。随着广大人民群众文化需求量的不断增加和群众文化活动样式的不断丰富，活动的组织者必须用新的理念去适应这一变化。现阶段，群众文化工作者应当强化以下几种意识。

(一)市场意识

在许多人眼中，市场意识就是经济领域里的产品交换意识，属于商业利益范畴。群众文化活动是公共文化服务的一部分，是公益性活动，与市场意识无关，这种理解实则是不准确的。市场经济是现代社会发展的必然过程，我们应当从经济规律和运作模式中获取营养成分并将其融入群众文化活动中，达到提高活动水平的目的。

1. 需求的观点

任何企业在生产商品之前，都要进行市场需求预测。没有需求的产品被盲目生产就会过剩，导致产品积压，若强行推销则会引起群众的反感。需求大于生产就会供不应求，商品脱销或过于短缺市场就会混乱。只有供需平衡，市场才能稳定。反观群众文化活动也是相同的道理，组织活动必须要看群众的文化需求，而不是凭领导的主观意愿和主办单位的臆断，群众是活动的主体，是"上帝"，树立服务意识是活动主办方的基本理念。

2. 竞争的观点

优胜劣汰是市场经济的基本规律，保持企业良性的竞争秩序是市场经济的重要法则，产品质量和生产规模是创优的主要条件。凡是名牌产品都是在经过激烈的竞争后取得的，没有消费者的认同，名牌就失去了存在的价值，从而优势变成了劣势。群众文化工作者要明白竞争的含义，品牌活动不是只要有决心就能办到的，更不是哪级领导一声"打造品牌"的命令就能实现的。品牌活动要有质量的保证和群众的拥护，没有这两个关键要素的支持，"创品牌"就是一个空洞的口号。如《天津市和平杯京剧票友邀请赛》这样的品牌活动是在长期的竞争当中产生的。该活动第一届仅有七个城市参加，到如今已经成为全国著名的大型群众文化活动了。

随着群众文化社会办的不断深入，政府设立的群众文化事业单位一统天下的局面已经被打破了。文化企业、社会性文化单位及各种社会力量与群众艺术馆、文化馆站在同一个竞争起跑线上，重要的群众文化活动的承办权要经过平等竞争才能取得。各级群众文化机构必须要有危机感，优胜劣汰的规律在群众文化领域同样适用。

近年来,我国交通、通信和网络建设有了飞速发展,大大缩短了地域之间的距离,并打破了群众之间进行交流的区域界限。郊区的群众参加城区的大型文化活动,城东的群众到城西去参加群众文艺社团的现象随处可见。区域界限的打破带来了区域文化活动的竞争。这是群众文化事业现代化进程中的必然现象,各级群众文化单位若不树立竞争意识,就会丧失地区优势,甚至被其他机构占得先机。

3. 效率的观点

我们通常所说的效率是指在进行某任务时,取得的成绩与所用时间、精力、投入经费等的比值。所取得的成绩大于投入,就是正效率,若实际业绩低于投入,就是负效率。

群众文化工作者在组织群众文化活动中,应当进一步提高对效率的认识。工作人员的工作态度和工作能力,单位时间内完成任务的速度和质量,活动计划设定的任务执行状况,以及活动投入与活动效果之间的比例等都是工作效率的重要因素。群众文化活动的组织和设计应当改变过去传统的凭经验进行测评或随意性运作的工作模式。建立科学的组织规范和进行严格的制度建设是提高效率的基本起点。

4. 成本核算的观点

任何商品在投入生产之前,生产单位都要算一本账,即投入多少资金,售出的商品能收回多少资金,投入的成本能否获得最大经济利益,赔本的生意没人愿意做。

这个核算理念应当有机地运用到群众文化活动的组织过程中来。在举办群众文化活动的策划阶段,主办方及策划人就应对准备投入的成本进行分析和测算:①将投入的人力、物力、财力与活动预计达到的效果进行比较,看看投入与成效是否成正比,是否值得投入；②对项目投入的经费进行分析，统计业务性支出、行政性支出、后勤性支出及公关接待性支出等方面比例各是多少，判断是否合理；③寻找再投入当中是否存在"增产节支"的因素，少投入多办事是提高活动效率的基本准则。

每一个文化活动的组织者心中都要有四个数据，即活动前的经费预算是多少；主办方的实际拨款是多少；活动中实际支出了多少；主办方的拨款与活动实际支出之间的差额是多少。这四个数据应记入活动档案，作为今后策划活动的参考。

(二)风险意识

在实际工作中，无论大型群众文化活动还是中小型群众文化活动，其实都存在着风险，只是各自的损失程度和影响范围不同而已。强化风险意识应从以下三个方面理解。

①在群众文化活动中，变化是普遍存在的，而且贯穿整个活动的始终。例如，广场活动的气候变化；剧场活动的灯光音响及器材故障；联欢活动现场气氛的失控等，这些都是不确定的因素，活动的风险就隐藏在不确定性之中。任何群众文化活动的运作过程都是一个不断调整、不断协调、不断应急的过程，这是一个普遍的规律。

②由于群众文化活动的策划方案是活动前的设计性方案，不可能十分准确地预测出现场发生的一切事情，因此与实际操作必然存在着差距。尤其在大型群众文化活动中，从来没有哪一个承办单位能够将策划方案中的设计内容，丝毫不变地运用到活动项目中。这一差距本身就存在着风险。如果现实状况与活动的设计意图差距过大，就会影响活动的正常进行，甚至可能造成活动的失败。

③任何群众文化活动，其成功和失败都是共存的，两者之间是辩证统一的关系。无论多么成功的活动都会存在这样或那样的

不足，工作人员都应当及时总结经验。无论多么失败的活动都会包含着某些合理成分，吸取教训，力争将坏事转变为好事，所谓失败是成功之母就是这个道理。群众文化活动的组织者应当树立风险意识，正视风险，积极面对风险，善于从风险中寻找机遇和规律。在策划活动时一定要将风险因素考虑在内，力争将风险缩小到最小范围。

(三)法律意识

由于群众文化活动是人们职业范畴外的文化行为，因此多年来活动的组织方和参与方对活动中的法律因素考虑得不多。随着群众文化活动样式的多样化和社会形态的日趋复杂化，法律在群众文化活动中的重要性逐渐凸显出来。活动的主办单位、承办单位与参加活动的群众不仅是服务和被服务的关系，更是一种法律关系。在实际工作中，有许多情况必须通过法律手段来解决。广大群众文化工作者一定要强化法律意识，确保群众文化活动的良性秩序。

①群众文化活动的服务对象是全社会无差别群众，只要是我国合法公民都有享受群众文化活动的权利。由于参与活动群众的动机和状况各不相同，因此对活动的要求及满意程度也不会相同。当活动主办方的指导思想与某些群众的参与动机发生冲突时就会发生矛盾，这是不可避免的现象。在经过协调、宣传等措施均无效的情况下，为了确保活动的正常进行，主办方应当依靠法律解决问题。面向社会开放的文化活动，只要是合法运作都应主动欢迎法律监督，这是最有效的自我保护措施。

②工作在第一线的群众文化工作者都会有这样的体会，无论将活动设计得多么周密，总难免出现意外状况，有时出现的状况是无法预测的。活动的主办方必须先期采取法律防范措施，将隐患消除在萌芽状态。例如，广场文艺演出中突然天降大雨，外请

演出单位的器乐或服装被雨淋坏了，要求赔偿；群众性艺术比赛中，参赛人员认为评比不公，拒绝领奖等。这时，前期与演出单位签订的演出协议和文艺比赛中聘请的现场法律公证人员的作用就会显现出来了。在法治社会里，依靠法律解决纠纷是最好的办法。

③在实际工作中应重视法律程序。群众文化活动组织者的法律意识还表现在策划和实施的规范化程序的设定上。策划人员和承办单位必须要按照法定的程序进行运作，尽量减少随意性行为。例如，活动的立项、审批、内容形式的审定、策划和实施过程中的各项决策等，一切流程都要经得住检查和检验。任何单位及领导的决策都不应当跨越法律给予的界限，这是开展群众文化活动的基本准则。

(四)安全意识

开展群众文化活动最重要的就是安全，它是检验一项活动是否成功的重要因素之一。常言道，"兵马未动，粮草先行"，而对于群众文化活动来说则是"活动未搞安全先跑"。在活动开展之前，必须先做安全预案，无论多么重要的活动，只要安全得不到保证绝对不能付诸实施。前些年我国曾发生过因安全措施的执行疏忽，在春节群众游园活动中发生重大人身伤亡的事故，血的教训绝不能忘记。

①在群众文化活动中，安全就是生命。安全面前无小事，小的疏忽会酿成大祸。

②活动中的安全机构是独立的工作系统，它独立于其他业务部门之外。任何单位和个人都不得干扰安全系统的正常工作和检查。有的地区曾经出现过为了保证活动的特色，不经安全机构研究和论证，擅自降低安全标准，这种行为十分危险，必须禁止。

③安全要素是活动策划和决策的依据。当活动的安全预案制订完成后，各类策划设计和实施计划的制订都应以该预案的要求为依据。所有的活动内容和运作方式都不应超出安全预案规定的范围。群众文化活动的组织者在实际运作中，做到这一点其实是很不容易的。但为了保证安全，宁可更改活动内容或调整活动部署，也不能降低安全标准。

(五)环境意识

在当代群众文化活动中，提高活动组织者和参与者的环境意识已经成为一项十分重要的课题。这里所说的环境是指与群众文化活动有直接关系的自然环境、人文环境、社会环境和群众心理环境等。群众文化活动离不开环境的依托，反过来又对环境产生影响，二者之间是相互作用的依存关系。例如，社区文化活动有利于建立基层的和谐环境，而基层的和谐环境又可以促进群众文化活动的开展。

1. 保护环境

我国群众文化事业的发展不能以破坏环境为代价，保护环境是开展群众文化活动的重要原则之一。要保护大自然赐给我们的生存基础，要保护中华民族创建的文化资源，要保护群众文化活动赖以依存的社会和谐氛围，更要保护广大人民群众旺盛的文化需求热情。毁坏了环境就等于毁坏了群众文化自己。

2. 利用环境

环境的保护和利用是一对相辅相成的关系，保护环境是为了更好地利用环境，让环境为人民服务。许多特色群众文化活动的形成都来源于特殊的自然环境，许多优质的创意都来源于我国宝贵的人文资源，这样的事例不胜枚举。因此，任何有作为的文化活动策划人，都把环境的利用作为创意的主要元素来设计。例如，西藏的雪顿节、云南的泼水节、白族的三月街，等等，都是以自然环境为依托的特色文化活动。

3. 创造环境

许多群众文化活动的组织者对创造环境的概念还比较陌生，其实在实际工作当中我们经常运用。简言之，创造环境就是采取必要的措施营造活动气氛，从而提高活动的影响力。一些群众对某些活动的关注度不高，除了该活动不符合自身的文化需求以外，更多的是因为对该项文化活动不了解。活动的主办单位可在活动前进行一些预热活动，创造与活动有利的小的环境气氛。例如，开展各类宣传活动、美化和布置活动周围环境、开展小型的辅助性活动，等等。我国重大节日到来之前，都可运用相应的手段营造节日气氛，将广大群众的热情调动起来，为节日期间的文化活动打下良好的基础。

(六)宣传意识

各级群众文化单位要在群众文化活动策划、实施中，树立宣传意识。要有计划地结合社会热点和活动亮点，运用多种形式进行立体宣传。优质的宣传可产生良好的效果。

1. 向受众对象和社会阐明活动的方向、动机目的及活动内容，营造气氛，扩大影响

这是开展宣传攻势的主要目的，人们会在宣传的作用下产生参与活动的冲动和愿望，从而完成由被动性需求向主动性需求的转变。如基层单位为了欢度国庆，张贴标语，布置宣传栏和宣传橱窗；为了欢度春节，张灯结彩，安置花坛等，这些都是常用的宣传手段。

2. 通过宣传，倾听各界的反应和意见，对活动内容作及时调整

群众文化活动的宣传工作应贯穿活动的全过程，各阶段的宣传都有其不同的内容和目的，但倾听反应却是各阶段的共同任务。活动的决策者根据外界的反应对自身的各项工作进行判断和评估，并根据调研结果对工作不断地进行调整和改进。这是形成品牌活动必须经历的过程。

3. 包装自己，树立形象

优秀群众文化机构和策划团队社会公信度的建立，固然要靠自身的努力拼搏和出色的工作质量，但通过平台宣传自己，同样是不可或缺的重要因素。树立自身形象有三方面的益处：①提高广大群众的认知度和认同感，提高活动的社会知名度；②增强举办群众文化活动的号召能力，人们相信其活动的质量，有亲切感；③增强单位的光荣感和内部成员的凝聚力，提高所有成员的开拓精神和工作积极性。

第四节　开展群众文化活动的基本要素

在我国现代化建设中，无论计划完成何种目标都要预先研究该目标所处的环境和具备的条件，不顾客观实际地蛮干注定要失败，对于群众文化活动来说同样是这个道理。群众文化活动的组织者在举办各类群众文化活动时，必须先期对三个重要条件进行研究和分析，这是开展群众文化活动的基本要素。

一、动机和目的

群众文化活动的动机和目的是三要素中的第一要素，活动的主办方、活动的承办方和活动的受众是该要素的主体部分，他们决定了活动的成败。

(一)主办方的动机和目的

群众文化活动的主办方是举办该项活动的主体，对活动拥有决策权，决定了活动的方向和性质。主办方的动机和目的对活动的成败起着决定性作用。群众文化活动的主办方一般包括：政府、各类人民团体和企事业单位及社会力量。主办方的性质不同，其各自的动机也各不相同。

①政府是当地最高行政机关，对本地区的宏观建设负有重大责任。由政府出面主办的群众文化活动一定带有极强的目的性，一定传达着党和国家的某种声音和信息，必须杜绝随意性和盲目性。由于政府主办的群众文化活动具有巨大的社会影响，因此示范性、引导性、指导性是该类文化活动的主要动机和目的。例如，全国《群星奖》比赛、省市级艺术节、重大节日的庆典活动等。

②各类人民团体和企事业单位主要是指各级工会、妇联、共青团、残联、老龄委和企业、事业、学校等机构及各部队的基层俱乐部等。这些机构主办群众文化活动的动机和目的主要是增强内部凝聚力，调节单位成员的工作氛围，活跃职工的文化生活等。例如，职工艺术节、企业公司举办的合唱节、学校的校庆等。

社会力量是一个十分宽泛的概念，大到全国群众，小到公园的自乐班，各类社会机构和团体都在其范围之内。他们主办群众文化活动的动机和目的十分明确，即满足人们精神文化的需求。例如，北京奥运会前，全球华人自发组织起来支持北京奥运会，经奥组委批准，在北京市居庸关长城举办万米"奥运龙"长卷展示活动，这是社会力量办文化的典型事例。开展这项活动的目的就是彰显中华民族的气魄，满足全球华人的精神需求。

(二)受众的动机和目的

群众文化活动的受众是指参与活动的广大群众，是除了主办方之外的另一个重要组成部分。任何类型的群众文化活动如果没有群众的参加，其活动便失去了实际意义。与社会力量办文化的动机相似，满足精神文化需求是广大群众参加群众文化活动的根本目的。虽然满足文化需求是群众参与活动的基本目的，但这一概念包含着多种含义。

1. 不同状况下的群众可产生不同的需求动机和目的

在通常状态下，人们的文化需求可分为常态需求和非常态需求两类。常态需求是较稳定的需求，如爱好唱歌跳舞的人在逛庙会时，就会去看文艺表演，爱好民间艺术的人在逛庙会时，就会光顾工艺品展销或花灯展览等。但当某种外部状况发生改变后，人们的非常态需求就可能发挥作用，甚至会压倒常态需求，这时群众的兴趣就会转移。例如，在庙会中人们正在很有兴趣地观看文艺演出和花灯展览，忽然广场武术表演开始了，其热烈气氛盖过了文艺演出和花灯展览，这时看演出和看花灯群众的注意力就会被武术表演吸引，于是产生了需求转移。群众需求的不确定性带来了群众文化活动的竞争理念，为了扩大影响、吸引群众，各地的群众文化活动必须向高质量、特色化的方向发展，以满足人们的需求动机。

2. 同一状况下的群众可产生多种需求动机和目的

许多群众的文化需求内容不是单一的，可同时产生多种兴趣，俗称多才多艺。这些群众在参加群众文化活动时会经常发生兴趣的不断转移现象，而且这一现象带有一定的盲目性。盲目的需求动机给保持群众文化活动的正常秩序带来了一定困难。

群众文化需求动机的多样性，带来了群众文化活动的丰富性。

(三)主办方和受众动机和目的的同一性

群众文化活动的承办方是该项活动的实际操作单位，对活动的质量负有责任。活动的承办方在活动的运作过程中，既要对主办方负责，也要对受众负责。承办方在承接活动任务后的第一件事，就是搞清楚主办方的真实动机，这是十分关键的步骤。动机不明就失去了运作的方向和准则，一些单位工作十分努力但仍得不到主办方的认同，大多数原因都是因为没有理解活动的实质含义。活动的承办方按照主办方的意图进行操作的同时，还要对群众的需求进行调研，探索如何将群众的文化需求兴趣引导到本次活动上来。没有广大受众的参与，活动依然搞不成。因此，只有明晰主办方和受众的动机目的，其活动才能有效操作。

只有活动的主办方和受众的动机目的相一致时，其活动才能达到预期效果。这是该基本要素的核心内容。

二、内容和形式

群众文化活动的第二个要素是活动的内容和形式，它们均有各自的要求和原则。

(一)决定活动内容的基本条件

有三个条件对群众文化活动的内容起决定作用，即主办方的意思表示；内容所需资源的数量和质量；群众对内容的认同度。

①活动的主办方是该项活动的组织主体，对活动拥有决策权，对活动内容的选定也同样拥有决定权，因此主办方的意思表示对活动内容的认定起着决定作用。例如，某区县文化局决定，在春节期间举办民间花会表演活动，于是民间花会的内容就被定下来了。

②在群众文化活动的内容选定上，仅有主办方的意思表示还不够，必须还要具备活动内容所需的资源(数量和质量)。例如，某社区的文化中心为了弘扬我国民族文化，拟举办社区的戏曲大赛。但该社区内的大多数群众喜爱健身操和群众性合唱活动，对戏曲感兴趣的不足十人，参赛作品和选手数量都不具备比赛的条

件，尽管主办方有意愿，活动还是搞不成。除此之外，自然资源、人力资源、财力物力资源等，都是认定活动内容的因素。

③虽然前两项条件是确定活动内容的必备条件，但还要得到参与活动群众的认同，得不到群众认同的活动是没有基础的，硬性决策必定要失败。例如，某市文化部门为了提高农村人口的文化素质，将高水平的交响乐团派到了偏远山区的农村，为农民演出专场交响音乐会。演出后，农民们反映听不懂，导致活动失败。

综上所述，确定群众文化活动的内容必须具备以上三个条件，缺一不可。

(二)活动形式的确定

群众文化活动的形式是活动的外在表现，对活动的影响力起着至关重要的作用。活动主办方的动机目的和活动拟定的内容决定了活动的形式。例如，某省文化和旅游厅为了选拔优秀节目参加全国群星奖比赛，决定举办一次全省的群众性文化活动，该活动的内容是舞蹈类，于是活动的形式定为全省群众舞蹈选拔大赛。省文化和旅游厅的活动目的和活动内容是决定比赛形式的两个要素。如果省文化和旅游厅的活动目的是普及文化知识，而内容改为民间秧歌，则活动的形式就有可能变为全省民间秧歌的普及培训活动，而不是比赛了。

(三)活动内容与活动形式的关系

群众文化活动的内容和形式是两个相互依存的要素，不可分割。内容是形式的内涵，形式是内容的外在表现，缺少任何一方另一方都无法单独存在。因此，处理好这两者之间的关系就显得格外重要。

①在一般情况下，群众文化活动的形式必须服从活动内容的需要，这是基本的原则，任何过分夸大和渲染形式的做法都是不可取的。例如，某些文化单位为了显示对群众文化活动的重视，

在举办群众性文艺晚会时，支出大量经费在活动形式上做文章，不去调研群众的文化需求，也不下力气来设计活动内容，而是忙于请著名歌星，布置现代化的舞美灯光，设计精美鲜艳的服装道具，演出过后，观众除了感到轰轰烈烈、热热闹闹以外，没有留下任何实质性的记忆。这类华而不实的文化活动不仅浪费了国家大量的资金，也违背了群众文化活动的根本宗旨，同时也反映出该主办方浮躁的工作作风。

②虽然活动内容决定了形式，但群众文化活动的形式对活动内容与表达的内涵也产生着重大影响。没有与之相适合的形式，活动的内容就无法表达出来，活动本身就变得枯燥无味，缺乏吸引力和号召力。

正确处理活动内容和形式的关系是每一个活动决策单位和策划人的基本功，不能熟练掌握这一基本要素，其组织活动的效果就无法达到预期设定的目标。

三、与活动相适应的基本条件

群众文化活动的第三个基本要素是硬件类要素，没有下列五个硬件条件，任何活动都无法开展。

(一)经费

这是开展群众文化活动的第一要件，经费的数量决定了活动的质量和规模。当活动经费不足时，只有降低活动质量和缩小活动规模两个方法。许多主办单位习惯使用先活动后算账的方法开展活动，这一做法是不可取的。主办方在组织活动之前必须将活动的预算总额下达给承办方和策划人，策划人根据经费的多少来设计活动的规模和内容，承办单位则依据活动经费进行部署，因此经费是活动的前提。策划人不知活动经费数额，其设计的方案就可能成为无效劳动。承办方若不知晓经费预算，就无法有效使用人、才、物等各类资源，活动就会处于无序状态。各级群众文化机构必须时刻牢记：经费条件是开展活动的重中之重。

活动经费的来源不应仅依靠政府的支持，应建立多种渠道并存的筹资机制，形成政府支持、企业赞助、社会捐赠相结合的运作模式。群众文化活动是社会性文化，应由全社会共同来支持和维护。在这方面群众文化工作者还有许多工作要做，还需要得到国家相关政策及法律的支持，需要进一步规范和完善筹资办法。

(二)环境

环境是形成群众文化活动特色的关键性因素。活动的策划者在策划过程中必须要熟知与活动相关的各类环境条件。自然环境可以形成活动的独特风格；经济环境可以成为活动科学运作的依据；人文环境可以形成活动独特的文化内涵；社会环境可以营造朝气蓬勃的文化氛围。失去环境的依托，活动就会失去营养，就会苍白无力。

在充分利用环境的同时，还要认识到环境也是制约活动进程的重要因素。当外部环境条件不利于活动的运作时，主办方就要另做决策了。如气候条件、社会秩序和安全条件及突发事件等。因此，环境因素是活动的组织者必须要认真对待的重要条件。

(三)后勤保障

后勤保障是群众文化活动的基础性要素。在大型群众文化活动中，承办方一般都要将责任心强、工作细心的同志安排在后勤保障部门。活动过程中的食宿、交通、通信等烦琐细致的工作都要后勤部门来负责，任何一点小的疏忽都可能给活动带来重大损失。任何群众文化活动的后勤系统都要先于其他各系统建立，并要保证其他工作机构的正常工作秩序。后勤保障条件的优劣直接关系到活动的质量。

(四)具备实际能力的操作队伍

这是群众文化活动的决定性要素。活动中的各个岗位都是需要人来操作的,操作人员的素质和能力是决定活动成败的关键。这里所说的能力不是针对人员的学历而言,指的是对本岗位的实际驾驭水平。例如,各级领导的协调控制能力、宣传人员的撰稿能力、后勤人员的调配能力、办公人员的公关能力、专业艺术人员的编导能力等。总之,将最合适的人员安排在最合适的岗位,就是群众文化活动对操作队伍的实际要求。

(五)具备项目中所需的技术要求

这是群众文化活动的限制性因素。随着我国科学技术的飞速发展,群众文化活动的科技含量也在大幅度增加。广大群众文化理念的改变和审美水平的逐步提高,促使其将活动中的科技元素作为自身文化需求的一部分。群众手中的相机档次越来越高,文艺演出对舞台灯光音响的要求越来越严格,基层文化器材和设备越来越先进,现代科学的发展要求我国群众文化活动必须跟上时代的步伐,将与活动质量相适应的相关科学元素作为必要的硬件条件。

由于我国目前各地的经济发展水平还有一定的差距,群众文化事业发展的水平也各不相同,因此对群众文化活动的技术要求也不能完全统一。因地制宜,量力而行,面向未来,积极进取是掌握这一条件的基本要求。

第五节 基层群众文化活动项目确立的程序和步骤

基层群众文化活动在组织形态上可分为两类:一类是基层文化机构开展的群众文化活动,主要是指乡镇、街道文化站和社区、村级文化中心等单位;另一类是群众自发组织的群众文化活动,例如，村里的老年秧歌队、公园里的自乐班等。群众自发组织的文化活动具有较大的不确定性，规模小、组织形式比较松散，因此在一般情况下不需要经过活动的立项程序。本节所述的活动立项程序是针对基层文化机构而言，基层群众文化机构对本地区的群众文化事业发展和群众文化活动的方向负有重大责任，作为满足群众文化需求重要手段的群众文化活动，必须纳入基层文化机构全年的工作计划之内。基层群众文化活动的立项程序，虽然没有大型活动复杂，但也要遵守科学化、程序化原则，改变长期以来经验性的盲目随意运作模式。

一、群众文化需求调研

基层群众文化活动与人们的社会生活息息相关，满足群众文化需求是活动的基本目的，因此提出活动项目的前提是群众是否欢迎。没有调查就没有发言权，群众文化需求调研是开展活动前必不可少的工作环节。

①对本地区及活动所涉及的受众进行全面了解，如人口构成、生活习惯、知识结构、区域特点等。这一调研是长期积累的过程，而不是某个单位一朝一夕所能完成的，这是基层文化工作者常年深入群众生活的结果。将掌握的各类信息进行文化需求类分析，并对群众的需求内容、形式及需求方向做出判断。要明了哪些是群众的普遍需求，哪些是现阶段群众的主要需求，做到心中有数。

②基层文化单位提出的活动意向往往与各级政府的中心工作有关，在推广新理念，普及新知识时，并不一定与群众表现出来的文化需求兴趣完全一致。活动的组织者应当将活动项目的动机目的与群众的需求进行比较，判明两者之间的差距有多大，并探索缩小差距的办法与渠道。

③在经过调查研究的基础上，论证活动意向的价值和举办本

次活动的必要性。如活动意向与群众需求没有原则性冲突，其意向就可以认定成立。

二、本地区文化资源论证

当活动意向确立以后，就要对文化资源进行分析。主要从两个方面进行论证。

①对本次活动项目所需文化资源的数量和质量进行分析，这是开展文化活动的基础，仅有好的愿望而没有资源保证，活动照样办不成。例如，举办辅导班没有辅导老师，这说明人才资源不足；举办大型文艺演出没有经费，这说明财力资源不足；举办综合性艺术节，但除了民间秧歌，其他门类的艺术都不具备条件，这说明活动项目资源不足等。对活动资源的调研实际上就是对活动的可操作性进行分析判断。

②通过对本地文化资源的分析，判明哪些资源有助于活动的开展，哪些资源尚待开发，还需要哪些必须尽快补充的资源。对本地区的文化资源条件进行论证，将可利用资源进行可行性开发利用，对文化资源的不足寻找解决方法，并将资源的投入量与活动本身产出的价值进行比较，做出决策性判断。

三、活动项目的目的性研究

任何群众文化活动都应当有明确的动机和目的，基层活动及小型活动也不例外。一些文化单位认为，基层文化活动只要能丰富群众的娱乐生活就可以，不一定要有什么目的，这种认识是不正确的。文化娱乐是群众文化活动的外在表现形式，群众参加活动时，都带有不同的目的，并希望得到某些收获，如果活动失去目标，群众就会感到茫然，就是参加了活动也不会持久。在研究活动目的性时应把握三个原则。

①确定活动的目的是否积极向上、健康文明，坚决抵制低级庸俗的形式和内容进入活动中。

②是否以满足群众的文化需求为根本任务，要研究这项活动是不是人们所需要的。

③是否有利于和谐社会的健康发展，是否有助于净化社会风气，提高文明水平，传播科学文化知识，从而达到营造和谐社会氛围的目的。

四、操作方实际能力的认定

任何单位确立活动项目的目的都是为了实施，因此是否具备实施能力就是一个十分关键的要素。基层文化单位在决定活动项目时，必须要对下列三个条件进行认定。

①认定自有文化队伍及骨干队伍对活动项目的运作能力。包括管理能力、组织能力和业务指导能力等。

②可调用和利用外部人才和资源的能力。例如，聘请评委、邀请辅导老师、寻找合作对象和协作伙伴等。

③设施设备及经费保证水平。如果不能满足本次活动的需要，是否有其他补救措施。

五、对活动内容和方式的设计

当上述内容完成后，基层文化单位便可组织人员对活动的内容和形式进行创意设计了。在设计过程中要注意以下几个方面。

①活动形式要生动活泼，富有感染力，要设法使人们产生新鲜感，吸引不同年龄的群众参加到活动中来。

②确保活动内容的亲和力和较强的针对性，要与基层群众的生活密切联系，即便是宣传教育类的活动也要做到循序渐进，将宣传内容自然地与老百姓的生活结合起来，这是基层文化活动的

特点之一。

③活动要注重特色，在实用上下功夫。在一般情况下，群众对基层群众文化活动内容和形式的要求并不复杂，只要方便、自如、满足需要即可。切忌华而不实，更不能有单纯完成任务的思想。

六、完成简易方案的编写

当对活动的设计完成之后，就要将策划的结果反映到活动方案上。简易方案是基层文化活动最常用的一种编写形式，是上级决策机关审批的重要依据，必须做到以下几点。

语言简练：简易方案的篇幅不宜过长，语言简洁明了，不要过多使用装饰性语言和修饰词，以朴实实用为准。

结构清晰：方案要条理清晰，结构简练，分类不要过多。因基层文化单位主要面对的是中小型文化活动，因此基层文化活动简易方案的实操功能大于策划布局功能。大型活动方案中的某些内容在简易方案中是被省略掉的，如可行性研究等。

内容完整：虽然建议方案的语言和结构要求简练，但内容必须完整全面。活动投入的总量、人员的布局、活动的内容和方式、工作的步骤和安排等都要表述清楚，要使上级领导及参与的群众一目了然。

实事求是：活动方案的编写要真实可信，实事求是。有些单位为了某些目的，如争取更多的经费，或吸引更多的群众等，在方案中过于夸大活动的意义或产生的社会作用等，这样的手段是不可取的。不但会给国家造成经济损失，更可能会丧失在群众中的公信度。

七、主管单位审查批准

基层文化单位将活动项目计划和活动方案在活动前，应报上级主管单位通过和备案。目前，许多基层单位在组织文化活动时没有设该项审批程序，随着群众文化活动建设的不断科学化和规范化，这项程序应当作为主要内容来实施。

①主管单位根据项目方案进行再次论证，主要从活动的实际价值、社会的作用和实施的可行性三个方面进行评估，研究是否在经济、资源及设备等方面给予支持，并做出最终决定。

②在审批过程中必须做到以下几点。

项目透明：主管单位应将对活动的决策意图向申报单位阐述清楚，要让活动的组织方明了上级对活动的态度，哪些支持，哪些需改正，对活动做到心中有数。

手续合法：由于基层文化活动的批准程序相对简单，一些地区往往在操作上比较随意，不重视相应的法律程序，以至于出现纠纷时无法处理。在审批过程中避免出现因裙带关系、亲情关系、不正当经济行为等原因产生的暗箱操作现象，这会给群众文化事业带来不可想象的隐患和灾难。

量力而行：主管单位在审批活动项目时，应本着因地制宜、量力而行的原则。应根据自身的实际状况来决策，不要盲目地攀比和模仿，勤俭办文化是基层群众文化活动的重要原则。

明确要求：基层文化单位在策划活动时，从群众的文化需求等方面考虑得比较多，上级主管单位在审批过程中应从活动的方向和宏观发展方面给予指导，要提出明确的指导意见和要求。基层文化单位必须在主管部门的直接指导下开展工作，必须保证活动质量。

第六节　大型群众文化活动项目确立的程序和步骤

大型群众文化活动是一项十分复杂的工程，其参与单位和群众数量的庞大、操作程序的繁杂、投入财力的压力及社会影响的巨大等，都决定了其必须要经过严格的项目审批程序。这个过程大致要经历九个步骤。

一、项目的提出

（一）大型群众文化活动项目的提出是申报程序的第一步

项目提出人不一定是项目的策划人，可能是活动的主办方或是创意人及其他社会成员，这里简称为"项目人"。项目人要做两件工作。

①运用丰富的想象力和创造力对活动内容进行项目设定，这是策划的基础，项目设定的优劣直接关系到项目立项的成败。

②通过创造性构思将设定内容转化为活动的项目内容，并用点子方案的形式表现出来。点子方案要明确和形象地说明活动的意义和艺术构思，应当具有较强的感染力。

（二）项目人在完成书面方案之后，要正式向主办方提出活动项目申请

①主办方召开相关会议听取项目人的项目设想陈述，对活动的必要性、特征特色、内容设想、组织构成及实施模式等进行全面说明，并回答质询。

②主办方对项目人提交的活动项目进行初审，对活动的可行性和必要性进行分析论证，项目人在此期间可对点子方案进行再加工、再完善。

（三）主办方经过初审后做出准入性决策，如符合条件即可接受项目人上报的活动项目申请，并将其纳入审批计划

这个决定仅是主办方准许将该活动列入立项计划的决策，是活动立项程序的第一步，这表明该项活动可以开始实质性的操作

程序，即制订活动项目立项申报计划。

二、确定项目主要责任人和主要策划人

(一)按照活动立项计划的要求，主办方应确定活动项目的主要负责人

①这一阶段的项目负责人可以由两种方法产生：一种是主办方决定临时负责人，负责活动的立项工作，待立项完成后将权力移交给活动组委会领导机构；另一种是直接选定承办单位，由承办单位从现在起开始负责活动项目的全部运作过程，承办单位的负责人即是活动申报的责任人。

②活动项目负责人应对申报的全部结果承担责任，并由该负责人指定或经民主推荐，确定活动的主要策划人。主办方对选定的策划人应当进行业务能力测试，认定后再由策划人组建策划组。

(二)在通常情况下，策划人被认定后应立即开展工作

①详细了解项目负责人或项目提出人的真实意图，这是十分关键的步骤。活动目的不明，一切工作都不要开始，否则轻则使策划方向发生错误，重则导致活动申报失败。主办方的动机是策划人工作的基础。

②策划人带领策划组按照主办方的活动意图进行前期策划准备。如对活动项目进行全方位的研究，确定策划方向，制定策划规则，拟定策划步骤和计划以及策划组的内部分工等。

(三)策划人必须与项目负责人保持良好的工作关系，做到信息和沟通的顺利流畅，二者之间出现的任何障碍，都会给活动带来不良后果

①活动项目负责人或承办方负责人应定期向活动的主办方进行汇报，建立常规性的汇报制度。主办方应对项目的申报进程做

到心中有数。

②活动的策划人要与项目负责人建立良性的沟通渠道和汇报制度，保持密切的互动关系。没有项目负责人的指导，策划工作便无法开展。

三、收集、整理相关资料和信息

(一)当项目策划人确定之后，由策划人带领策划组根据活动项目的需要，按步骤收集相关信息和材料，完成准备工作

①对活动项目进行分析，找出与活动相关的信息种类和类别。
②疏通信息来源的通道，找出信息来源的方向和收集办法。
③制订信息收集整理的实施计划和步骤。
④策划组针对信息收集工作进行分工，任务落实到人。

(二)由于群众文化活动涉及的面广，群众性强，因此要特别注意信息的全面性，只要与活动相关的信息，如社会、自然、经济、科技、环境等信息都应当纳入采集范围

①从纵向看(纵向信息)，历史上曾经组织过哪些与此相似的活动，是否成功，社会效果如何。例如，策划举办第四届群众歌咏比赛时，应将前三届的信息调出来作为参考。
②从横向看(横向信息)，其他省市和地区是否举办过类似的活动，哪些经验值得借鉴，哪些教训值得吸取。例如，筹备海南荔枝节的策划人，可以收集北京大兴西瓜节和洛阳牡丹节的相关信息作为参考。

(三)对材料和信息收集进行整理、分类、筛选和分析，并根据材料和本次活动项目的实际情况作出判断

①将大量的文化信息进行比较分类，要从众多的信息中分出艺术类、组织管理类、社会动态类及经济科技类等若干个信息类

别，这是一项繁杂细致的工作。

②将分离出来的各类信息进行筛选。把与活动无关的信息淘汰掉，有价值的信息进行再分类。

③策划组将保留下来的信息按照活动的要求进行串联，形成有机的信息链条，并以书面的形式保留下来。

④对信息链进行研讨、分析，做出可利用程度的判断，为创意设计打下基础。

四、提出创意

(一)策划组以所掌握的信息材料为依据，对活动项目进行创意设计

这是项目申报过程中的核心部分，其中包括：活动的模式、内容的设定、操作的方法、风格和特点等。

①大型群众文化活动创意是集体智慧的结晶，不可能由哪一个个体单独完成。除了在策划组内展开充分讨论外，还要广泛听取相关领导、专家及群众的意见，确保创意的可行性。

②创意结果要形成创意方案。该方案应生动形象，富有感染力，为策划部署的全面展开提供方向和依据。创意方案的重点是对活动内容和形式的形象化构思，是策划的重要组成部分，对活动特色将产生重大意义。

(二)在创意设计过程中，策划人必须要广开思路，大胆构思，敢走前人没走过的路

创新是群众文化活动得以发展的动力，但也应该注意容易出现的几个问题。

①不以所掌握的材料为依据，不顾客观实际情况的限制，漫无边际的凭空想象，做出了超出主办方实际能力的设计，这种创意是一种无效劳动。

②不以满足群众的需求为目的，不考虑社会效果和市场的热点，仅凭个人的兴趣和爱好去进行构想，这样的创意以个人的意愿代替了群众的意愿，必然失去了存在的意义。

③不愿做艰苦的实际劳动，将别人的或过去的活动创意拿来改头换面，作为自己的创意提交讨论。这样的创意无法得到广大群众的认可。

五、分析论证

(一)当策划人确定了创意设计以后，要组织相关人员进行全面的论证，广泛征求各方人士的意见

这是策划过程中必须经历的步骤，不经过充分论证的创意没有实操价值。

①征求领导机关的意见，获得活动方向信息和相关政策类信息。

②征求专家学者的意见，获得活动价值信息及学术类信息。

③征求群众代表的意见，获得群众文化需求类信息。

④征求工作人员的意见，获得活动可行性信息。

上述信息的获得对创意方案的实用价值具有重大意义，必须严肃对待。

(二)在创意论证的过程中，要把握和遵循几个标准

①该创意是否可行。包括操作的难易度、经费的可承受度、环境的允许度等。只有能够实现的创意才有存在的价值。

②上级机关和主办方是否同意。文化创意是一项创造性的构思过程，创意人很可能将过去不曾出现过的新事物、新观念融入活动的创意之中。这些新内容是否符合党和国家的政策精神，必须要听取上级领导和主办方的指示和意见。大型文化活动的方向性是所有要素中的关键性要素，策划人要时刻牢记。

③广大群众是否欢迎。对于群众文化活动来说，群众是最有发言权的，广大群众对活动的态度，在某种意义上可以说明举办该次活动的意义和价值。

④创意内容是否健康向上。活动的策划人在活动的创意构思方面要力求新颖独特，努力尝试一些新内容。这就更需要在论证时对内容的思想性和先进性方面进行把握。使群众在活动中受到教育是群众文化活动的根本目的。

⑤亮点和特点是否突出。一项优秀的文化创意必定要有新意，没有特色和亮点的文化活动，其轰动效应和感染力就要大打折扣。大型群众文化活动的社会影响力是从好的创意开始的。

六、整体设计、构思

(一)当上述各项环节完成后，策划人应将此创意转入全面策划过程，进入整体策划阶段

活动的创意和策划有很大的区别，必须要有一个转化过程。

①策划人要对创意方案进行再分析，这次的重点是如何操作和布局。要对所需投入的力量的类别和数量进行研究。

②将创意中的各类元素与策划程序相衔接，在保持创意设计意图的前提下，将构思重点转移到运作和布局的部署上来。

(二)策划组以创意方案为依据，对活动进行全方位的策划设计

整体策划阶段的设计内容包括以下几点。

①组织机构和工作机构的设计——要求机构设置合理，领导关系明确，部门职责清晰，任务设定准确。

②活动的整体布局和分配——要求创意意图和特色不能改变，各运作单位在总布局的范围内，相互之间协同关系，各部门的任务职责清晰明确。

③活动内容和形式的艺术构思——要求将创意当中的内容和形式的形象化构思转化为操作性构思设计，为活动的实施打下基础。

④活动的组织实施方法——要求与活动的规模相一致，切实可行，不做表面文章。实施方法的设计不宜过细，但要准确。

⑤各阶段的时间安排——要求按照活动项目和任务的总量合理分配时间，以段落性时间安排为宜，段落时间与相应的工作内容应对位准确。

⑥经费预算计划——要求经费预算的总量与活动实际消耗的总支出相符，项目设置应合理恰当，项目分配清晰明确，严禁虚设或有意扩大支出数额。

(三)整体策划是一个较复杂的过程，是创意设计的继续

实用、可行是策划的基本原则，要全力将创意的意图忠实地体现在策划设计中。

在策划过程中要不断从获取的各类信息中汲取营养，不能仅凭想象进行设计。要不断观察活动所需条件的各种变化，并在策划中进行调整。

策划是一个系统工程，要靠集体的智慧共同完成，要充分调动每一个策划人员的积极性，尽量排除来自各方面的干预，扎扎实实地完成设计任务。

七、形成草案

(一)大型群众文化活动的策划结果最终要体现在草案上，又称策划方案草案，是策划阶段的初级成果，是确立项目的主要依据

①将策划人设计的内容进行汇总，整理编排，形成提纲性文件。

②召开策划会议对设计构思与活动创意方案进行比较，进一步统一思想。

③指定或推举草案起草的执笔人，主持策划方案草案的编写工作。

(二)草案的编写基本以文字结构为主，必要时可配相应的图表、图片及各类示意性彩图等

由于现代科学的发展和互联网技术的广泛利用，许多策划人喜欢在策划方案的表现形式上下功夫。为了体现新颖活泼，吸引人们的眼球，将方案设计得五彩缤纷、花样繁多，这是可喜的现象，不违反群众文化活动的群众性原则。但应当强调的是，无论策划方案以何种形式表达，都必须遵守"生动、简洁、层次分明、内容充实"的原则，要给主办方和审查方以准确的活动信息。

八、上报审批

(一)在策划方案草案完成后，应立即进入上报审理程序

①承办方或策划人将活动策划草案上报主办方审阅，批准后由主办方将此方案上报上级审批机关审批。

②上级主审机关根据权限启动审批程序对该项活动进行审查。例如，公安部门审查安全预案，宣传部门审查宣传口号及标语等宣传类方案，政府主管部门审查该项活动的合法性，等等。

(二)审批过程

大型群众文化活动在立项的审批过程中，要经过以下几个程序。

①审批机关要对活动项目进行再论证。论证的重点是：预测项目所产生的效果和影响；活动项目的可操作性和可驾驭性；实施项目的时机及环境是否允许等。

②策划人根据审批机关的意见对该草案进行修改和完善。

③审批机关对该项活动做出最终决策，并下达相应的批复。

九、确立项目

①自审批机关下达批复之日起，活动项目得到正式确立。

②活动策划人立即将策划草案加工成该项活动的最终策划方案，作为承办方的操作依据。

③活动的主办方按照策划方案的设计成立活动组委会；活动的承办方根据主办方的意图，成立相应的组织机构，按活动的操作程序进入活动的实施阶段。

【思考题】

1. 结合实际论述基层群众文化活动的规律和特征。

2. 什么是大型群众文化活动？

3. 简要论述开展群众文化活动的基本要素。

4. 基层群众文化活动与大型群众文化活动在立项程序上有哪些区别？

第二章　群众文化活动的策划(上)

【目标与要求】

通过对本章的学习，要求学员了解并掌握群众文化活动策划阶段的专业基础理论知识，其中包括文化活动策划的基本概念；群众文化信息的处理利用；活动创意的标准、方法；群众文化活动策划的一般技巧和原则；策划过程中的可行性研究及策划人员的素质要求等知识。并能将本章知识熟练地运用到活动的策划过程中去。

第一节　群众文化活动策划的基本概念

一、群众文化活动的策划

策划是群众文化活动的重要组成部分，没有活动的策划就没有活动的产生。在实际工作中，许多群众文化工作者经常参与策划工作，对某些内容或运作方式并不陌生，但对策划的基本概念并没有认真地思考过。目前有关这方面的著作和论述很多，学者们根据自身的专业对策划的含义从不同的角度进行了阐述。群众文化活动是公共文化服务体系中的组成部分，活动的策划理念和规律有其自身的特殊性。

从群众文化的角度看，活动的策划是个大概念，由点子、创意和策划三部分组成。

(一)点子

点子是人们经过思考产生解决问题的主意，是对活动中某一具体问题的解决办法。

1. 点子不是创意，但它是创意的基础和起点

点子不是策划人和创意人的专利，任何人都有权利对参与的事物提出建议，这个建议很大程度起到点子的作用。例如，某文化馆馆长就春节文化活动内容征求各部门意见时，一个馆员发言说：每年春节都举办文艺晚会，今年能否改为民间花会表演活动。从点子的概念分析，这个馆员的话是针对活动内容的具体问题，经过思考产生了民间花会表演活动这个解决办法。可以说该馆员的发言就是一个点子。

2. 由于每个人的综合素质和看问题的角度不同，其提出点子的质量和优劣也各不相同

开拓性和创造性不是点子本身固有的必备条件，既然点子是经过思考产生的主意，那么好主意一定是在经过周密的思考和科学的分析后产生的。还有一些主意是人们一时冲动的产物，虽然经过思考，但目标不清，有很大的盲目性，在这种情况下产生的主意，有可能是好主意也有可能是馊主意。好主意可推动工作的顺利开展，馊主意会给工作带来很大的负面效应。

3. 在群众文化活动的策划过程中，点子的位置十分重要

点子是一切工作的开始，创意方向的定位和内容重点的确定都起始于点子。出色的点子可以起到画龙点睛的作用，反之则会严重干扰活动的策划进程。因此，任何活动的策划都会从点子开始，绝不可忽视点子的作用。

(二)创意

此概念单从字面上解释是两层意思，"创"是创造，"意"是意

境或新意。将两者和之，即创意的本义是指通过具有创造性、开拓性的思维和构思而产生的全新意念，是策划过程中的核心与支柱。

1. 创意来源于点子

点子给创意人带来了无限想象的空间，在此基础上活动的创意人利用占有的材料和信息，通过自身丰富的想象力，对活动意向进行创造性的构思和设计，这是群众文化活动的创意活动的基本脉络。例如，江苏省太仓市浮桥镇举办的首届"邻里文化节"活动，该活动的主办方针对全镇的社会实际状况经过认真思考提出了活动项目主题，这个主题在此时只能被视为点子。活动的策划者通过创造性的构思，将这个点子用"邻里学"、"邻里乐"、"邻里情"、"邻里助"、"邻里颂"五个方面的活动形式表现出来，并把娱乐性、知识性、思想性及和谐的社会理念融为一体，形成了完整的创意方案，这个过程便是创意过程。

2. 创意是策划的核心组成部分，没有创意就没有策划

点子是对某个具体问题的主意，而创意是对某个项目的构思，它构成了策划的基础，简言之，群众文化活动策划是由活动主题、内容形式、安全和后勤保障等若干个创意项目组成的。创意不是行为规划设计，而是意念设计，与策划理念有着很大的不同，群众文化品牌活动和特色活动的产生都与独特的创意分不开。

3. 创意人的素质决定了活动创意的质量

群众文化活动的创意人必须要具有创造性构思的能力和想象能力，要有长期的社会实践积累和专业艺术基础知识。任何群众文化单位都应当把创意人才的培养放在群众文化建设的重要位置上，这是一个长期的过程。

(三)策划

"策"的原意是指竹片或木片,中国古代人写字用的工具。另一种解释为古人驯马用的带刺的棍子或鞭子,打在马身上促马前进。后经历史的演变,"策"字逐渐被解释为策略和谋略。"划"字在古代与"画"字相通,有记录、记载和划清界限的意思。我们所说的策划是指为了达到某一目标,运用科学的手段和谋略,以最低的投入获取最佳效益的设计行为。

群众文化活动的策划是活动的策划者根据创意构思要求进行的一项综合性系统工程,是群众文化活动的蓝图设计和决策过程,是活动的根本依据。

1. 群众文化活动的策划是以活动的创意为依据的

将创意的设计理念转化为所需要素和资源的宏观布局,这个转化过程是策划人员思维方式的转变,如果说创意是靠丰富的想象力来设计的话,策划则是靠充实的活动信息和所控的活动资源来进行谋划。

2. 群众文化活动的策划是一项系统工程

策划要将创意的想象转变成可以运作的现实,可用性和可操作性是活动策划的最终目的。群众文化活动的各类元素都要在策划设计的过程中形成一个有机的完整链条,链条中各环节的性质、任务、条件、构成等都要在策划中得到充分体现。

3. 策划方案是活动策划过程的最终结果

活动的策划是个复杂过程,其难度要视活动的规模而定。无论活动策划如何运作,最终都要体现在策划方案上,也就是说策划方案是策划工作的最终结果,是活动实施阶段的基本依据。策划方案的质量直接关系到策划意图能否得到准确体现,因此,制订策划方案是策划全过程中的关键性环节。

(四)三者之间的关系

点子、创意、策划是群众文化活动策划设计过程中不可分离的三个重要环节。它们是相互递进的包容关系，缺一不可，点子和创意都是策划的重要组成部分。

1. 点子是创意的基础，是创意的原始形态，任何创意的起点都来源于点子

一些同志认为点子是人们的突发奇想，是一时的心血来潮，这是不准确的。人们的灵感来源于社会生活实践，突发奇想是要有生活做基础的，任何空想都缺乏科学支持，不能对活动创意产生重大影响。

2. 创意是活动策划的重要环节，没有创意就没有策划

创意不能离开活动的宗旨和目标而独立存在，否则就失去了现实意义。无论创意的内容多么丰富，多么具有特色，都不能违背活动主题要表达的根本意图。因此，活动创意要服从策划的整体部署，而不是反之。

3. 策划是活动设计的全部过程，策划方案是创意方案的延续

策划方案可以参考和吸收创意方案中的有益营养，但不能全盘引用。创意方案与策划方案的思维方法不同，设计角度也不同，不可以相互替代。创意理念只能作为策划的一部分。有的策划人将创意方案与策划方案混为一谈，这一做法不可取。创意方案可华丽，但策划方案必须实用。

二、群众文化活动策划与组织实施

策划与组织是群众文化活动的两大组成部分，是完全不同的两类运作程序，但又是一个有机整体，相互不能分离。

(一)群众文化活动策划的任务和作用

从群众文化活动的整体上看，策划是活动的前期准备性运作阶段，它为活动后期的实施创造和提供了一系列的依据和条件，是活动的设计过程。其中包括活动的创意、活动的立项、活动方向的确定、活动主体的设计、策划方案的编写，等等。可以说，策划是群众文化活动的灵魂和指路灯。策划在活动中主要起到以下作用。

1. 确保活动的有序有效

群众文化活动的策划将活动内部的各个环节按照内在的规律进行了科学布局和设计，将活动的节奏、任务的分布、机构的配备和衔接以及运作方式方法等有机地结合成一个整体，各部门按照设计职责有序运转，保证了活动整体的有序性。

2. 为活动的组织实施者提供明确的工作方向

群众文化活动的主题方向和指导思想是在策划阶段设计完成的，同时也对各系统的工作步骤和运作原则进行了设定，确保了活动的各个参与单位在工作中始终按照一定的方向运行，不会偏离目标。

3. 是活动组织实施的基本依据

群众文化活动在策划阶段对活动中的组织机构进行了设定，对各系统的职责、任务、分布等都做了周密的布置。操作单位在实施过程中还要进行工作机构的二次设定，但二次设定必须以策划方案的设计为依据，不能有方向性的改动。

4. 为活动特色的形成提供丰富的创作空间

活动内容和形式的设计是活动策划的主要部分，为活动的丰富性、多样性提供了大量的特色理念。操作单位在将设计思想转化为工作任务的过程中，可以在上述理念的影响下进行再创作，甚至最终成为有形的特色作品。

(二)群众文化活动组织实施的任务与作用

按照管理学的理论观点，组织是指人们为实现一定的目标，将诸多要素按照一定方式相互联系起来的系统。群众文化活动的组织实施是指活动的主办方为了活动的圆满成功，成立相对稳定的实体单位(如活动组委会等机构)，运用科学的管理手段对人、财、物等资源进行合理有效地分配使用的组织行为过程。其主要任务包括以下几点。

①将策划中丰富的形象设计转化为具体的工作任务，制订相应的工作计划，成立相应的工作机构，将各项任务分解到具体工作岗位，并付诸实施。

②有效地使用和调配人、财、物资源，合理使用经费、器材设备等有形和无形资源，发挥最大效率，确保活动任务的完成。

③建立完善协同系统和指挥系统，完善科学有效的运作模式，保证内外部各环节的有序实施。

④对活动的各阶段行使管理职责，维护群众文化活动良性的实施秩序，保证活动安全有序地运转。

(三)群众文化活动中策划与组织实施的关系

群众文化活动的策划与组织实施是一项活动的两个组成部分。策划是策划人通过形象思维进行的综合性创意设计过程，组织实施是指通过活动所需的相对稳定的实体单位，按照活动目的进行有序的活动过程。二者无论从人员构成、思维方式、任务目的及操作方法等方面上看都存在根本区别，不能混淆，更不能代替。策划如同人的大脑，而组织实施如同人的四肢。更形象地说，群众文化活动就好比是某城市盖大楼，首先要由工程设计单位对工程项目进行测量、论证，依据建设要求和目的对大楼的功能和布局进行设计，最终将各类设计落实到图纸上。工程施工单位按照图纸进行人员分工、材料投放、制订计划等，确保大楼按时完工。工程设计单位主要由工程师和设计人员组成，而工程施工单位主要由技术工人组成，二者有明确分工。群众文化活动的策划就是大楼的设计，活动的组织实施就是大楼的施工，这是两种截然不同的工作体系，如果将二者混在一起，就可能出现思路不清，操作混乱，严重的可能造成活动的失败。这在群众文化活动，特别是大型活动中是不可想象的。

群众文化活动中的策划和组织实施虽然是两个不同的工作系统，但这两者又是相互联系、密不可分的。其原因是它们在活动中的最终目的是已知的，二者不管如何操作，能够圆满完成任务，达到活动目标才是衡量实际水平的唯一标准。因此，策划人员必须了解实施程序，并介入实际操作过程中，按照实际情况及时调整和修改策划方案，从而保证活动的正常进行。而组织实施单位必须全面了解活动的策划意图，并忠实地将策划方案转化为工作任务，这样才能合理地调动人力和物力，组织切实有效的实施工作。

总之，策划是组织实施的基础和依据，组织实施是策划的继续和落实。没有策划的组织实施便是无本之木，无源之水。没有组织实施的策划便是无效劳动，废纸一张。因此，群众文化活动的策划与组织实施，两者之间既有区别又有联系，是相互依存的关系。

第二节 群众文化信息的处理与利用

一、群众文化信息在策划中的重要性

策划是凭借形象化的思维对活动项目进行创造性设计的行为

过程。丰富的想象力和创意灵感是其工作的主要来源和特征。策划人的灵感不是凭空产生的，需要长期的积淀和营养的培育。这些营养来自策划人的经验和外部的信息。时代的发展使我们的社会时刻都在发生着变化，策划人仅凭个人的经验是无法满足策划项目的需要的，这时，文化信息就显得格外重要了。群众文化信息对群众文化活动策划的意义主要体现在以下四个方面。

(一)群众文化信息是活动策划的基础

群众文化活动的策划质量，在很大程度上取决于信息量的大小和信息类别的丰富程度。一些偏远地区的文化部门对本地区的文化资源了如指掌，有些地方的文化也很有特色，但总是打造不出具有新意的品牌活动来，为此各级领导十分焦急。究其原因，问题就出在信息上面。由于经济和交通等诸多因素，使这些地区与外界的交流和沟通机会相对较少，无法及时获得外部多种丰富的文化信息和动态，失去了信息便失去了创造性的思维空间。本地区的文化信息虽然有特色和质量，但数量过少，而且多年无变化，这限制了地区文化事业的发展。唯一解决的办法就是走出去多看多学，扩大信息量，丰富自己的头脑。

(二)群众文化信息是活动策划灵感的重要源泉

群众文化信息的种类是多种多样的，有国外的、国内的、自然的、社会的、科技的、经济的、群众心理的，等等，信息的来源与获取手段也各不相同。策划人对来源众多的信息在头脑中会本能地进行排列和筛选，对无价值信息自然清除，有价值的信息在头脑中进行储存，能对活动产生影响的信息立即加以利用。策划和创意的灵感往往就在这个过程中产生，信息量越大则产生灵感的兴奋点也就越多。起源于美国的街舞自 20 世纪 80 年代传入我国已有二三十年的历史，深受我国青年人的喜爱。深圳的群众文化工作者将这一舞种的特征与深圳的社会氛围、群众的需求心理及时代精神等大量信息紧密地联系在一起，运用艺术手段策划创作了以建筑工人为题材的现代街舞，并在中央电视台举办的舞蹈大赛上获得一等奖。事实证明，灵感的产生是策划人长期积累群众文化信息的结果。

(三)群众文化信息对活动特色的形成具有重要意义

群众文化活动的特色形成需要一个发展过程。好的创意，科学的策划设计，主办方的支持，社会的评价，群众的反应，活动效果的反馈等信息都会对活动特色产生重要影响。东莞市望牛墩镇文化中心在关于举办"七夕风情文化节"的经验材料中这样写道：通过成立文化发展调研组，深入挖掘本地文化资源，并认真进行比较、分析、论证，按照"一镇一品牌"的理念……把传统的"七姐节、摆贡案"活动，进行升华、提炼、培育，成功打造出"七夕风情文化节"这一文化节庆活动，并作为望牛墩主题文化，将其做大做强……同时，每年举办一届"七夕文化研讨会(论坛)"，邀请省内外著名专家学者，深入挖掘七夕文化真谛，不断丰富七夕文化内涵，着力研究七夕文化精髓，为打造七夕文化品牌活动奠定了坚实的基础。这段文字的论述可以充分说明，占有文化资源信息，进行翔实的论证调研工作是形成活动特色的必经环节。东莞市望牛墩镇文化中心的文化研讨会是集中收集社会信息的好做法，值得借鉴。

(四)群众文化信息保证了各项决策和判断的准确性

群众文化活动自项目提出之日开始，就要面对各类不确定因素。政策的变化、环境的变化、活动条件的变化、文化需求的变化，等等，都需要活动的主办方做出准确的判断和正确的决策。主办方对活动效果的预测，活动承办单位对活动过程中各环节的控制与判断都必须以相应的信息作依托，否则便失去准确性。例如，夏日广场活动组对气象信息十分关心，文艺比赛活动组对评委的动态十分关心，舞台演出活动组对灯光、音响器材的状况十分关心，等等。总之，信息畅通是群众文化活动能否有序进行的关键保障，项目组失去了信息就等于人们失去了听力和视力。

二、群众文化信息要素

我国春秋末年的大军事家孙武在《孙子·谋攻篇》中有句名言："知己知彼，百战不殆；不知彼而知己，一胜一负；不知彼不知己，每战必殆。"这是中国古代充分发挥信息的作用进行作战的精辟论述。"知己知彼"的观点在当代群众文化活动的策划中，同样适用。对于群众文化活动的策划来说，信息要素主要来源于四个方面，即主体信息、客体信息、时机信息和环境信息，我们经常把这四种信息俗称为"知己、知彼、知天、知地"。

(一)主体信息：即所谓知己

主体信息决定了主办方和策划人对活动实际操作能力和控制能力的判断。包括队伍状况、操作能力、设备水平等。

在实际工作中经常会出现这样的情况，即由于心里没底对自己所要做的事情迟迟下不了决心，这个没底就是指没有掌握足够的主体信息。活动的策划人在策划开始之前必须要对自身的条件和能力进行全面分析，不具备运作能力的策划就等于无效劳动，没有意义。分析的具体内容应注重以下几个方面。

1. 主体人员状况

(1)主办方、联办方及协办方的基本情况

如单位性质、级别、规模及内部工作、管理状况等。要认真研究上述单位对举办该项活动的具体态度和动机目的。

(2)承办方队伍的基本状况

如参与活动人员的思想和精神状态、对活动的认识程度、文化知识水平、职业技术特征、实际工作能力，等等。开展文化活动是要具有运作能力的人员去实施的，他们决定了活动的成败。

2. 承办方的运作能力

如承办方内部结构和管理状况、对活动的认知情况、对活动的驾驭指挥和协同能力、对相关资源的掌控状况，等等。活动的承办方必须懂得活动的相关程序和技术，要熟知评委如何邀请、竞赛必要流程及节目如何安排。他们要对活动质量承担责任。

3. 活动经费保证情况

如经费来源渠道、经费到位时间、经费具体数量等。经费是举办各类文化活动的先决条件，没有经费保障，活动便无法进行。

4. 场地、器材设备状况

如活动场地面积和条件、器材设备状况、器材设备安全、器材设备数量、器材设备档次等。场地、器材设备是举办活动必不可少的制约性条件，直接关系到活动的质量和安全。

(二)客体信息：即所谓知彼

客体信息决定了主办方和策划人对活动质量和社会效果的判断。包括服务对象的心理、需求、水平。

开展群众文化活动的目的是满足活动对象的文化需求，但若连服务对象的需求是什么都不清楚，那么这个活动就会变得无目的了。活动策划人所策划的一切内容都是针对受众设定的，只有主办方而没有受众的策划是不具备实际意义的。对客体信息的分析应注重以下几个方面。

1. 客体文化心理

如不同人群对社会、对生活的认知态度；不同类型的群众对文化艺术的反应和爱好；不同年龄段、不同职业、不同社会地位的人们对群众文化活动的态度和反应等。策划人可以根据群众的文化心理判断出群众对本次活动的支持程度，并可以预测出群众参与活动的动机,对把握活动的走向十分有利。

2. 客体需求状况

如当前人们的文化需求热点;不同年龄段和不同职业群众的文化需求特征;历次活动群众的反馈意见;当地群众对文化需求的特点、数量、内容和形式等。群众对文化的需求形态和趋向直接关系到其对活动的兴趣,了解群众的文化需求状况可使策划人在策划过程中做到心中有数。

3. 客体需求水平

如不同人群文化需求的品位、层次;群众对外来文化和民族文化的认知程度;群众对本地土生土长民俗文化的态度;人们对寓教于乐的反应和对正文化、负文化的敏感程度等。策划人可依据这些信息对活动的方向和导向进行调整,使活动在弘扬时代精神的同时,又能兼顾群众的实际接受能力,确保群众文化活动能够达到预期的效果。

(三)时机信息:即所谓知天

合格的策划人员在活动策划过程中仅仅获得主、客观信息还远远不够,预测该项活动能否产生巨大的社会效应,还要看该活动举办得是不是时候,也就是我们所说的时机。时机信息决定了主办方和策划人对活动时间、地点、规模和实际价值的判断。这其中包括把握时机、利用时机、创造时机。

1. 把握时机

群众文化单位在每年都要开展大量的文化活动,但其中有的效果好,有的却令人失望。造成这种状况的原因是多方面的,时机没有把握好往往是比较主要的因素。企业商家在销售产品时,都懂得旺季和淡季的规律,节假日前搞促销,酷暑期间搞消夏旅游,等等,都会给商家带来巨大经济利益。这个道理对于群众文化活动来说具有重大意义。

机遇和时机需要发现，并尽快抓住。有的机遇稍纵即逝，常言道：过了这个村就没有这个店。例如，文化馆在学校寒暑假期间办兴趣培训班会取得较好效果，但如果在学生考试期间举办此类培训活动，肯定会受到冷落。北京市开展群众文化活动曾经有个"四季歌"，即二月迎春（春节庙会活动）、五月鲜花（群众歌咏活动）、八月消夏（夏季文化广场活动）、十月金秋（文化成果展示会演活动）。由于准确地把握住了季节的时间段，因此活动效果明显。

2. 利用时机

当活动的时机出现时，不仅要抓得准，还要充分利用，做足文章。例如，北京奥运会之前开展的几百项以宣传奥运精神为主题的大型群众文化活动，取得了重大成果，有力地烘托了奥运气氛。又如，在上海世博会期间，全市举办了一系列的大型文化活动，产生了重大社会影响。对时机的利用不仅对大型活动具有意义，对中小型活动同样具有重大意义。例如，为了庆祝新中国成立60周年，全国各地的基层单位都开展了不同规模的文化活动；春节期间乡村里的民间花会活动等。这些事例都足以说明抓住时机并加以充分利用，可使群众文化活动产生事半功倍的效果。

3. 创造时机

上述所说的时机都是我们能够看得见的时机，只要把握住就能够加以利用。但在大多数时间里，这些时机不是每时每刻都能出现的，我们还要学会创造时机的本领。尤其是基层文化活动的开展，小时机的创造十分重要。通常的做法是：基层文化单位通过对群众的观察和了解，将本地区群众的文化需求串联起来进行分析，找出其带有共性的需求点和兴趣点，然后运用舆论引导、宣传鼓动、环境布置等手段，将群众的注意力和热情提高到一定的程度，其小时机的创造便完成了，这时开展文化活动定会产生意想不到的效果。

(四)环境信息：即所谓知地

在开展群众文化活动中，环境的影响是巨大的，策划人对环境信息数量和质量的掌握，决定了主办方和策划人对活动特色和活动氛围的判断。对环境信息的掌握包括熟知环境、分析大环境、创造小环境。

1. 熟知环境

活动策划人在策划活动时，必须对活动所处的环境了如指掌。例如，自然环境特征、经济和科技水平、人文环境的资源储备和社会环境的和谐程度，等等。由于对环境信息的疏忽给活动带来消极影响的事例不在少数。例如，南方某城市拟举办夏日广场文化活动，邀请了东北地区的专家来策划该项目。由于策划人长期生活在寒冷地区，忽视了自然环境中的气温条件因素，将活动设计在下午3点进行，结果气温高达38度的环境将前来参加活动的群众都"请"回家里去了。策划人员必须明白，不了解环境就没有发言权，即使设计出高水平的活动方案也无法立足实施。

2. 分析环境

熟悉环境仅是策划人掌握环境信息的第一步，策划人还要对各个环境在活动中所起的作用进行系统分析。要研究哪些环境可以利用，如现代科技手段、人才和文化资源、自然特色条件，等等；哪些环境不可利用，如自然环境中的灾难性气候，人文环境中的消极理念，社会环境中的不安定因素，等等。

活动策划人对环境的分析目的是利用环境和使用环境，让环境在文化活动中发挥重大作用。例如，著名导演张艺谋在广西策划的"印象刘三姐"的大型文艺演出就是充分利用广西自然环境的产物。群众文化活动的策划者要对环境的利用有足够的认识，但同时也要加强保护环境的意识，群众文化活动只有在良好的环境中才能生存，保护环境是每一个公民的责任。

3. 创造环境

在大环境中创造小环境是群众文化活动策划人必须具备的能力。如，在活动前设计和谐的环境气氛、宽松的人文环境是开展群众文化活动最有利的条件；营造与活动相联系的主题环境和氛围，将群众的注意力逐步吸引到活动中来。伦敦奥运会吸引了许多青年人熬夜看比赛，这种氛围是在北京奥运会后的四年中逐步积累起来的，为此北京的一些餐厅、咖啡厅在夜间设置电子大屏幕，张贴了奥运宣传画，准备了奥运晚餐，吸引了大批就餐者，可谓生意兴隆。这种在奥运大环境中创造经营小环境的做法，值得广大活动策划者借鉴学习。

三、群众文化信息类别分析

群众文化活动在策划中所需要的信息是多方面的，策划人应从多个角度全面论证活动的形态及其表现形式，促使其更加丰满和充实，因此所需信息的种类和形式也是多样的。归纳起来群众文化信息类别可分为三组，即宏观信息与微观信息、外部信息与内部信息、可控信息与不可控信息。

(一)宏观信息与微观信息

1. 宏观信息是指从全局和整体的角度对活动产生战略性影响的信息类型

例如，党和国家的大政方针、群众文化长远发展战略、政府发布的相关指示精神、社会重大文化动态，等等。具体讲，我国文化事业体制改革、每年学习雷锋的相关文件精神等都属宏观类信息。宏观信息为活动的布局和总体设计方向提供了依据。许多大型文化活动的立项都受到了宏观信息的影响。

2. 微观信息是指从局部和微观的角度对活动产生战术性影响的信息类型

例如，活动场地周围的交通状况、广场活动的天气变化、经费调拨动态，等等。这些信息为活动的实施和具体操作方法的运作提供了依据。微观信息虽然反映的都是些局部细节，但对活动的全局会产生重大影响。信息量的不足或不准确都可能造成活动运作的失调和混乱。

(二)外部信息与内部信息

1. 外部信息是指活动运作范围以外，但可能对活动产生某种影响的相关信息

例如，市场物价使人们的消费理念发生变化；上海市举办的某活动取得了巨大成功，其他城市正拟举办类似活动等。这些信息为活动的丰富多彩和新事物、新理念、新内容、新形式的引用提供了依据。外部信息的合理使用，可使活动充满生机和活力。

2. 内部信息是指该活动系统内部范围内的信息

例如，内部成员的思想动态、活动资源的数量状况、合作单位的协同关系状况，等等。这些信息是策划者科学布局和有效设计的基本构思来源，为保证活动的实际运作提供了依据。内部信息的合理使用，可使活动井然有序、高效规范。

(三)可控信息与不可控信息

1. 可控信息是指具有较高的稳定性，活动的主办方和承办方有能力调控和指挥的相关因素构成的信息

例如，规章的制定、人员的调动、纪律的执行、流程的操作，等等。可控信息为活动的可靠性和把握程度提供了依据。

2. 不可控信息是指具有很大的不确定性，活动的主办方和承办方无法预测和掌控的相关因素构成的信息

例如，气候变化、突发性灾难、合作方临时发生变化，等等。不可控信息提供得越及时，活动风险也就越小。不可控信息可作为活动的决策机构制定相应措施的依据。

四、群众文化信息的利用和处理

活动策划人在掌握了大量文化信息之后，必须采用一定的方法和程序对信息进行处理，然后才可进行实际利用。信息处理就是对信息的接收、存储、转化、传送和发布等过程的统称。在国内外的许多专著中都有大量的论述，这是个复杂的程序。但就群众文化而言，我们可将这个程序进行通俗化理解，使其更简便易行。

(一)在处理群众文化信息过程中，有效地使用和利用信息是保证策划质量的重要环节

有三方面内容值得活动的策划人给予重视。

1. 纵向信息、横向信息的利用

纵向信息是指从纵的方向，向上或向下传递的信息，形成纵向信息流。具体可以理解为历史上发生过的信息和上下级之间产生的信息。横向信息是指从横的方向，向左或向右传递的信息。具体可以理解为地区之间或部门之间交流产生的信息。这些信息对策划人来说极其重要，是产生新的创意灵感，避免发生重大错误的可靠途径。纵向信息可提高活动的稳定性，横向信息可加强活动的丰富性。

2. 学习别的地方的成功经验

在当前信息技术快速发展的社会里，及时借鉴和发现其他地区的成功经验十分重要。这可以帮助我们缩短在策划当中的探索寻求过程，加速更新策划理念。策划人要养成多看、多想、多思考的习惯。一项活动的成功有其必然性的因素，也有偶然性的因素，站在旁观者的角度去分析他人的经验，就会使自身更客观、更理性。与自身的创意相比较就会产生更加丰满更加科学的策划方案。

3. 相似环境与条件信息的利用

活动的策划人在分析整理各类信息时，应当特别重视与本地区环境和活动条件相似的信息。例如，文化古都之间的信息、直辖市之间的信息、长江流域和黄河流域相关地区之间的信息，等等。环境、条件相近的信息容易产生共鸣，并能找到相通的内在联系因素，在实际工作中，其利用价值要比其他信息更高。

(二)群众文化信息的处理过程可以用公式的形式来表达：收集—整理—分类—筛选—分析研究—实际运用

①收集——通过不同的方式和渠道将各类信息收集在一起，内容要丰富，种类要齐全。

②整理——将收集上来的信息进行梳理，对相同或相似的信息进行挑选。

③分类——按照活动设计的需要，将整理过的信息进行分类。要求层次清晰、目的明确。具体的类别划分要依据活动的需求而定，可按区域分类，也可按照社会、历史、文化、艺术等进行分类。

④筛选——对分类后的信息按照应用、存储和淘汰三类进行筛选。将与活动有着密切联系，可立即使用的信息提取出来备用；

将有一定保留价值的信息存储起来；将无使用价值的信息淘汰删除。

⑤分析研究——对提取出来的可使用信息进行分析研究，发挥其最大的使用价值，通过创造性构思将其转化为创意或策划元素。

⑥实际运用——根据活动的实际需要，把经过研究的策划元素及相关信息运用到策划中去，丰富策划设计。

第三节　群众文化活动的创意

一、群众文化活动创意的标准

群众文化活动的创意来源于点子，是活动策划的基本依据。点子带有较大的随意性，但创意必须是创造性构思的产物。创意的质量直接关系到活动策划的质量，因此必须符合活动所需的标准。

(一)求新：具有唯一性

活动的内容、形式和理念方面要有新意，要有亮点和卖点。带有新意的文化创意是引起广大群众的兴趣，促使其积极参与文化活动的重要条件。

创意是创造性思维和构思的结果，所谓创造性与制造性有本质的区别。创造是有意识地对事物进行探索性劳动的行为，而制造是对事物进行常规性劳动的行为。将过去没有的事物变为现实是创意的根本目的。失去了新意，其创意也就失去了存在的价值，从某种意义上讲，求新是创意的生命。

在社会生活中，群众对新生事物的出现是十分敏感的，人们对文化需求的多样性和多变性决定了文化创意的特殊地位。在众多的文化活动中，人们往往会把注意力集中在内容更新、形式更独特的活动上。若活动多年不变，总是老一套，群众就会产生厌烦情绪而失去兴趣。尤其是周期性或系列性活动，如每年的春节花会或五月鲜花歌咏活动等，许多单位总有一年不如一年的感觉，其原因就是没有认清创造和制造的区别。如果春节花会表演不能不断地加入新的创意内容，就会变成重复的制作过程。没有新意的活动，群众对其自然变得麻木和冷淡。

(二)务实：具有可操作性

在活动策划者的策划过程中，一定会凭借丰富的想象力，全力设计出全新的创意。但策划者必须要明白，创意是为了应用，再有特色的创意不为实践服务也会变成空谈。因此，创意须遵循的一个重要原则就是"实用"。

在实际运作中，有两个方面应当引起策划人的重视。

1. 活动创意华而不实，外表丰满但内容空洞

一些活动的承办方将主要精力都放在了活动的外包装上，如召开高档的新闻发布会、发动宣传攻势、精致的现场装饰，等等。但活动内容却单调乏味，使不少群众高兴而来，败兴而去，有一种受骗上当的感觉。这类创意是对群众文化活动最大的伤害，不仅达不到满足群众需求的目的，更严重的是使群众文化活动失去了其在人民心目中的信誉和地位，对此必须要有足够的认识。

2. 看似特色诱人，但无法实施

活动策划人在设计活动时如果忽视了操作过程中的各类技术性因素和运作程序规律，仅凭创造性的想象力产生创意，这些创意大多都有实用性较差的缺点，由此编写的策划方案都会让承办方在运作过程中大伤脑筋，必须要做较大修改。这样的活动不仅工作效率低，而且还会损失许多活动本应有的魅力和光彩。因此，

策划人除了具有构思能力以外，还要熟知活动实施流程及技术要求。策划是为了应用，这一点要时刻牢记。

(三)经济：贯彻勤俭原则

群众文化活动必须坚持勤俭节约，少花钱多办事的原则。随着我国现代化建设的飞速发展，人们的生活水平有了很大改变，对文化的需求也越来越强烈。各级政府认识到了群众文化活动的重要性，随即加大了经费投入，促使我国群众文化事业高速发展。有了经费的支持，群众文化单位就有了底气，文化活动质量越来越高，种类越来越多，但同时为了加强社会影响力，其规模也越来越大。这就遇到了一个尖锐的问题，即钱怎么花？花多少？还要不要坚持勤俭的原则？

有的同志认为，国家经济形势变了，老百姓的消费理念变了，举办群众文化活动的指导思想也应该随之改变，把活动办得档次越高越能体现时代特征。还有的人认为，举办群众文化活动可以提高本地区的形象，多花点钱值得。究竟如何理解勤俭原则，应当从以下几个方面分析。

①群众文化活动是公共文化服务体系中的一个部分，政府支持的经费大多是老百姓的税钱，就是社会赞助也是人民的劳动生产成果。活动中的任何浪费现象都是对人民的不负责任。有个别单位举办群众文化活动的接待性和福利性费用支出甚至达到或超过了活动本身业务性经费支出，这实际上就是一种犯罪行为，必须禁止。

②群众文化活动的目的是满足广大群众的文化需求，但这个满足感不是以经费的支出数量来衡量的，有些需求花钱很少甚至可以不花钱，如公园里的晨练活动、群众自发的歌咏活动，等等。我们所说的勤俭并不是要求在群众文化活动中经费支出得越少越好，经费是活动的必要条件，必须要得到保证。这里所强调的是

活动的所用经费必须与活动所产生的社会效益成正比，社会效益应当等于或大于经费支出，而不是相反。也就是说，社会效益和群众的满意度是衡量活动质量的唯一标准。

③我国的经济建设虽然得到了很大发展，但各地的水平并不均衡，各级政府对群众文化的支持能力也不相同，不顾实际情况盲目与发达地区攀比，不但无益而且有害。因地制宜、量力而行是开展群众文化活动的基本原则。群众文化活动的主办方应当在了解群众的需求和挖掘当地文化资源上下功夫，将有限的经费用在最需要的地方。

④各级群众文化单位都应当懂得，提高效率也是一种节约。要学会从市场经济的效率观念中获取营养。节省人力、物力可以节约开支，提高效率可以缩短活动筹备时间，明确岗位分工，建立岗位职责规范，保证在约定的时间内完成规定的任务，这是成功企业必须遵守的法则。群众文化活动的主办方应当从这一法则中悟出其中的道理，策划人更应将这一标准作为活动创意的重要原则。

(四)科学：讲规范、讲程序

群众文化活动的创意是一项创造性的思维过程，因此有些人就认为创意可以漫无目的地遐想，不需依据也不需法则，任何出人意料的创意都是人们侃出来的，主意越多创意也就越多，其实这是一种误解。无数事实证明，无目的的乱侃成功率较低。群众文化活动的创意应迅速完成由盲目冲动型向智慧兴奋型的转变。

1. 任何创意的产生都必须遵守一定的程序和规范，无规则的构思只能称为遐想

当点子产生后，创意应当围绕点子进行设计，其思维的原则、创意的方法、构思的过程以及与策划的连接等，都需要有一个科学的运作过程。当一个人头脑中有了冲动，产生了兴奋点时，就会自然地联想到这个兴奋点应当是个什么样，当这个形象在脑子里逐渐形成后，就会进一步去思考这个形象如何来实现，这就是创意形成的基本路线。头脑中的形象越丰满越具有个性，其创意的创造性就越强，而这个创造性来源于信息和长期的生活积累。

2. 任何群众文化活动的创意都有其明确的目标和相应的规则，创意人需要经过调查后根据群众的文化需求进行创意设计

按照科学的程序进行创意可以克服随意性，减少盲目性。例如，机关人员和学校学生每天久坐办公室和教室，对身体健康十分有害，于是就产生了做工间操和课间操的创意，其目的是锻炼身体；村庄里的果树成林，于是就产生了采摘旅游的创意，目的是发展农村新型经济。从创意产生的起因到创意带来的成果，始终都保持着明确的方向，违反了科学规律就会出现不良后果。一些活动出现了虎头蛇尾或半途而废的现象，究其原因，一般都与活动源头的创意方向不明确有关。

3. 提高创意人的素质，加强对活动规律的研究，是保证群众文化活动创意的科学标准的重要条件

文化创意质量的优劣与创意人的综合素质有十分密切的关系。创意方向的把握与其思想水平和价值观有关；创意内容的丰富度与其掌控信息的能力有关；创意对社会的影响力与其社会实践积累有关；创意的艺术深度与其审美水平有关，等等。总之，活动创意人的综合素质很大程度上决定了创意的实用价值。各级群众文化机构必须要重视对活动创意人的相关理论知识和政治思想教育方面的培训，提高创意人的研究能力和综合素质对全面提升群众文化整体水平具有长远意义。

二、群众文化活动创意理念的形成

(一)创意来源于社会生活

社会生活是一切艺术的源泉。艺术家们若要塑造艺术形象，必先到相应的生活环境中去体验，寻找灵感，群众文化活动也不例外。创意灵感产生于创意人的创造性思维，但这一思维的形成源于社会生活的积累。观察生活，体味生活，激发创意，是每一位群众文化活动策划人的基本功。脱离社会生活的空想和幻想，会使创意失去实际意义。

广大人民群众在各自的生活中会产生无尽的愿望和需求，丰富细腻的思想情感就隐藏在这些愿望和需求之中，他(她)们会以各种各样的方式或大或小、或隐或现地表现出来，于是就产生了种类繁多的基层群众文化活动。群众文化活动的策划者只有深入到他们当中去，才能体会到人们的真正感情和需求，创意的冲动和灵感就在这当中产生。例如，一位艺术学校的舞蹈教师年老退休后，每日在家附近的公园里锻炼身体。她发现许多老年人在学民族舞蹈，而且下蹲动作非常吃力，便询问其学舞蹈的原因，老人们说是为了锻炼身体，害怕将来走不了路。于是，这位退休教师就根据老年人的特征，采用民族舞的元素编排了老年健身舞蹈，并迅速得到了普及。当地的文化干部说："我们组织了许多活动也没有达到这样的效果。"这位老师回答说："我就是老年人，我了解他(她)们。"从这个例子当中，可以得出一个结论：受群众欢迎的活动一定产生于群众的生活之中。活动的策划人、创意人一定要深入社会生活，灵感是从那里得到的。坐在办公室里冥思苦想一个月，不如下基层十天，多听群众的想法会使文化工作人员茅塞顿开。

(二)创意来源于信息的数量和质量

随着社会的发展，人们必须不断学习，充实自己，以此适应时代的脚步。但仅凭个人亲身的实践是非常有限的，大量的知识是来源于信息的。在现代信息社会里，文化活动的创意人掌握信息数量越大，质量越高，创意者的选择空间也就越大。从某种意义上讲，获取信息的数量和质量决定了文化创意的质量。例如，广东省东莞群众艺术馆在开展"绚丽大舞台——东莞市文化广场千场文艺演出"活动的经验总结中是这样写的："……东莞群众艺术馆组织有关人员进行了广泛、充分的调研；策划出总体演出方案后，又召开了馆内专家论证会和全市文广中心负责人听证会及文化部社文司、省文化和旅游厅社文处、中国文化报等领导参加的评审会，广泛征集意见，反复修改方案，最后才立项实施。"这个调研过程就是一个全面获取信息的过程，调研的范围越广，所作出的判断就越准确。又如，北京市朝阳区"社区一家亲"文化活动的经验材料中写道："……加大文化建设调研，加强理论思考研究，厘清政府、社会、百姓对文化的需求以及内在联系，是使'社区一家亲'不断创新观念，从简单的文化活动发展成为公共文化建设品牌的关键。先后开展了'公共文化设施规划''公共文化服务评估体系''民工现象''下岗现象''村官现象''老大妈论坛'等不同类别、不同人群的调研。活动实现了从文化娱乐到民众教育的转变，从区域到区属的拓展，从爱好者舞台到文化民生的提升。"从朝阳区的经验可以看出，"社区一家亲"文化活动促使政府作出了一系列改革性决策，这些决策的依据来源就是各个侧面的社会调查。策划人从调查所获得的大量信息中产生出一个个灵感火花，并迅速转变为创意，文化主管部门对各项创意作出判断和决策。这是一个完整科学的运作过程，这个过程的关键是获取信息的数量和质量。

(三)创意来源于策划者的工作积累

策划者在实际工作中会遇到多种多样的困难与问题,无论是经验还是教训,对策划者来说都是宝贵的财富,是自身体会最深的信息源。文化创意的实用性和可行性,往往来自于策划者的工作积累。

一个出色的群众文化活动策划者一定是个有心人,他会将自己观察到的、经历过的一点一滴都记录下来,将自己的经历作为经验,将纵向信息作为考证来源,将横向信息作为活动素材,积少成多,长期积累,逐渐变成一个学识渊博的人。当承担活动的策划任务时,这些长期积累的信息和经验就会派上用场,一些人的灵机一动绝不是空穴来风,而是有丰富的积累做后盾的。有经验的群众文化单位和活动策划人都会对举办的群众文化活动的全过程进行详细记录,不论成功还是失败都要进行认真总结,并形成规范性文件归入档案,将采集到的信息加工整理并建立相应的信息库或数据库。工作积累就是经验积累,这是形成创意科学化的基础。每一个群众文化工作者都应当做这样的有心人。

长期的工作积累对群众文化活动的策划人来说是十分珍贵的财富,它会增强对事物和信息的辨别能力和判断能力。在文化活动的策划过程中,实践经验丰富的策划人比没有实践经验的策划人对信息的敏感程度和把握信息的准确程度要高得多。当面对众多的文化信息和资料时,经过长期工作积累的策划人往往会对某些信息产生共鸣,有着与别人不一样的体会和感受,这时创造性构思形成的概率就会大大提高。

(四)创意来源于策划者的综合素质

在实际工作中有时会出现这样的情况,群众文化活动设计的内容非常丰富,但活动过后群众没有收获感,很快就被遗忘了;活动设计的艺术水平非常高,但群众不买账,参加得不踊跃;活动创意十分新颖，但思想性不强，活动方向的把握不准确等。究其原因，大多都与策划人或创意人的综合素质有关。有些人认为，群众文化活动的目的是满足群众的文化需求，只要群众喜欢就可以了，策划人不需要学习很多的知识，这是一种误解，甚至是错误的。群众文化创意是一项综合性很强的构思活动，需要多种知识的支撑才能够完成。包括社会政治、伦理道德、文化艺术、历史民俗、群众心理、经济规律等一系列的专业知识。例如，福建艺术扶贫工程活动的策划人在创意设计时，必须先要学习党和国家的扶贫政策，要了解贫困地区的生活现状和儿童的文化需求，要调查当地的民俗风情和文化特征，还要熟悉贫困地区的经济发展状况及伦理道德观念等，没有对上述内容的研究就不可能进行准确的判断，缺少判断的创意是没有意义的。福建艺术馆的活动策划者之所以能够设计出这样成功的活动项目，很大程度上获益于决策人和创意人敏锐的政治洞察力和丰富的社会知识、文化知识。

策划者必须加强对自身综合素质的培养，在一专多能上下功夫。知识面越广，其创意的水平就越高。

三、创意思维在群众文化活动创意中的应用

群众文化活动的创意是创意人经过构思产生的意念，而构思则是创造性的思维。由于每个创意人的文化背景不同，所处的环境不同，以及文化活动项目的目标要求不同等，其创意思维方式也会各不相同。各式各样的创意思维构成了文化活动创意的丰富性，于是各具特色的文化活动便产生了。

(一)逆向性思维：将常规性的逻辑思考进行反常规性的捕捉，在反常规的思维中寻找合理的创意点

逆向性思维是群众文化活动创意经常运用的思维方式，它丰富了创意人的构思范围。

1. 反惯性思维

所谓惯性思维是指按照过去习惯性的思考方法，不加判断和分析地处理问题的思维方式。例如，某单位前年举办了合唱节，去年也举办了合唱节，今年又拟举办合唱节，活动的策划人未对过去的活动创意进行充实和变革，不假思索地沿用了过去的活动方案，群众凭借前几届的惯性来参加活动。如果策划人仍然不在活动创意上下功夫，活动总是老一套而没有新意，群众参加活动的积极性就会随着惯性的消失而减弱，最终会使该项活动失去存在的意义。反惯性思维就是对惯性思维的修订，只有不断地调整已成习惯的思维方式，补充新的理念和内容，才能使群众文化活动始终保持旺盛的活力。

2. 反方向思维

任何群众文化活动的举办都存在着成功与失败两方面因素，活动的创意人在创意设计中一定会朝着一定的目标和方向进行构思，而且会对成功因素进行充分利用。当方向确定后就应朝着相反的方向进行思索，对失败的因素进行分析，以确保创意的成功。人们常说，某人对待一件事总是反复思考，这个"反"和"复"就是正方向和反方向的意思。例如，群众文化活动的策划人在策划大型活动时一定要进行可行性研究，在分析可行性的同时一定还要进行不可行性的研究，这是必需的程序。

3. 反角度思维

从不同的角度对同一个目标进行构思就形成了反角度思维。当创意人进行活动创意设计时，会对活动项目进行形象的、创造性的构思，直到自己满意为止。自己满意后就要从另一个角度或是相反的角度来分析创意的效果，我们通常称之为换位思考。例如，活动的策划人为广大群众设计了丰富多彩的文化活动，按照策划人的标准预测活动一定会受欢迎。这时，策划人必须还要换到群众的位置上，站在群众的角度来审视该创意效果，这就叫作反角度思维。

(二)超范围思维：将原设定的目标范围进行扩展，最大限度地把目标以外的相关信息和元素纳入构思范围当中，研究内在联系，吸收合理部分，丰富创意内涵

1. 内涵超范围思维

创意人的初衷一般都是为了某一个目的进行构思，当构思到一定程度便把最初的动机进行再丰富、再扩展，使创意更具影响力。例如，某位活动创意者根据老年人身体健康的需要，设计了老年健身操普及活动，这个活动的内涵是提高老年人的生活质量。但创意人在设计当中发现舞蹈元素可以利用，于是加进了民族舞蹈元素，又增加了相互交流的环节，从而使老年人在健身的同时又提高了艺术审美水平，改善了人际关系。这项健身活动的实际内涵范围超出了最初设计范围，这就是内涵超范围思维的本意。

2. 地域超范围思维

活动创意人的创意构思都会对一定的活动规模和地域环境进行设定，而创意的本身也只能对相应的地区和人群发生作用。如果在构思中超出了这个范围就属于地域超范围。例如，某个乡镇的创意人根据本乡镇具有民间秧歌和跑旱船的艺术资源，提出了举办民间花会活动的创意。但仅依靠本镇的力量很难在场面上造出较大声势，于是就产生了与本地区以外的邻近乡镇联合，将他们的舞龙舞狮表演和威风锣鼓表演吸引过来的构思，这个构思过程就属于地域超范围思维。资源整合、优势互补的理念就是由此发展而来的。

3. 内容超范围思维

内容超范围思维是指在活动创意构想所需内容以外，将其他

领域的内容融合进来的思维设想。例如，某地区拟举办大型群众
文艺汇演活动，与活动相关的内容有音乐、舞蹈、戏曲、曲艺等
艺术种类，创意人在一般情况下都是围绕这些活动内容进行构思
的，而与活动无关的内容不在创意范围之内。但为了更好地展示
艺术效果，表演艺术以外的相关内容也被考虑进来，于是加进了
图片展览、电视投影艺术等内容，使得文艺汇演活动更加丰富。

**(三)聚象性思维：又称聚合性思维，是一种有方向、有范围、
有条理的收敛性思维方式**

群众文化活动的创意者将若干个创意元素放入同一个策划议
题中，在分析出其共性和个性后，把各种创意思路聚集成一个焦
点，并从多种创意构思中选择出一种最佳方案，得出完整的构思
结果。例如，某城市拟举办春节庙会活动，创意人从多个不同的
角度提出了民间花会、灯会展览、广场文艺演出、群众性戏曲打
擂台等若干个创意构思。活动的策划者以"迎新春、同欢庆"这一
主题为核心，将上述各创意构思共同汇集到此核心下进行梳理、
筛选，结合本地区的实际情况，最终形成了以民间花会和广场文
艺演出为主要内容的创意设计。

**(四)扩散性思维：又称发散性思维，是与具象性思维相对应
的思维方式**

扩散性思维是一种从不同的方向、途径和角度去设想，探求
多种答案，最终使问题获得圆满解决的思维方法。也就是说，当
文化活动的主题确定后，创意人就会从各个不同的角度和自己掌
握的信息，将该项创意主题分解为若干个子元素，并逐一进行分
析，从而形成了各式各样的创意构思，如果能够找出它们内在的
结合点，就可达到丰富构思的目的。例如，某文化单位计划举办
夏日广场文化活动，于是提出了文艺演出的创意，并发动相关人
员提供意见。人们从不同的角度提出了"专业剧团下基层""大小广

场相结合""群众比赛大擂台""文艺联欢会"等活动。从而达到了丰富夏日广场演出的目的。

（五）延伸性思维：从某一创意点出发，在立意的深度和广度方面向外延伸，力争在原有的创意基础上获取新的创意灵感

天津和平杯京剧票友邀请赛活动的策划人，从京剧票友邀请赛这一创意开始向外进行创意延伸，做出了许多文章，而且这些新的创意内容都起源于京剧票友这一原始创意。例如，京剧戏曲知识比赛、京剧服装展示、历届名票座谈会、群众性京剧票友活动经验交流会、名票演唱会、戏曲用品展销会，等等，将本来单向的京剧票友比赛活动发展成全国京剧票友的盛会。这是典型的延伸性思维的成果。

（六）典型性思维：从策划项目众多的创意元素中，选择其中最具代表性的典型元素，并以此为核心进行创意构思

例如，某活动的创意人发现，每天早上在公园里都有许多老年人开展文化活动或体育活动。他们或跳舞、或唱歌、或扭秧歌、或打太极拳，于是就产生了举办公园文化活动的设想。在创意过程中发现老年到公园来大多数都是为了锻炼身体，唱歌跳舞只是表现形式，从而得出了健身是人们典型文化需求动机的结论，随即围绕健身这个典型主题进行了老年健身艺术节的创意构想设计。

（七）借用性思维：引进策划项目以外的可用元素为我所用

借用性思维在实际工作中运用得十分普遍，各类信息在其中发挥着重要作用，大量的信息为创意人提供了丰富的他人经验。活动的创意人可从外部的经验性信息和资源性信息中得到启发，达到丰富和充实创意构思的目的。例如，群众文化单位根据群众的文化需求开展活动的做法，是借用了市场的经济供需关系理念；在大型群众文艺演出中，为了加强舞台效果，借助电影技术手段使舞台演出与背景融为一体，这是借用科技力量构思的结果。

(八)捕捉性思维：通过策划者的观察和思考，从社会生活中捕捉创意亮点，并以此为基础进行创意构思

有经验的创意人都懂得生活出亮点，细节出特色的道理。做有心人，不放过生活中任何稍纵即逝的细节是创意人的基本功，是产生灵感的源泉。例如，有一个新建小区的居委会主任，为了熟悉环境到新住户家走访，住户主人用饺子招待了来客。居委会主任看着饺子突然产生了灵感，于是在全社区举办了包饺子比赛，将社区居民从自己的小家里请了出来，不用逐家走访就加强了居民间的相互了解，饺子起了大作用。

四、创意方法在群众文化活动策划中的应用

创意方法是在创意思维的基础上产生的具体设计方法，是创意思维的延续和外在表现。

(一)头脑风暴法

头脑风暴法由美国学者奥斯本于 1937 年首次提出，是指用集体的力量，相互启发、相互激励，专家之间、群体之间不做评论，只进行构思，尽可能激发个人创造性，产生尽可能多的意念，从中寻找创意灵感。在活动的策划过程中，召开座谈会、群众性讨论会及创意人坐在一起集思广益相互交流等，都是头脑风暴法的体现。这种方法的特点是在创意过程中先不对产生的意念作评价性讨论，尽量使意念数量增多，意念越多其主意就越多，创意的空间也就越大。

(二)横向思考法

横向思考法是指策划人寻找与本地区条件、环境相似区域的同时代的文化动态进行分析比较，从中获取灵感。例如，某古都

城市拟举办以古代文化传承为主题的文化艺术节，活动的策划人或创意者一般都要对近几年西安、北京、洛阳等地相似的活动进行调研，将他们的设计与本次活动进行对比，吸取其中的营养成分来丰富自身的创意。

（三）创意整合法

创意整合法是将所有创意进行梳理、归类、筛选，按照活动的需求重新整合，形成完整的构思。活动创意者面对大量的信息资料会通过丰富的想象力产生多种意念和构思，这些意念甚至是杂乱无章、混在一起的，给创意人的判断带来了困难。这时对各种意念进行梳理鉴别就显得格外重要了。按照群众文化活动创意的四项标准对各项构思进行分析，哪个创意最能表现活动的主题，符合举办活动的动机目的，哪个就是最佳创意。

（四）创意逆反法

创意逆反法是将传统惯性的思维模式进行反向思考，寻找新的亮点。这是逆向性思维的延续，当某项群众文化活动形成了固定的程式化模式的时候，突然进行反向思考，往往可产生意想不到的效果。例如，某单位举办群众性戏曲比赛，在常规状况下参赛选手在舞台上比赛，评委们在台下评判。但活动的策划方改变了这个程序，增加了一场评委上台示范表演，参赛选手在台下观摩，引起了巨大反响，不但提高了选手的艺术审美能力，还增进了艺术家与广大群众的鱼水关系。

（五）创意裂变法

创意裂变法按照属种关系原则，将一项活动内容，裂变出若干相关子内容，以达到丰富多样的目的。这是开展群众文化活动的常用手法，这是延伸性思维和扩散性思维的延续。当活动主题确定后，采用一系列相关的小项目来衬托和丰富活动内涵，达到强化主题的目的。例如，中央电视台举办的舞蹈大赛，在主会场外设立了一个分会场，由专家对主会场的节目进行评述。这个分会场就是从主会场裂变出来的产物，它有力地烘托了主会场的艺术氛围。

(六)创意焦点法

创意焦点法是指所有信息和构思意念必须汇集到活动的主题上来，各子内容必须围绕大主题展开。每一项群众文化活动都必须有其明确的目的，活动主题是依据活动目的而定的，离开主题的任何创意设计都会增加活动的盲目性和不确定性，群众面对没有主题的活动会感到不知所措。例如，在艺术节当中设立群众性篮球比赛项目，在文艺联欢会和联谊会上加入长篇政治宣传讲演，等等。

(七)相似类推法

相似类推法借鉴其他地区的成功经验，结合本地区的实际情况进行类推，从而达到完美效果。这一方法的运用必须强调相似类推不是相似照搬。文化活动的创意要遵循求新的标准，创意人通过交流和学习的方法获取的成功经验必须要有一个转化过程，应将其他地方相似的意念与本次活动进行类比，吸收其中的有益部分进行加工，使之与本次活动成为有机整体，并发展成为新的特色创意。例如，某企业工会准备组建职工合唱团，于是派人到其他单位取经学习。在众多的经验当中发现有一个单位与本单位的情况类似，单位人数不多，组织大型合唱团有困难，因此组建了小型合唱队，机动灵活很有特色。该企业虽然人数众多，但由于工作的特殊性使单位人员无法同时参加活动。该工会便吸取了小型活动的经验，并与本单位的实际情况相结合，成立了两支小型合唱队，平时分散活动，每个月合并一次排练大合唱，取得了非常好的效果，而且逐渐形成了自己的特色。

第四节　群众文化活动策划的一般方法

策划是一项既系统又严密的工作，大型活动的策划，要面对多种复杂的因素和矛盾。策划人要学会遵循一定的策划原则并掌握相应的策划技巧，增强把握活动各要素的设计能力。策划是创意的继续，是把活动的创意设想转变为实施的依据和蓝图的过程。从丰富的想象到蓝图的制定需要一个复杂的过程，因此在策划过程中的一些操作要点必须得到重视。

一、盯住核心，逐一分解

（一）主要矛盾与次要矛盾

在大型活动中，策划人往往是处在一系列的复杂矛盾之中。面对众多需要解决的问题，如何处理，如何布局，解决这些问题是策划人的基本功。

策划群众文化活动时所面对的矛盾和问题，在大的方面可能有所相似，但由于所处的环境和实际状况不同，其主要矛盾也就各不相同。策划者必须要将诸多的矛盾进行分析和排列，研究它们之间的因果关系，并找出其中占据主导作用的矛盾。例如，某城市拟举办全市文化艺术节，策划过程中可能遇到以下矛盾：活动经费的数量与活动规模的矛盾；活动目的与活动内容的矛盾；决策机构与承办单位的矛盾；活动场地与观众需求的矛盾；活动效果与器材设备的矛盾等。面对这些矛盾，策划人要逐一进行分析，根据掌握的主、客体信息状况将主要矛盾从诸矛盾中分离出来。如果该地区的经济条件比较困难，那么经费的数量就可能成为主要矛盾，它关系到活动的规模、内容的设置、设备的档次、场地布置风格及承办方运作变更等环节的安排。因此策划设计时要把筹资渠道、资金来源作为重点策划内容,其他各矛盾都要围绕经费数量进行处理和设定。如果全市的群众对文化艺术节的关注度很高,那么满足群众的文化需求就成为活动的主要矛盾了。策划人可能要在场地安排和演出内容上面下功夫,或采用主会场、分会场相结合,大舞台、小舞台相配合的方式进行设计,其他一切矛盾,如人员配备、经费使用、后勤保障等,都要服从这一主要矛盾。活动的策划者一定要牢记,在众多矛盾面前不可不分主次地眉毛胡子一把抓,否则会导致策划设计的整体混乱,给活动的承办方带来很大麻烦。

(二)主要力量与主要对象

策划人员应对两方面的人员进行认真的分析和设计,即主要力量的使用和主要对象的布局。

1. "力量"是指活动组织人员,即指挥系统领导下的各类指挥力量和操作力量

就策划人而言,决定活动的关键力量的要素是活动的主办方、受众及承办方,而主办方和承办方的人员是策划人必须关注的可支配要素。虽然策划人在活动的策划方案中不对具体岗位任务进行设计,但活动的策划者必须充分照顾到组织工作中的各个因素,即主要人员的调配及使用。活动的主要力量的分配要视活动内容的设置和性质而定,在实际策划过程中,工作人员力量可分为决策领导力量、组织操作力量、专业技术力量三部分。不同类型的群众文化活动的主要力量分配应有区别。例如,内容较单一或竞赛性较强的活动,应把注意力放在活动本身的主要项目上面,专业艺术人员或技术人员应作为重点设计对象;内容综合性、协调性较强或大型广场活动,应把注意力放在活动全局的关键部位上面,活动指挥力量及实施人员应作为设计重点。

许多活动的策划人不重视参与活动人员的力量设计,认为这

是承办方的任务，其实这是一个误区。策划人必须掌握各部力量的总体数量、水平能力等实际状况，并在活动布局上有所体现，给实施单位的具体运作创造有利条件。

2. "对象"是指活动的受众方人员，即具有不同需求和爱好的不同人群

举办群众文化活动的目的不同，其服务的主要对象也不同。街舞大赛的服务对象主要是青年人，少儿京剧比赛的服务对象主要是少年儿童，策划人必须按照活动对象的不同需求来设计活动内容，充分考虑群众的认同程度。例如，街舞活动的布局应本着激情热烈、健康欢快的气氛进行设计，而少儿京剧比赛应体现少年儿童天真活泼的特点，以欣欣向荣的氛围进行设计。又如大型群众文化活动具有内容多样的特点，其中的主要内容应符合不同对象的需求。主要内容和次要内容的布局及分配，要针对参与活动对象的人数和流向进行安排，将群众的文化需求与活动安全作为设计重点。

总之，主要力量要服务于主要对象，要根据主要对象的具体情况来分配主要力量，而不是反之。那些仅凭决策方的主观意志，而不对活动对象进行分析的任何策划设计都必须坚决纠正。

二、拓展思路，重点突破

(一)信息量越大越好

在策划活动的初期，要大量阅读和研究相关信息、资料。这是一项艰苦的工作，但这又是产生好的创意的必经之路，没有捷径可走。有些信息表面上看与活动没有必然联系，但正是这些看似没有联系的信息往往会促成策划人产生新的灵感或对活动进程产生较大影响。某些活动的策划人在策划时不愿意在收集信息上花时间，为了节省时间或省些气力，仅凭自己的灵感进行设计，这是不负责任的行为。在通常情况下，收集的信息数量越大、涉及面越广越好，没有数量就没有质量。无论策划人的经验多么丰富，个人的知识总是有限的，采用多种手段获取信息，阅读研究信息是提高策划人设计能力的最佳方法，对于活动的策划人来说，没有养成收集信息的习惯就不会有大的作为。

(二)整理提炼越精越好

信息提炼的质量直接关系到活动创意的质量，策划者必须将大量的信息进行分类，并逐一进行分析。虽然要求策划人要拥有大量的信息，但在活动策划的初始阶段，这些信息还处在散乱的状态之中，必须将有用的信息从散乱的信息中分离出来，这个分离提炼的过程是与策划设计同步进行的，信息的数量为信息的提炼提供了充分的选择空间，而经过提炼的信息又为策划设计补充了营养，在分析的过程中可对原有的设想进行不断的修订和完善。在提炼信息的过程中，策划人应特别注意对细节的分析，往往特色就隐藏在细节之中。

(三)思路越开阔越好，重点突破口越少越好

在创意及策划的初级阶段，在大量的信息面前，针对活动主题的思路越开阔越好，不必受内容和形式的局限，不会拓展便没有创新。在这个阶段，十个策划人可能提出十个不同的设计方案，这是最理想的现象，开阔的思路是为了更全面和更合理的布局，最终都要为活动的主题服务。要以非常开阔的思路为基础，以活动的主题为目的，选择好活动的重点内容。如果刚刚进入策划阶段就对设计思路进行规范和限制，策划人的创作激情和灵感就会被扼杀。因此，活动的决策机构不要过早地介入策划布局之中，要确保策划部门和谐而热烈的创造性氛围。

当策划构思到一定阶段时，各种思路就要向活动主题集中，思路重点不可过多，在一般情况下，一项活动只会有一个主题，

一切策划点都应围绕着主题而展开，因此其重点的突破口一定要少而精。例如，浙江省庆元县"月山春晚"活动，是一台农村自办的春节联欢会。活动的策划者运用丰富的创造力对这台演出提出了一系列的创意和构思，如节目内容、演出形式、场地设置、群众参与，等等。最终他们将群众自编自演自导的创意作为活动的突破口并大做文章，结果产生了极大的轰动效应。

（四）内容越丰富越好，方案设计越实用越好

活动的内容要求多样和丰富，即使是单项群众文化活动也要设计相应的辅助内容进行陪衬。例如，浙江省嘉兴市秀洲区举办的"秀洲·中国农民画艺术节"活动，本是以绘画展览为主的单项文化活动。活动的策划者经过了几届的探索和改进，将文化交流、资源挖掘、学术研讨、普及培训等内容融入艺术节之中，极大地加强了活动的影响力，被浙江省文化和旅游厅列为全省重点扶持的文化节庆活动之一。但该艺术节的内容虽然非常丰富，却始终围绕着农民画这个主题，始终没有离开绘画展览这个主要活动内容，这是该项活动拥有活力的重要原因之一。如果该农民画艺术节将所有活动内容都作为主要内容同时展开，那么这个活动就会失去重心，全是重点就等于没有重点，其活动的特色也就消失了。因此，不论何类的群众文化活动，其内容设计一定不要脱离主题，一定要有主次之分，要分出活动的主项和副项。

方案设计要实用，这是群众文化活动策划的基本原则。每一个策划人都希望通过自身的努力产生全新的创意，在策划案中能体现自己的策划意图，达到尽善尽美的效果。但在实际工作中，这一主观想象和美好的愿望总会与实际的客观条件产生距离。策划者必须不断地针对当时的具体环境和实际条件对策划案进行调整，使之具有操作性。二者的距离越大，其调整的难度也就越大。因此，策划人必须在策划方案制定之初就在可操作性上下功夫。

无论多么优秀的策划方案，一旦失去了实用功能，便失去了其存在的意义。

三、放出信号，先听回音

群众文化活动的策划方案形成之前，必须要多方听取对活动设计的意见，这是确保策划质量和活动方向的必要步骤。策划人在活动创意初步形成的时候就应该开始倾听外界的声音，随时收集、随时修订，不要等到策划方案完成后再一次性地征求意见，这样修改的工程就会相当庞大。

(一)听取他人意见的面要广，可采取放信号的方式，在交谈和闲聊当中就可以完成倾听意见的过程

1. 听取领导意见

活动的策划人可采取及时汇报和请示的方式，将初步设想向上级反映，征求上级的意见，上级单位应当从宏观上和政策上把握活动的大方向，使策划过程始终清晰有效，目标明确。

2. 听取专家意见

活动策划人在设计活动时往往处在一个亢奋的情绪之中，经常把活动的结果设想得十分美好，而忽略不利因素。随时倾听专家的意见可使策划人时刻保持清醒的头脑和准确的判断力。专家除了在把握活动的创新性和示范性方面给予指导，更重要的是可对活动的可行性提出意见，这是非常宝贵的意见，也是活动策划人最需要的意见。

3. 听取群众意见

要确定活动是否具有群众性，是否符合群众的利益，最直接的方法就是将设计构想交给群众去评判，这一点最容易被忽视，但又是最为重要的。做到这一点其实很容易，平时与群众的接触当中随时都可以听到群众的反应，策划人应当做一个耐心的听众，和不同类型的群众进行交流，特别要注意活动主要对象的意见，群众的意见往往是最客观的。

4. 听取同行意见

这主要是为了解决活动中的技术问题。活动方案是否可行，布局是否合理，同行最有发言权，他们的意见关系到活动操作程序的严密性和总体布局的科学性。策划人在征求意见的同时，还可以了解同行们的实际能力和工作风格，这对组织机构的设置和活动步骤的安排将产生重大作用。

(二)多种手段发布信息，及时反馈

当策划方案形成以后应当立即进行活动信息发布工作，这是活动实施前向社会征求意见的最后时机，可利用召开新闻发布会，发布网络消息，报刊文章及各种座谈会等多种形式，全面听取社会的反应，并及时反馈，进行全面分析。这一过程应纳入可行性研究的重要程序之中。

在实际工作当中，活动的主办方经常在活动即将举办的前夕才进行各类宣传性发布工作，实则这个过程应当提前。例如，北京奥运会举办之前数年就开展了各项发布工作，在创造社会氛围的同时获取了大量的反馈信息，促使各类方案不断地进行修改和完善，确保了活动的圆满完成。

"放出信号，先听回音"的意思是强调活动的策划人一定要在不断地听取意见的过程中进行布局设计，万不可闭门造车。

四、看准方向，用风驶船

(一)看准方向

策划目标确定之后，一切工作都要围绕目标开展，把握住活

动方向不可偏离，不仅是活动内容，还包括后勤保障、安全应急、机构设置、经费预算等一切与项目有关的方面。这已成为策划人的基本工作原则，但实际工作起来并不是那么简单。由于策划人随着策划设计的不断深入，其注意力也会因内容的丰富、形式的多样而发生变化，其创造性的设计可能在不知不觉中使活动的目的悄然发生改变，当活动结束后，主办方会发现活动效果并不是最初预设的结果。究其原因，多是因为在活动方向的把握上出现了问题。例如，某地区举办群众性歌咏比赛，主办方举办活动的目的是加强团结，提高群众的亲和力，构建和谐的生活环境。但策划人在设计活动时为了增加活动的热烈气氛，设计了许多对抗性、竞争性环节和规则，造成该次活动的火药味十足，各合唱团只关心自己的名次和成绩，而不关心相互的艺术交流，比赛结束后不但没有增进团结，反而造成了隔阂。类似这样的事情在群众文化活动，尤其是中小型活动中时有发生。因此强调活动的方向性对群众文化活动的健康发展具有重要意义。

(二)用风驶船

"用风驶船"是指充分利用可使用的条件，千方百计将条件用足。在活动的策划过程中，一般可利用的条件有以下几个方面。

自然条件：它是形成活动特色的重要因素之一。自然色彩、地貌、气候、季节等都会对活动产生影响。将捕捉到的自然素材融入活动之中，往往会产生意想不到的效果。西北高原造就了豪放粗犷的文化风格，江南水乡产生了温柔细腻的艺术特征。就是在同一个地区，由于自然条件的差异也会使当地群众形成不同的文化氛围。自然环境具有强烈的直观性，策划人在这方面做文章会比较容易吸引群众的注意力，激发人们的文化需求兴趣，春季赏花、夏季郊游等活动都是因自然条件发挥作用的结果。

人才条件：人才分自有人才和外来人才两个方面。挖掘自有人才的潜力和发现、利用外来人才是人员配备上的两个重点。有时自有人才就在你身边，就看策划人是否用心去挖掘，群众文化骨干是在实际活动中产生和涌现的，这需要长期的积累和培养。对外来人才的利用应视活动的实际需要而定，邀请最合适的人才来承担最合适的任务，既是对人才的尊重也是对活动的负责。那些请名家来撑门面的做法是不可取的。

舆论条件：舆论在某方面代表了群众对文化需求的意愿，加大舆论宣传是提高群众活动兴趣的最好手段。策划者应利用多种手段将策划意图反复向群众进行宣传和说明，使群众明了活动的内容和意图，并产生兴趣，自愿地加入到活动中来。形成良好的舆论环境，从而达到活动所设计的预期效果。一些地区的文化部门每年都为群众做了大量的工作，但没有引起外界的反响，十分苦恼。建议这些单位在舆论的利用上面找原因。当代互联网技术的飞速发展为群众文化提供了良好的舆论条件，广大群众的文化需求和意见在许多时候是通过舆论表现出来的，群众文化活动的社会功能也应当通过舆论传达给群众，从而得到广大群众的认知和认同。

时机条件：任何群众文化活动都应选择最适当的时机举行。活动时机取决于群众文化需求趋向和社会文化环境状况。许多时机都是稍纵即逝的，一旦错过就无法挽回，如 2008 年的北京奥运会、2009 年的新中国成立 60 周年、2010 年的上海世博会、2011 年的中国共产党建党 90 周年等。抓住时机就可以最大限度地发挥群众文化活动的社会效益，而没有把握住时机，群众的参与热情就会大大降低。成功的活动策划人绝不会浪费任何可利用的机会，时机是产生特色活动的源泉，抓住时机可以达到事半功倍的效果。

政策条件：文化政策是政府为各类文化服务所制定的原则和规范。充分利用文化政策对提高活动的社会效益具有重大意义。

活动的策划者在开展工作之前，应当认真学习与本次活动相关的各类政策精神，通过学习掌握党和政府对开展群众文化活动的要求，了解哪些是应当弘扬提倡的，哪些是应当限制和避免的，哪些是应当禁止的。这对策划人把握活动方向，明确活动运作空间有很大帮助。随着国家现代化建设的发展，文化政策也会有一定的变化，不同的时期政府对群众文化活动的支持角度是不一样的，各省市地方性政策也可能结合本地的实际情况有一定的调整，活动的策划者必须养成随时学习相关法规和政策的习惯，确保群众文化活动始终与社会主义主流文化的方向相一致。当前，我国一些地区在开展基层群众文化活动时，经常忽视对文化政策的学习，致使活动的随意性过大，应当加以克服。

经济条件：由于我国地幅辽阔，经济状况各异，在其制约下的群众文化活动开展状况也就各不相同。策划人应当善于将有限的活动经费进行巧妙的分配，本着量力而行的原则发挥经费应有的效益。经济条件包括地区的经济状况；政府对文化事业的实际支持能力；当地群众的文化消费观念和消费水平以及社会办文化的热情等，这些直接关系到策划人的设计方向和方式。群众的生活水平和文化需求愿望都与经济条件相关，经济发达地区群众的文化消费意识比较强，经济条件相对困难地区群众的自娱愿望比较强。活动的策划人要根据不同地区的实际情况进行有效的设计，避免形成固定的创意套路不加分析地到处套用，群众文化活动是受经济条件制约的。

第五节　群众文化活动策划中的可行性研究

群众文化活动的可行性研究是活动策划过程中的必经程序，它对活动的成败起着至关重要的作用。任何文化活动都存在着成功与失败两方面因素，充分调动成功因素，将失败因素减少到最小可能是每一个活动主办方共同的愿望。这方面的分析过程是在策划阶段的可行性研究环节中完成的。可行性研究包括活动的可行性分析、不可行性分析、活动结果预测和相关建议四方面内容。

一、可行性研究的内容

(一)活动的可行性

活动的可行性是指完成该项活动的优势条件，这是活动顺利实施的根本保证。策划者要对活动的各项优势条件进行全面分析，包括优势内容、优势范围、优势程度和优势数量。

1. 优势内容

群众文化活动的优势内容要视具体的条件而定，与活动的时机、运作能力和所处环境有着密切关系。活动的策划人应将政府的支持、群众的认同、环境与时机、活动内容和形式的布局、工作队伍的现状、硬件条件具备状况等因素，依次进行细化分析，将可利用的优势条件内容排列出来，并对这些优势内容的可用性进行详尽分析，将其融入策划设计当中。例如，大理的"三月街"民族节日是以白族文化为核心的民俗活动，其苍山洱海的自然环境和白族的民族风情是其他地区没有的独特优势，因此形成了"三月街"独有的活动特色。而北京奥运会前举办的一系列群众文化活动，则是利用了首都特有的中心地位和奥运主题优势，这也是其他地区没有的条件，因此形成了北京奥运活动特征。充分利用优势内容给策划人提供了广阔的创意空间，必须加以重视。

2. 优势范围

当策划人将活动优势内容确定后，要划定优势所涉及的范围。例如，自然环境的优势是表现在气候方面，还是表现在地理环境方面;人力优势是表现在专业力量方面,还是表现在协调管理能力方面等。这在策划人设计布局时会发挥巨大作用。优势范围给策划人提供了想象空间范围,布局的方向也会随着范围的大小而变化。如果该项活动在专业人才方面占有较大优势,则策划过程中在保证其他人员力量得到合理布局的前提下,应将专业人才优势尽量发挥出来,如在艺术比赛活动中增加评委示范展示环节;广场文化活动增加专家与群众的互动环节等。扩大活动的优势范围可提高群众文化活动的社会影响力和号召力,应当加以重视。

3. 优势程度

对活动的优势内容进行程度分析,要明确判明活动可行性是占有很大优势还是稍有优势。如果优势十分明显,则成为活动特色的机遇就会增大,策划设计时应对其格外注意。如果优势并不明显,则在策划设计中将其作为运作条件来使用,如经验型优势或设备器材型优势等。活动可行优势对活动本身的影响程度是要通过策划者认真分析后才得出的,主观夸大或否定都会使策划人产生误判。

4. 优势数量

在通常情况下,活动的策划人对活动优势的数量反应都会很敏感。优势数量越多其策划的空间也就越大,创新的特色亮点也就越多。大多数策划人都是从优势条件中寻找活动亮点,并从这些亮点开始进行全局性设计。例如,河北省邯郸市举办了"中原民间艺术节",活动的策划者利用邯郸市四省交界的地理优势,民间艺术丰富多彩的资源优势,各级政府大力支持的政策优势三大优势条件,逐一进行调研开发。经过了数届的努力,将一个市级的文化活动打造成一项轰动全国的品牌活动。策划人对活动优势数量做到心中有数,一切设计都从这三项优势中展开,这是活动能够成功的重要原因之一。

(二)活动的不可行性

活动的不可行性是指完成该项活动的劣势因素。劣势程度的大小决定了活动风险的大小。策划者要对活动的劣势因素进行认真分析，要做到客观全面，不得遗漏任何细节。在开展群众文化活动中，不论大型活动还是中小型活动都存在着有利因素和不利因素，许多策划者出于对活动美好的期望，往往对成功因素分析得较多，而对不利因素有意无意地作边缘化处理，理由是怕影响士气，这种现象必须立即纠正。从某种角度讲，对不可行性的分析要比对可行性的分析更重要，任何小的疏忽都可能酿成大祸。

1. 显性劣势因素

在活动的策划过程中，大部分不利因素都是可以看得见的，我们称其为显性劣势因素，如时间紧张、人力不足、经费短缺、节目质量偏低、场地过于简陋等。对于这些明显的不利因素，策划人应当尽力在设计布局过程中加以解决，如果不能处理，应立即将其列举出来，并明确说明这些不利因素在活动中所处的位置和可能产生的后果。

2. 隐性劣势因素

还有些不利因素如果不进行分析是很难发现的，我们称其为隐性劣势因素，如工作人员的心理变化、合作单位的和谐关系、外部环境的变化、活动受众的需求改变等。这些因素虽然不易被发现，但对活动造成的不利影响会更为严重。某些不利因素是策划人解决不了的，必须将翔实的分析结果整理出来，报活动的主办方给予决策，得到明确的指示后才能进行具体策划设计。

(三)活动结果的预测

策划者在对活动的优势与劣势进行认真分析的基础上，对活动的结果进行预测和判断。这是主办方进行决策的重要依据。

①将活动的优势因素与劣势因素进行汇总，这是可行性研究中预测阶段的第一步。因素汇总并不是简单的数字相加，而是对优势、劣势各自分析后的情况综合说明。策划人应特别注意汇总材料的完整性，不能丢掉对任何因素的分析，这是活动预测的基本依据。

②在对优势因素和劣势因素进行分析的基础上，再对活动的把握性进行研究，即可行性与不可行性的分析。可行性的分析是指对活动的可操作性分析，研究哪些元素可促进或帮助活动顺利运作。不可行性分析是指对活动的困难性进行分析，研究哪些因素会阻碍活动的顺利运作，哪些因素会导致活动失败。策划者应当说明这些可行性因素是否能够在策划设计中充分发挥作用，不可行性因素是否能够在策划设计中得到解决，有多少是无法克服的困难。

③依据对可行性与不可行性的分析状况，对活动结果做出预测性判断。活动策划人的判断应包括两部分内容：第一，对活动成功或失败的可能性做出预测，并说明成功或失败的原因，各占多大比例；第二，对活动成功或失败的结果做出判断，如果成功应产生多大的社会效益，若失败可能产生何种不利影响。

群众文化活动可行性研究的结果预测是策划部门的最终判断，必须准确无误，否则前面的一切分析过程均变得没有意义了。活动可行性预测结果将会对活动主办单位的判断和决策产生重大影响。

(四)解决问题的对策

策划者在策划过程中，掌握了大量的相关信息，对活动的本身进行了认真的研究，最有发言权。因此，要求策划者必须针对活动的劣势因素提出解决问题的对策和建议，供决策者参考。

①向活动的主办方提出继续或终止活动的建议。活动的策划

者经过严肃认真的可行性分析，如果认为成功的把握比较大，就向主办方提出继续运作的理由和克服困难的具体办法。例如，某地区拟举办文化艺术节，但因经费不足产生了困难，经过策划人的可行性分析，预测困难可以解决，便向决策方提出了社会支持和企业赞助的筹资方案，保证了活动的顺利进行。如果认为活动面临的困难很难克服，失败的可能性较大，就应立即向主办方提出中止活动的理由，并对失败后产生的后果进行说明。

②在大多数情况下，群众文化活动的主办方不会轻易地改变已经做过决策举办活动的决心，他们会要求策划人采取措施来解决活动中将要遇到的问题。因此，策划人不要草率作出中止活动的建议。在这方面，策划人有两点必须注意：第一，在向主办方说明活动失败的后果之后，必须提出具体的补救措施和解决办法，策划人掌握大量的文化信息，向主办方提出建议是其应有的职责；第二，有些策划人主张活动的策划只是对活动的蓝图设计，将预测到的问题提出即可，至于如何解决应是承办方的工作范围，策划部门不必负责，这种观点是错误的，甚至是有害的。活动的承办方是活动的实施单位，它的工作计划是依据策划方案制订的，如果策划蓝图上留下了一系列的隐患和问题，承办方就会无所适从，即使全力克服了困难，也会使运作重点转移到解决不可行因素上面，极易造成工作程序的混乱和无序。因此，活动的策划部门应当明白，可行性研究的作用是为策划设计指明方向，而不是为了给承办单位留下困难。从某种角度上讲，策划人的责任就是实施人员的保障。

二、可行性研究的要点

在群众文化活动的可行性研究当中有许多论证要点，但对四个重点必须要有较深刻的认识：

(一)社会和群众需求程度

开展群众文化活动的根本目的是满足广大群众的文化需求,而群众的文化需求不是一个抽象的概念,它实实在在地表现在人们日常行为之中,而且这种需求在不断地变化,昨天的需求不代表今天的需求,策划人要将群众的需求作为研究重点,看看该项群众文化活动的目的能否与群众的需求动机相吻合,这是活动能否达到预期目的的关键性要素。人们对待新主题、新内容、新形势的文化活动都有一个"认知、认同、参与、喜爱"的过程。"认知"是群众的识别阶段;"认同"是群众的接受阶段;"参与"是群众的体验阶段;"喜爱"是群众的需求阶段。策划人要判明在本次群众文化活动中,大多数群众应当处于哪一个阶段,应当依据相应的阶段进行相应的布局设计。

(二)政府和政策的支持程度

任何地区任何单位举办的任何群众文化活动,不论动机目的如何,都应当在党和政府制定的相关政策范围内进行合法运作,这是活动能否实施的决定性要素。由于群众所处的社会环境、审美层次、知识程度及其世界观、价值观各不相同,对文化需求的层次和水平也不相同。群众文化活动的特征之一就是采用寓教于乐的方式来提高广大人民群众的精神文明水平,所有活动都不能脱离社会主义先进文化的前进方向,群众在文化需求得到满足的同时,还要通过多种渠道和方式接受教育和指导,只有在活动中有所收获,其文化素质和审美水平才能得到提高,因此群众文化的教育功能必须要在群众文化活动中得到体现。活动的策划人在策划活动时必须要把握好两个方面:第一,及时将党和政府的声音通过寓教于乐的方式传达给广大群众,在政府和群众之间起到纽带作用;第二,认真学习和掌握相关政策和法规,保证群众文化活动的各项功能得到积极发挥。政策告诉我们应当怎样做,法规则告诉我们哪些不能做，把握好活动的方向是策划人的重要职责，也是可行性研究的重要内容，群众文化活动有抵制低俗、媚俗、庸俗文化的义务。

策划人在可行性研究过程中，要分析政府和相关主管单位对活动的态度和支持力度，尤其要了解支持的动机和能力，明确活动的哪些部分需要政府的支持，哪些部分需要社会的支持，这对活动的设计和布局有着直接影响。

(三)硬件条件具备程度

前文已述，经费、环境、队伍、后勤保障及设施设备等是群众文化活动的主要硬件条件，是活动能否顺利操作的基础性要素。活动策划人的策划设计和承办方的实施运作能否成功，很大程度上要看硬件条件是否到位。因此对硬件条件的分析永远是可行性分析的主要内容。

在可行性研究过程中应对硬件条件逐一进行分析，包括硬件状况、硬件质量和数量以及控制、使用硬件的能力等。为了保证活动质量，策划人应对硬件条件提出标准和要求，并提出相应的措施和进一步完善的意见。例如，在大型广场群众文化活动的后勤保障条件方面，策划人应当提出各岗位部门通信联络的方法和要求；疏散通道的宽度与线路；交通、食宿的安排原则等。

(四)可行性与不可行性的相对作用

群众文化活动的可行性与不可行性是一组相对概念，正确理解相互关系十分重要，优势因素如果运用不当就可能转化为劣势因素，反之劣势因素在适当的条件下也可以转化为优势条件。例如，某经济发达地区在举办大型演唱会时邀请了许多著名艺术家前来表演，这本来是很大的优势条件，但群众在观看演出时将所有的注意力都吸引在明星们的风采上面，反而对活动的内容印象不深了，从群众文化活动的角度来衡量，群众文化活动的寓教于乐的功能并没有得到完全体现。相反,有些经济不够发达的地区没有大量的经费用来举办名家文艺晚会,这是实实在在的劣势因素,但主办方在"劣势"上做文章,采用了自编、自演、自导的自娱自乐方式开展丰富多彩的文化活动,于是就产生了浙江省庆元县"月山春晚"这样轰动全国的基层品牌群众文化活动。

在某些时候有些优势很容易被人们忽视,甚至有的还隐藏在劣势之中,如在贫困山区隐藏着旅游优势,从水果生产不易保存的劣势因素中发现采摘文化元素等。许多策划者和创意者的创意灵感就是在可行性研究的过程中被二次激发起来的。活动的策划人所站的角度不同,出发点不同,衡量活动的标准不同,其对可行性研究的结果评价也会不同,只有从群众文化基本功能和社会作用的角度来分析,才能对活动的可行性研究做出准确的判断。

三、可行性研究要注意的问题

1. 大型活动避免个人行为

群众文化活动的可行性研究一定是集体力量的结晶,准确的预测和判断不能仅凭某个人的能力来完成。无论个人的知识多么渊博,总会有知识盲点,判断失误是难免的。许多文化主管部门对活动的可行性研究十分重视,请来专家进行分析,这是非常正确的做法。但也应当注意,外请的专家一般对当地的具体状况不熟悉,并且对举办活动的初衷没有进行过翔实的研究,因此专家的意见只能作为重要的建议来对待,不能作为最终的决策意见。群众文化活动的可行性研究也要发挥群众性的特点,人多主意多,这是个真理。

2. 在论证中应特别注意对不利因素和反对意见的分析

在群众文化活动的策划过程中,每一个主办单位和策划人都希望活动能够取得成功,因此在可行性研究时有意无意地对可行性因素分析较多，有的人甚至不愿意听到反对意见，这是不可取的。对活动的不可行性研究不但应当高度重视，而且要用比可行性分析更多的精力去做细做实，不留任何死角。解决一个不利因素就可使活动减少一个隐患，由于忽视了对活动的不可行性分析导致活动不能正常进行，甚至失败的案例在全国各地都时有发生，可以说对不可行性的研究在策划过程中占有特殊的地位，万万不可疏忽。

3. 策划者应将创意的激情和理性统一起来

在实际工作中活动的创意人也是可行性研究的重要成员，他们从丰富的想象思维中忽然转移到可行性元素分析上来需要一个过程，而且这个过程并不轻松。激情的创意思维在可行性研究中容易产生排他性行为，听不进反对意见。过于理性的思维分析又可能消磨群众文化活动的个性和特色。将激情和理性有机地结合起来，是活动策划人应当重视和必须解决的问题。高质量的可行性研究成果应当能最大限度地发掘优势因素并使其发挥出应有的能量，同时不放过每一个不可行性因素细节并制定有效对策。活动的主办方要依据可行性研究结果来进行判断和决策，任何决策单位都希望举办既有激情又有把握的文化活动，因此对活动的可行性研究要十分重视。

4. 把握好活动等级与质量的关系

这里所说的活动等级是指活动主办方的级别规格和活动规模的级别。例如，省一级的文化活动、区县级的文化活动、基层社区的文化活动，等等。又如某文化馆举办的大型活动、中型活动、小型活动，等等。在群众文化活动的可行性研究中，活动的等级和规模对于策划人来说非常重要，不同级别，不同规模的文化活动的预测目的和标准是不相同的。省市级的群众文化活动无论规模如何，其示范引领目的十分明确，对活动的各项决策都应十分严格和谨慎；文化馆等群众文化事业单位举办的文化活动一般专业性较强，文化普及和提高是重点；村落和社区的文化活动以活跃群众文化生活为重点，群众的满意度是基本标准。又如大型活动的技术难度较高；中型活动的知识性较强；小型活动的不确定性比较突出等。活动的可行性研究必须针对不同等级、不同规模的具体情况进行有重点的分析，不加区分的分析研究极易走偏方向，会严重干扰策划判断，这是策划过程中容易出现的问题，应当引起重视。

第六节　群众文化活动策划者的基本素质

在群众文化活动的全部过程中，策划人员的素质起着决定性的作用，他们决定了活动的走向和水平。活动的主办方对策划人员的选择十分严格，他们的思想和价值理念会对活动产生极大影响，在活动中，人们往往可以看到策划人的"影子"。群众文化活动的社会功能要求活动的策划人必须要具备较高的综合性素质。

一、政治素质与社会责任

(一)群众文化活动是精神文明建设的载体，具有较大的社会影响力，策划者要具有较高的精神文明素质和政治素质

我国改革开放几十年来，人们的思想观念和社会理念发生了重大变化，多元化的价值观念带来了多元化的社会思想形态，这是社会发展的必然阶段。群众文化活动如何在复杂多样的社会生活中保持社会主义先进文化的前进方向，是每一个活动策划人必须面对的问题。策划人只有具备了较强的政治素质，才能正确理解党和国家的方针政策，才能在形态各异的文化现象面前辨别出哪些是正文化现象，哪些是负文化现象，才能避免在文化活动的

策划过程中出现方向性错误，策划人对社会现象的敏锐辨别能力来源于本人的政治素质。

在现实社会生活中，正、负文化行为常常是混杂在一起的，甚至有些现象就在临界点上，策划人如果不具备识别能力就可能在策划活动时发生思维混乱。例如，群众文化活动的形式内容许多都是来自民间，历史延续下来的是否都是民族民间文化遗产？哪些需要继承，哪些需要淘汰？策划人若认不清就极易误将新中国成立初期就杜绝的东西作为文化遗产进行宣传，如所谓的"科学算命"，组织合唱团为丧事"伴哭"，等等。又如，将西方极端个人主义的价值观误当作市场经济的基本规律渗入群众文化活动当中，这是十分危险的。社会主义公共文化服务体系的基本任务为群众文化活动提出了更高的要求，策划人员的高素质在这中间起着很大作用。

（二）每一个从事群众文化活动的策划者，都应当明确自己所从事的这项工作的社会责任

群众文化活动是广大群众的情感交流平台，是通过人与人面对面的特殊沟通方式进行的文化行为。人们丰富的情感与美好的愿望需要通过群众文化活动来得到体现，这就需要活动的策划者深入群众中去了解他（她）们，亲身感受群众的心理需求，这是一件十分辛苦的工作过程，必须要具备对群众文化事业的高度责任感和勇于奉献、不计个人得失的优良品质。爱岗敬业是每一个策划者，甚至是每一个群众文化工作者的必备素质。

群众文化活动的群众性特征决定了其社会的影响力，对构建和谐社会发挥着重大作用。因此，活动的策划人在策划设计时同样担负着重大的社会责任，要通过对社会的观察研究广大群众的社会心理。在日常生活中做有心人，从细小的现象中找出群众文化活动与群众文化需求之间的最佳结合点，研究如何发挥群众文化寓教于乐的作用，怎么乐怎么教，怎样把握活动的方向。向社会负责、向群众负责是社会对策划者的基本要求。

(三)健康向上的群众文化活动，需要具备较高社会责任感和政治水平的策划人来进行设计

策划人在策划活动时会将自己的情感和对社会的态度带入创意及策划之中，他们的世界观和价值观将对其策划成果产生重大影响。无数个事例证明，享乐主义思想严重的人很难理解无数革命先烈为何甘愿抛头颅、洒热血；极端个人主义思想严重的人，更不能理解那些长年在平凡岗位上默默无私奉献的人们的伟大情怀。设计健康文化活动的人自己的思想首先要健康。

二、创意能力

群众文化活动的策划是开拓性、创造性很强的设计活动，创意是策划的核心，因此创意能力是策划人员应具备的最基础的专业条件。创意的灵感来源于多种因素，就策划人员来说长期的工作积累和丰富的理论知识是必不可少的，归纳起来应具备以下三个能力。

(一)加强科学知识的学习，提高理论水平，增强对事物的综合分析能力和群众文化活动策划的能力

群众文化活动的策划人员在策划活动时，要面对大量的文化信息和社会信息，如果没有丰富的知识就很难对各类信息做出有效准确的辨别和判断。群众文化活动是社会性活动，群众文化需求的多样化要求策划人员应掌握更加多样的知识，如民俗学、社会学、心理学、教育学及相关艺术理论和大众文化理论，等等。策划人员掌握的知识越全面，其对活动的分析能力就越强，可在实际工作中最大限度地减少盲目性。

(二)加强对社会现象和事物的捕捉能力和洞察能力，往往一些小的不被人注意的问题会成为好的创意素材

在平日的工作中，策划人员应养成观察生活的习惯，善于从细节中找灵感。群众在社会交往中往往仅通过一个眼神一个表情，就能表达出自己的态度和心情，而恰恰是这些细微动作将群众的心理变化反映出来，成为策划人设计活动时的依据。"捕捉"需要迅速，"洞察"需要敏锐，只有两者兼备的策划人才能在创意时擦出耀眼的火花来。

(三)培养逆向思维能力和超常规思维能力

在开展群众文化活动的过程中，由于群众的参与目标不同，文化需求程度和满意程度各不相同，其对活动的兴趣点也不相同，活动的策划人员用同一种思维模式去设计不同的活动一般都行不通，有些活动的设计思维路线甚至是相反的。例如，群众性合唱培训活动，一般的设计思路是采用由浅入深的方法，先学乐理基础知识，再进行发声练习，经过视唱练耳等一系列的训练后再进行歌曲试唱、参加演出，这是一般常规性思维设计。但群众性歌咏比赛活动的策划思维就必须加以改变，首先通过参加演出比赛使群众对合唱活动产生兴趣，然后再进行基本功的练习。在群众文化活动领域里，这样的超常规思维的现象很多，活动的多样化要求策划人员的思维模式也必须是多样化的，这是活动策划人的基本能力之一。

三、信息资料的处理能力

现代信息对群众文化活动的作用是不言而喻的，离开了信息，活动的策划就无从谈起。在某种角度上说，策划人对信息资料的处理能力直接关系到该项活动的质量。具备信息处理能力需要多方面的要素和要求，归纳起来主要表现在三个方面。

(一)全面占有资料的能力

群众文化活动的社会性和群众性使活动的内容、方式所涉及的信息面很广。策划人员在策划活动时必须从不同的角度和侧面去分析群众的文化心理及需求,如果所获得的信息面过窄,其创意的思路就要受到局限,因此不同领域、不同范围、不同角度的信息都要引起策划人的重视,只有大量地占有信息才能保证策划人员的创作思维空间。

许多群众文化单位的活动策划人员都有自己的艺术专长和艺术倾向,在信息的收集整理过程中自觉或不自觉地表现出对信息的好恶倾向,常常将自己理解或有好感的信息保留下来,将自己不理解或不愿接受的信息淘汰出局,由此不可避免地出现对文化活动的判断失误。例如,有些年龄大的策划者偏爱民间传统文化艺术,对外来文化有着莫名的排斥心理,在策划节日广场文化活动时,将街舞等外来文化信息排除在外,在无意之中伤害了青年人的文化需求热情。由此可见,信息资料的占有不能依据策划人员的好恶而定,必须根据文化活动本身欲达到的目的和内容的需要来决定信息的取舍。

(二)多种手段收集信息的能力

在现代化的信息社会里,群众文化信息的获取手段是多种多样的,活动的策划人员必须掌握多种手段才能满足现代群众文化活动发展的需要。在通常情况下可分为三种方法。

1. 网络媒体收集法

利用现代互联网的科技手段收集相关信息,这是获取横向信息的普遍使用方法。这种方法快速、简便、涉及面大,达到了"秀才不出门,便知天下事"的功效。各类媒体的宣传报道也是获取信息的有利渠道,报纸刊物、广播电视的记载性和可视性较强,可供策划人员反复思考和利用。

2. 档案资料收集法

档案资料收集法是获取纵向信息的主要来源，通过文字、图表数据及可视性资料等为策划者提供了丰富的历史经验。策划人应当通过档案资料了解和掌握群众文化活动的规律，避免走弯路，重蹈覆辙。

3. 体验实践收集法

网络信息和档案信息虽然为策划人员提供了高质量的获取平台，但它们都有一个共同的缺陷，即欠缺策划人与活动受众的直接交流，感性体验不足。群众文化活动最重要的是群众参与，仅凭大量的间接信息无法感受到群众真正的文化需求心理，策划人的实践体验可以弥补这方面的不足。

策划人员的直接信息收集可通过在工作中的实践积累，深入群众、加强互动交流和参与各类活动的观摩学习等方法来实现。不愿到生活中去收集信息的策划人不可能成为优秀的群众文化策划者。

(三)提高对信息资料的整理分析能力

群众文化活动的策划者应具备处理信息的能力，要能够从获取众多杂乱无章的信息中提取可用信息，并熟练地运用到策划设计中去，这是每一个活动策划人的基本功。

处理文化信息要经过"获取"、"鉴别"、"提炼"、"归类"、"筛选"、"应用"等过程。策划人要熟知每一个信息处理阶段的方法和要求。群众文化活动的类别不同，目标和规模不同，其对信息的要求也不相同。活动的策划人在处理信息之前必须要对拟举办活动的相关情况进行详尽解析，提前对所需信息的方向及种类做到心中有数，避免在处理信息时出现无效劳动，影响策划设计质量。

四、对活动项目的判断分析和预测能力

群众文化活动策划人员的判断和预测能力在整体策划过程中起着十分重要的作用，缺乏预判的设计方案会给实施方带来许多不确定因素，运作过程中在问题面前常会表现出不知所措。活动策划人若心中无数，时常会将这种状态传染给承办方，这种现象一旦发生，该项活动失败的概率就会增大。

(一)策划人要对自己设计的活动布局和方案所产生的结果和效果做出判断和预测

在群众文化活动的策划阶段，策划人对活动的目的、内容形式、设计原则和要求等方面的信息掌握应当是最全面、最有发言权的。对策划设计的各类布局和安排所产生的效果应当心中有数，并有足够的信心。策划人应当及时将这个信心及预测的效果传达给决策方和承办方，使策划与决策成为有机的整体。承办方的有效实施来源与策划方的有效策划，策划人应对自身设计的方案具有准确的预判能力。

(二)策划人的策划设计不是在封闭的环境中进行的，而是要面对许多与活动相关的不确定因素的影响，而这些不确定因素又往往关系到活动的最终结果

策划人必须对涉及的各种因素进行分析，做出对活动结果的最终判断。这项判断要明确外来因素的数量和对活动影响的程度，哪些需要考虑，哪些需要排除，最终对活动能产生何种结果。例如，北京市天坛公园连续数年在春节期间举办文化周活动。活动策划方案根据公园的历史资源设计了清代祭天仪仗表演和祭天乐舞表演活动，并对策划方案进行了有效预测。在该项活动的策划过程中，外部因素产生了重大影响，而且每年的反应均不相同，如史学专家和民俗专家的反应，社会舆论的反应，旅游部门和园

林部门的反应，文化主管部门的反应，等等。活动的策划人应当将这些外部反应进行分析，做出判断，并根据判断结果对设计方案进行有针对性的修改和变更，为主办方提供决策依据。

（三）正确的判断可使大型活动进入良性运转状态，而错误的判断，则会使决策单位产生错觉和误导，其后果不堪设想

对活动的判断要贯穿策划阶段的全过程，要对每一个环节都做出明确的结果目标，并做出可行性推测，活动结果的预测是根据各阶段的判断结果做出的，预测的结果是否准确，与各阶段的判断有直接的关系。

群众文化活动的策划人员要充分认识判断与预测之间的关系。判断的依据是获取的各类信息和活动面对的实际条件等因素，而预测的依据是判断的结果。没有信息就没有判断，没有判断就没有预测。也就是说策划人员必须经过详尽的调研后才能做出判断，而预测更不是策划人的主观想象得出的论断。在实际工作中，策划人不愿意做细致的调研工作，主观臆断的现象时有发生，这是一种不良作风，必须克服。

五、策划意图的表达能力

群众文化活动的策划人员必须要具备多种形式的表达能力，这是综合素质的重要组成部分。在活动的策划过程中，策划人仅凭静态信息是无法设计出高质量文化活动的，必须还要通过大量的动态信息来加以补充。亲身采集、互动交流、实践体验是获取动态信息的主要来源，策划人员没有良好的表达能力就无法进行有效的信息采集。

群众文化活动是具有人与人直接进行情感交流特点的文化行为，活动策划人要捕捉群众需求热点和需求心理，必须要通过参与群众生活去体验和发现，个人的亲和力和表达能力在与群众的情感交流当中起着重要作用。

在群众文化活动的策划过程中，策划人要不断地将策划意图、设计构思及相关情况与活动的主办方、承办方及社会有关方面进行沟通，争取相关单位的支持和理解。活动的策划部门应采取多种方式将自己的设计思想和创作思想表达出来，如工作汇报、学术交流、媒体宣传、座谈讨论，等等。上级部门和社会的支持力度在很大程度上与策划人的表达水平有关。

在通常情况下策划人的表达方式有以下几种。

(一)文字表达：策划活动的主体表达方式

各类信息的收集，各种因素的分析，针对实际状况的研究，呈送上级单位的书面报告和最终策划方案的形成等，都要靠文字来表达。包括文字资料、数字统计、表格分类等。

活动策划人应具备用精炼的文字表达完整内容的能力。在实际工作中，一些活动的策划人员总是担心没有将问题表述清楚，于是反复说明、反复论证，结果造成逻辑混乱，反而什么都没有说清楚。因此，文字简练、逻辑清晰、层次分明、重点突出是对活动策划人员文字表达能力的基本要求。

(二)语言表达：重要的交流性表达方式

各类信息的传递、经验交流、会议的发言、向上级领导机关的汇报等，经常需要用语言表达方式来体现。包括口头语言、形体语言和艺术语言等。

活动创意的传达往往是通过策划人的语言表达来体现的，语言是人们情感交流的最佳方式，也是对文字表达的有力补充。对于群众文化工作者来说，语言具有情感表达力、形象感染力、说服鼓动力及诚实可信感是对其语言表达能力的基本要求。

（三）可视性表达：一种资料性表达方式，又是配合文字语言的辅助性表达方式

通过包括图片、录像、光盘、影视等手段，进一步丰富其他表达手段的内涵，使其更加形象、立体、生动，同时又具有收藏性和资料性。

在现代群众文化活动的策划过程中，运用可视性表达方式是一种普遍应用的方法，它可以增加表达对象的形象感和想象力，提高对表达内容的理解程度，从而减少了文字表达和语言表达的压力。典型适量、类型齐全、说服力强、形象生动是对策划人可视性表达能力的基本要求。

（四）网络平台表达：现代化的传播方式，通过网络传达设计理念和创意思想，是最快速的表达方法

策划人可以在不受情感影响的氛围中，完整地阐述策划理念，并迅速获得不同角度的反馈，受众面之大是其他方式不能相比的。

利用互联网来表达文化意象和文化理念是群众文化活动策划人员必须掌握的技术，这是现代科技发展的结果，是群众文化事业飞速发展的需要。策划人通过网络平台可以感受到时代的气息和改革的脚步，对提高策划人的综合素质具有重要意义。但在网络平台中得到的反馈声音可能是杂乱无序的，不同的角度、不同的目的、不同的价值观念会发出各种各样的信息，因此策划人员应当具有较强的分辨力、耐受力、亲和力和较强的悟性。

（五）媒体宣传表达：社会影响面最大的表达方式，也是传播当代群众文化理念的最佳平台之一

活动策划人可通过各类媒体系统地传达策划设计意图，从而达到宣传目的。

媒体表达包括：新闻发布、广播电视专题专访、发表文章、

现场调查等。群众文化活动的策划人应在突出主题、捕捉亮点、面向群众、服从全局等方面下功夫，使媒体宣传表达能够有的放矢。

六、策划方案的编写能力

（一）策划方案由创意方案发展而来，是策划活动的最终结果，是策划人策划意图的集中体现，也是组织实施单位实际操作的根本依据，因此策划人对策划方案的编写能力是衡量其综合能力的主要内容

群众文化活动的策划者应对活动创意方案和策划方案的特征及作用有明确的认定，并掌握各自编写的规范。在实际编写策划方案的过程中，策划人为了提高方案的感染力，将创意方案中的某些内容和形式融入策划方案之中，使方案更加生动、活泼，这是可取的。但策划方案的编写者必须认识到策划方案与创意方案有明显的不同，两者不可替换。

群众文化活动的策划方案与实施方案也有重大区别，前者是活动的设计布局，而后者则是任务的实施分配，两者的目的不同，其方案编写者的思维方式也不相同。一些活动策划者在编写策划方案过程中经常出现越位现象，将实施方案中的任务分配、具体时间安排等写入其中，给活动承办方的运作带来很大的不便。活动的策划阶段是活动的未来时设计，策划人无法知晓承办方的具体运作过程和工作风格，就像盖楼房的工程设计师在设计图纸时无法预测施工单位哪天拉吊车，哪天拉水泥一样，应严格掌握策划方案的编写原则和规范。

活动的策划人员应掌握在中小型文化活动经常使用的简易方案编写方法，这是基层文化单位普遍运用的方式。这种方法简单明了，没有明显的策划方案和实施方案的界限，适用于规模较小，内容单一的基层文化活动。

(二)策划人必须明确认识到，策划方案的编写过程贯穿于整个策划行为的各个阶段，是对全部策划设计的全面总结，是活动的承办方实际运作的基本依据，策划方案的可运作性是活动策划人必须遵守的重要原则

策划方案的起草者应熟练掌握编写方案的规范、结构和基本要求，应熟知活动实施过程中的一般流程和规律。在条件允许的情况下尽量与承办单位进行接触，了解其实际能力和工作特征，使策划方案的针对性和实用性特征更加突出。一个好的策划方案应做到：结构严谨、内容全面、重点突出、逻辑性强，最大限度地为承办方提供运作依据和方便条件。

【思考题】

1. 群众文化信息要素有哪些？
2. 适合群众文化活动的创意方法有哪些？
3. 简要论述群众文化活动策划的一般方法。

第三章　群众文化活动的策划(下)

【目标与要求】

要求学员通过对本章的学习，掌握群众文化活动策划过程中的相关专业应用知识。包括群众文化活动的设计要素；群众文化活动的设计；群众文化活动的宣传设计；群众文化活动策划阶段的组织设计。并能将上述知识运用到具体策划活动中去。

第一节　群众文化活动的设计

群众文化活动的设计是策划方案的核心部分，是实施方案主要的操作依据。活动的策划人员所做的一切工作都是围绕活动设计为中心进行的，活动质量的优劣很大程度上取决于策划设计的质量。群众文化活动的设计应按照一定的规范进行，任何随意和无序行为都会给群众文化活动带来不必要的损失。

一、群众文化活动设计的依据

群众文化活动的设计不是策划人任意构思的结果，要依据一定的规范进行。具体表现在以下几个方面。

(一)活动的性质和规模

1. 活动的性质在很大程度上决定了构思的总方向，不同性质活动的构思角度是不同的

群众文化活动的策划设计要依据三个与性质相关的要素进行构思。

首先，要保持群众文化活动的公益性本质。公益性文化活动与商业性文化活动有本质的区别，从创意动机、策划目的到设计方向及运作方式方法都有巨大区别。群众文化活动是公共文化服务体系中的重要组成部分，满足广大群众的文化需求，提高全民的精神文明素质和文化素质是活动的根本目的。因此，活动策划人从策划的初始阶段就要把握住活动的公益性方向。

其次，群众文化活动的策划设计要体现审美性、趣味性和艺术性，但最重要的依据是群众性。策划人的任何创造性设计构思，无论多么精彩都要以满足群众的文化需求为原则。对于群众文化事业来说，脱离了群众的活动设计没有实际意义。活动的群众性是策划人必须时刻遵守的设计原则。

最后，寓教于乐是群众文化活动的基本形式，群众通过娱乐活动必定要有所收获，如精神上得到满足，知识上有所斩获等。活动的策划人必须牢记群众文化的宣传教育功能，要把社会效益摆在首位，始终坚持社会主义文化的先进性。

2. 活动的规模对构思具有重大影响

不同规模的群众文化活动，在构思方向、设计模式、经费使用、机构设定及内容形式布局等方面都有很大区别。活动策划人要根据不同规模的群众文化活动特征，进行不同的构思设计。

小型活动的自娱性、可变性和形态的松散性；中型活动的传播性、普及性和知识性；大型活动的引导性、示范性和综合性等方面的特征，是策划人在活动设计过程中应当注意的因素。

（二）活动预期达到的目的

虽然群众文化活动的总体目的是满足群众的文化需求，但具体到每一项活动时，又有其不同的具体目的。群众文化活动往往是针对不同的群体的共同文化需求而开展的不同活动。内容的构思者必须围绕着活动的目的进行设计，不能超越这个界限。

1. 主办方的动机确定了活动的方向

活动的策划人员是受主办方的委派进行活动策划设计的，其策划结果要向活动的主办方负责。主办方的动机和目的是策划人进行工作的依据，策划构思的意向和设想必须要符合主办方的动机需求，否则便成为无效劳动。

2. 活动的主题决定了内容、形式的范围

除了小型群众自发的娱乐性活动外，由群众文化单位举办的每一项群众文化活动都有其活动的主题，如"美丽乡村"、"和谐家园"、"庆祝新中国成立 60 周年"，等等。活动的策划人在设计活动时必须要根据活动的主题来策划活动内容和形式，在大型和综合型文化活动中可以设立主项内容和副项内容，主项内容是表现活动主题的核心部分，副项内容是对活动主题的有力烘托。策划人的任何创意和设计都要以充分表达活动的主题为目的，内容和形式要为主题服务，不能喧宾夺主。

3. 群众的文化需求和热情决定了活动的氛围

群众文化活动中的群众广泛参与是活动的突出标志，没有群众的参与就不能称其为群众文化活动。无论创意和策划多么新颖的文化活动，如果得不到群众的认可和支持，其活动同样不会获得成功。例如，南方某文化古城与北方某文化古城开展文化交流活动，策划人经过了精心策划设计，举办了地方戏曲互换演出活动。由于文化审美习惯和语言表达方式的差别，群众的反应十分冷淡，致使活动的效果受到影响。两地的策划部门没有灰心，经过广泛的社会调研，第二年举办了两地民俗风情文化展示活动，得到了广大群众的欢迎，活动取得巨大成功。无数的实例证明，活动策划人必须将群众对活动的态度作为设计的重要依据。

（三）活动内容的要求

活动内容是总体构思的核心依据。相同性质、相同主题的活动由于内容的要求不同，其构思的角度也不同。例如，某文化馆为了迎接北京奥运会，分别举办了"老年登山比赛"和"少儿围棋比赛"两项活动，同是公益性活动，同是以北京奥运为主题，同是群众性体育比赛活动，但活动内容和范围不同其构思设计的重点也存在较大差异。老年登山活动的设计内容是"登山"，于是便围绕着老年保健进行构思设计，增加了保健知识咨询、健身用品展销等活动内容。少儿围棋活动的设计内容是"围棋"，于是便围绕着智力开发进行构思设计，增加了棋类知识有奖问答、趣味知识比赛等内容。

内容是构思的依据，同时又是开启构思灵感的钥匙，许多有创意的设计都是受内容的启发而成的。内容和形式是构成社会文化活动的主要部分，内容是核心，形式为内容服务，并随着内容的变化而变化。内容的创新和变化对构思者灵感的产生具有重大影响。同时，广大群众也会从新的内容中得到新的或更深层的启迪。例如，民间秧歌在北京拥有深厚的群众基础，于是策划人产生了创编北京新秧歌的创意构思；某城市的群众合唱活动很受群众欢迎，于是策划人设计了全市群众歌咏比赛活动。由此可见，活动内容为策划人的设计构思提供了广阔的空间。

（四）相关政策精神和法规的限定

为了满足广大群众的文化需求，构思人可以充分凭借想象力去进行大胆的设计。但这个设计不管多么大胆，都必须以当前我国的大政方针和相关法律为依据。

政策和法律既为群众文化活动指明了方向，又为策划人提供了设计依据。尤其是大型群众文化活动，从项目立项、安全方案的制定到宣传口号的使用等，都必须经过相关部门的审查和确认，活动策划人的任何创意设计都不能超出政策和法律的允许范围。

我国改革开放几十年来，广大群众的思想观念、社会生活、经济状况都发生了重大改变，不同的价值观念带来了不同的文化需求和不同的文化理念。在实际生活中人们对新生事物的接受速度是不一样的，文化背景的差异带来了多样的文化需求。我国社会主义建设的飞速发展使新生事物层出不穷，活动的策划人在满足群众的文化需求时必然会遇到或这样或那样的问题，当全新的文化创意或设计意向产生后，群众不一定会立即接受，宣传和推广新的理念往往需要政策上的支持。如党和国家发出构建和谐社会的号召，加大了文化建设的支持力度，各项政策向基层文化事业倾斜，于是基层文化活动得到了飞速发展，策划人创意设计出丰富多彩的文化活动使老百姓得到了实惠。

群众文化活动的策划人员的一项重大任务是弘扬先进文化，限制落后文化，抵制腐朽文化。由于我国还处在社会主义初级阶段，社会上的负文化现象依然存在，一些封建迷信、庸俗愚昧的内容和形式，仍然吸引着少部分文明素质有待提高的人们。同时，随着改革大门的敞开，西方一些极端个人主义、享乐主义和金钱万能等负面思想也不时地向群众文化领域渗透，广大群众文化活动的策划者有义务、有责任抵制负文化现象的蔓延，保持群众文化活动阵地的先进性。在这个过程中，策划者需要相关法律的保护和支持，依据相关政策和法律进行群众文化活动的设计策划是对自己最好的保护。

二、群众文化活动设计要素分析

(一)经费的质量和数量

活动经费对整体构思十分重要，也是全部策划的先决条件，它决定了活动的规模和质量。没有经费信息的任何构思都会使策划人的策划失去依据，从而导致活动的失败。对于活动经费要素应从以下几个方面进行分析。

1. 经费的来源

群众文化活动由于组织形式的多样化，使活动经费的来源也呈现出多样形式。由政府主办的群众文化活动经费一般主要是政府出资支持，但这并不是唯一来源，社会的赞助、企业的支持、有偿经济收入等都是有力的补充。活动的策划人必须要对经费的来源进行分析，要明了提供经费的单位数量，单位的性质和类别，单位自身的经济状况，等等，做到心中有数。群众性小型活动的经费多来源于群众自己的筹集，由于数量较少，规模较小，一般不在策划人员的设计范畴。

2. 经费的质量

活动的策划人要清楚活动经费的质量情况，并对三类情况进行分析：经费的合法性——群众文化活动在计划活动经费时必须要核实是否有正常的行政审批或法律合同，如果是企业赞助或社会力量资助，必须要完善法律手续，否则不能进入策划设计流程；经费的可靠性——活动策划人对经费的设计规划不能仅凭出资方的承诺，更重要的是分析经费准时到位的可能性，如果不确定性过大，则在设计活动时必须要有应急性布局；经费的表现形式——由于活动经费的来源不同，因此经费的表现形式也会各异，不一定全部以货币形式出现。如赞助单位减免食宿费用，无偿提供矿泉水，等等。这些内容都应计入成本作为经费分析范畴。

3. 经费的数量

经费的数量是保证活动规模和质量的决定性因素，因此对数量的分析应更加具体准确。活动策划人要确定活动各阶段经费应到位的数量，掌握预算经费和实际到位经费的差距，研究解决经费差距的渠道和方法。活动策划人应以经费实际的确定数额为依据，计划和预测可能到位的数额只能作为参考因素，而不能作为可分配数额进行设计。

4. 经费的分配使用

在确定活动经费数额以后，策划人应根据活动各项设计内容的实际需要进行经费使用定量分配。在分析经费时应注意四个方面：第一，其分配的范围应包括活动的各个方面，如活动内容、后勤保障、宣传鼓动、安全保卫及办公用费等，不能留有死角和空白；第二，经费的使用必须首先保障活动效果的最佳体现，坚持以活动内容为中心的分配原则，将经费的主要部分用到群众文化活动的业务性需求上；第三，坚决反对铺张浪费，坚持勤俭的原则，经费的使用要以保证活动的实际效果和满足群众的文化需求为标准，而不是其他；第四，活动经费的分配使用设计应当留有余地，保留机动性空间防止在活动发生变动或意外时束手无策。

(二)操作队伍的能力和特点

在大多数情况下，群众文化活动的主办方在确定活动项目的同时，就已经对活动各承办方有了大致的认定。群众文化活动的操作队伍是活动策划的关键因素，策划人在每一项活动的构思前都要对承办方和操作队伍的实际能力及特征进行分析。策划设计中的活动布局、运作方式、机构设置及运作步骤设计等都要根据队伍的实际能力进行安排，否则一切设计就变得无的放矢了。

对操作队伍的分析可从技术能力、组织控制能力和综合素质三个方面进行。

1. 技术能力

将活动设计中所需要的技术要求与操作队伍的技术水平相比较，如文艺演出的节目编排能力，各类器材设备的操作能力，演出舞台的设计和布置能力，等等。如果分析结果出现了操作队伍的技术水平与活动的要求严重不符，则须在实际活动时考虑降低技术难度，或向主办方建议更换相应的技术人员。

2. 组织控制能力

群众文化活动的规模和运作的复杂程度与承办单位的组织实施能力有着直接关系。其中包括指挥能力、协调能力、应变能力、计划实施能力等。不同形式的文化活动对组织实施能力的要求也各不相同，策划人应在活动设计当中对组织实施提出相应的要求和标准，并在策划方案中得到体现。

3. 综合素质能力

活动承办方的队伍综合素质对活动的质量保证起着至关重要的作用。如队伍的敬业精神、工作效率、思想观念及内部工作关系和相互之间的和谐程度，等等。

除了对操作队伍的能力进行分析外，要特别注重对其特色的分析，包括操作风格、工作模式、人员结构、管理作风，等等。操作队伍的特点影响着活动特色的形成。例如，一个朝气蓬勃、雷厉风行的操作队伍可能将活动运作得风风火火、热热闹闹。一个作风严谨、工作细致的操作团队就可能将活动办得精致有序、耐人回味。活动的策划人千万不可忽视承办方的特征，这很可能成为策划设计中锦上添花的因素。

(三)构思人自身所具备的素质

在一般情况下，群众文化活动的策划人在设计活动时都将精力放在项目本身，很少在设计前对自身的能力进行分析，但在大型群众文化活动的策划过程中，策划人员的自我分析是必不可少的。大型活动的策划人员在很多情况下都是由几个单位或多个部门的人员组合而成，每个策划人员的思维特征构成了整体策划的风格。对策划能力的综合分析不但可以增进相互的了解，而且还可以充分调动每一个人的特长，有利于策划设计水平的提高。策划构思人的素质对总体构思的质量起着至关重要的作用。

对于群众文化活动来说，优秀的活动策划设计一定是将艺术审美、布局搭配、气氛渲染三者有机地结合在一起的，因此构思人除了需要具备策划人的基本素质外，还要具备艺术鉴赏能力、整体布局能力和环境适应能力。活动策划单位应对策划人的思维习惯、构思风格、审美修养、价值取向等方面进行系统分析，它们决定了活动的设计质量。

(四)实际条件的可利用度

实际条件是指活动的承办方对可控条件的把握能力。包括财力物力、设施设备、操作队伍、环境条件等。这些都是群众文化活动必不可少的硬件条件，更是活动策划设计的重要依据，活动策划人必须要对活动所具有的实际条件进行分析，做到心中有数。

1. 活动应当具备的条件

根据活动本身的需要，确定完成活动内容必须具备的条件类别、数量和标准。例如，某社区拟举办夏日广场文艺演出活动，演出场地、表演舞台、参演节目、音响设备等条件就成为活动策划人首先要考虑的要件，缺少任何一个条件活动都无法进行，这些条件就是必备条件。

2. 活动可以具备的条件

这是指活动的主办单位或承办单位可以为活动提供的可用条件。例如，某单位拟举办群众性歌咏比赛，本单位或相关单位的职工俱乐部多功能厅可作为比赛场地，那么这个多功能厅就是可用条件。

3. 活动没有具备的条件

在保证群众文化活动正常开展的必要条件中，由于某些条件的短缺或不符合活动要求而影响活动效果的部分，被视为没有具备的条件。例如，某个多功能厅为单位歌咏比赛提供了条件，但多功能厅内音响设备已损坏无法使用，那么这个条件就成为没有具备的条件。

4. 活动条件的评估

活动策划人将应具备的条件与没有具备的条件进行对比，分析出短缺条件给活动带来的影响程度，并研究如何最大限度地发挥可用条件的作用，寻求没有具备条件的解决办法和渠道。例如为举办群众性歌咏比赛，将作为可用条件的多功能厅进行环境装饰和布置，再向其他区单位借用或租用音响设备解决没有具备条件的困难。

三、群众文化活动的布局

群众文化活动的布局是对活动的全面规划和安排，是策划的重要部分，没有合理的布局设计，活动就会成为一盘散沙，杂乱无章。包括：内容的布局、形式的布局、人员的布局、场面的布局、环境气氛的布局、后勤保障与安全保障的布局等。对于各类布局设计应掌握以下原则。

(一)内容布局

群众文化活动的内容是指以文化艺术活动样式为主的基本构成，如音乐、舞蹈、戏剧、曲艺、美术、摄影，等等。

①活动内容布局应以活动的主题为核心，始终将活动参与者的注意力集中到表现主题思想上来。例如，举办以歌颂祖国为主题的演唱会，策划人所设计的各项内容都应围绕着伟大祖国这一

主题展开,而不能游离于主题之外。

②活动布局应注意内容的连贯性和延续性,策划者在形成创意构思时需要连贯的思维,群众在参与活动时同样需要连贯的思维。活动内容的断裂会使群众的思路中断,从而失去参加活动的目标。

(二)形式布局

活动形式是活动的外在表现,会对群众的感官产生直接效果,如比赛、展览、辅导、演出,等等。

①活动形式要与内容保持高度的一致,并要服从内容的需要。例如,群众文化成果的展示,则采用演出和展览的方式比较合适;文化艺术知识的传授,则采用辅导和培训的方式比较合适;群众才艺的检验,则采用比赛的方式比较合适,等等。

②同一项活动中,在不违背内容要求的前提下,尽量采用多种形式的表现方法,以丰富活动的感染力。活动形式过于单一会使群众产生疲劳感。

(三)人员布局

参加群众文化活动的实施人员大致可分为三类,即指挥人员、岗位操作人员和专业技术人员。活动策划者在进行人员布局时,应对各类人员的岗位特征进行全面了解,并依据各自的特点进行布置和安排。

①指挥人员在活动中的人数很少,但掌握着决策权。他们的工作特征是管粗不管细,也就是说工作的重心是全局而不是局部。在布局设计时要充分考虑到指挥人员的视野不受到限制。

②活动中的各级岗位人员是活动的实际操作者,他们各自履行自己的岗位职责,其工作特点是管点不管面。布局设计应保证岗位人员的注意力不受干扰。

③包括演职人员在内的专业人员是技术含量很高的特定人员,

他们的工作专业性很强,其特点是管事不管人。在进行活动的布局中,应尽量减少他们的人际交往数量,创造安静的构思环境,保证艺术内容的完整。

(四)场面布局

群众文化活动的场面是指在活动当中,现场内表现出来的情景和状态,这对现场群众的情绪产生着重大影响。活动场面的布局应把握住三个原则。

①在大型活动中,大场面的布局要重视声势的设计,要使现场的群众感到震撼,并产生冲动。大气、宏伟、宽广、有序,应是大场面布局的特点。

②在中小型活动中,小场面的布局要重视气氛的设计,要使现场的群众感到温馨、亲切,产生交流的欲望。和谐、包容、轻松、随意,应是小场面的布局特点。

③群众文化活动场面的布局应当跟着形式走,视活动形式的类型而定。无论何类文化活动,其形式的选择都要取决于活动的内容和主题,活动的形式直接与场面的布局发生联系。活动的策划者在进行场面布局前,一定要对活动的形式进行分析研究,并与其保持一致。

(五)环境布局

群众文化活动的环境布局十分重要,尤其是大型活动的环境布局,对整体活动效果产生着重要意义。在环境布局的设计中,应注意两点。

①场内环境与场外环境要做到内外有别。场内环境的布局要以保证活动内容所需的气氛和氛围为主,要与活动的艺术要求保持一致。场外环境布局要以扩大声势,鼓动宣传为主,力求达到吸引群众、宣传推广的效果。

②具有一定规模的活动现场环境布局都是空间立体布局,如

空中悬挂气球,地上摆放灯箱,等等。策划者在布局设计时应遵循"远看上、近看下"的原则。也就是说,空中和建筑物顶端的悬挂物和广告标语等装饰物,要醒目、直观、内容简洁,让广大群众在远处就能一目了然。场内地面上的布局要做到精致、细腻、内容丰富、感染力强,能够让现场群众近距离地观看和品味。

(六)后勤布局

群众文化活动的后勤保证,是一项十分精细又十分烦琐的工作,在工作中不但要配合默契,而且还要随着活动的变化而不断地调整和补充。活动后勤的布局设计必须要符合后勤部门的工作特征,否则就很难实施。

①根据活动的实际需要,将后勤任务和项目进行细化和分类,并按照具体任务划分成若干个行动部门或小组,做到组织健全,不留死角。然后按照活动的流程,将各行动小组与活动的具体需求部门挂钩,实行任务分类包干制。

②在开展群众文化活动的实际工作中,突发状况和运作变化是不可避免的,因此后勤保障也时常处在不断的变化当中,如果处理不好就会产生十分被动的局面。因此,活动后勤布局的设计者应当在该系统中设立中枢指挥调配机制,负责变化状态下的全线行动。中枢指挥系统的分支神经直接放射到各后勤保障部门或小组,就好比蜘蛛的触角。在正常情况下各部门按计划运作,但当后勤需求发生变化时,中枢系统立即向相关部门发出指令,该部门则迅速对原有任务进行调整,我们将此种布局称为"蛛形布局"。

(七)安全保障布局

任何群众文化活动总是将安全放在第一位的,这是活动保障的前提。在制订活动安全预案时,首先遇到的就是安全保障的布局。群众文化活动的突出特征是其群众性,人员众多,环境复杂给安全保障带来了一定的困难。对安全保卫的要求,公安部门早已有明文规定，应坚决遵照执行。其中有两点应特别需要注意。

①重点部位专人负责。群众文化活动的现场重点部位很多，如演出舞台的顶部灯区，活动现场的疏散口，易燃易爆部位，等等。每一个关键部位都应当增派具有实际运作能力的专人进行控制，防止意外发生。

②群众场面定时流动。在遇到大型群众文化活动和大型群众场面时，应当派一定数量的保卫人员进行流动巡视，其主要任务是维护现场秩序，处理突发事务。

四、群众文化活动的创新要素

随着我国群众文化事业的高速发展，广大人民群众对群众文化活动的需求有了明显的变化，在需求数量不断增加的同时，群众艺术的审美质量也发生了很大的变化，广大人民群众已经将群众文化活动与个人的生活紧密联系在一起，成为其生活有机的组成部分。时代的发展要求群众文化活动必须与时俱进，人民需要一个能够引导群众共建文明的现代化群众文化事业，没有创新就没有前途。

近年来，全国群众文化活动从表现形态到活动理念都发生了很大变化，活动的内容越来越丰富，活动的形式越来越多样，群众参与活动的范围越来越广，至今仍然保持着强劲的发展势头。群众文化活动不断创新、不断发展的原因主要来源于三个因素。

(一)群众对文化需求的兴趣变化和心理趋势

国家实行改革开放政策几十年来，广大人民群众的眼界打开了，呼吸到了家门以外的空气，感受到了五光十色的屋外风光，但同时也听到了各种声音，嗅到了各种气味。人们观察世界的角度正变得多样化、复杂化，由此带来了思想认识的多样化和生活理念的多样化，这是社会发展的必然。社会结构的变化和生活方式的改变，自然要反映到群众文化活动上面来，这主要表现在两个方面。

1. 群众对文化活动的需求点和兴趣点增多

多年来，经过几代群众文化工作者的辛勤劳动，群众艺术的魅力已经在广大群众的心里深深扎根。无数专业艺术工作者走近群众，深入基层，为艺术的普及作出了巨大贡献。随着广大群众文化素质的不断提高，人们逐渐消除了对艺术的神秘感，过去被人们认为那些高不可攀的、只有艺术家们才能问津的小众文化，正在进入大众文化的视野。人们不再把文化艺术当作消遣的游戏，而是作为精神食粮来满足自己内心世界的文化需求，这是质的飞跃，是改革开放以来的巨大成果。

2. 群众参与群众文化活动的自主心理正在增强

在通常情况下，群众文化活动的传统组织方式一般都是由相关的群众文化机构进行组织，群众在活动中接受规定的内容，并按照活动组织者设定的流程进行活动，我们将其称之为接受型活动。近年来这种状况正在发生变化，接受型活动正在面临着挑战和考验。群众自发组织，按照自己的意愿自由结合，按照自己的需求选择内容，按照自己喜欢的方式进行各种群众文化活动，无论走到哪里都会见到这样的活动方式，比比皆是，如火如荼，我们将其称为自主型活动。

群众自我管理，主动参与心理意识的增强，给各级群众文化机构提出了新的课题，再用传统的等待群众上门活动的服务形式，很难满足大多数群众的文化需求，必须进行创新和探索。

(二)经济和科学技术的发展因素

我国经济建设的飞速发展改变了人们的生活环境，同时也改变了文化环境。高速公路、铁路的快速发展缩短了城乡之间的距离，微信、互联网络的普及应用，缩短了人们信息交流的距离。电视联网走进农村千家万户，正在迅速改变着农村地区的生活理念和文化理念，生活富裕起来的农村群众的文化消费水平也在不断增加。这些因素都大大促进了我国群众文化活动水平的整体提高。

科技的发展大大开阔了广大群众的眼界，极大丰富了群众文化活动的表现手段和交流方式。老年人拿起照相机加入了摄影协会；公园里的老大妈将自己所学的舞蹈用电脑发到网上，供同伴们交流和欣赏；无数从互联网上下载的歌曲被用到了群众文化活动中，等等。过去从未想到过的方式，现在正在被人们熟练地应用。群众文化活动科技含量的增加，对文化馆、文化站等群众文化机构提出了更高的要求，群众文化工作者的综合素质必须要跟上时代的脚步。

(三)不同地区、不同人群的审美特征

我国是一个多民族、地域辽阔的国家，几千年的文明历史造就了中华民族丰富多彩的文化环境，这是群众文化活动形成审美特征的源泉。国家现代化的发展是近年来群众文化活动加速多元化和形成个性特征的基本原因。

1. 生活各异、环境各异、风俗各异的各地人民群众，在漫长的社会生产劳动中逐渐形成了各自的文化特征，这是学术界公认的基本理论

群众文化活动是各地群众参加的，满足群众文化需求为目的的活动形态，因此无论从组织形式上到内容表现上，必然要带有各地文化的个性特征，这就是群众文化活动的地域性。

随着社会生产力水平的不断提高，人们对社会事物的认识也在发生着变化，从而群众文化活动地域性的内涵也发生了改变，具体表现在人们审美角度和审美标准的变化。这与各个地区的开放程度有着直接关系，开放程度高的地区人们对新文化、新理念的接受能力就高，开放程度低的地区人们对原有文化形态的依赖度要更大些。各地的经济水平不一样，其开放水平也不一样，这就是我国群众文化活动状态存在差异的重要原因之一。

2. 在现实社会中，每一个人都在承担着相应的社会角色，人们的职业和生活状况的不同，对文化行为的反应也会不同

相同爱好、相同兴趣的人们组合在一起，按照自己喜欢的方式开展适合自身需求的文化活动，于是就产生了由审美情趣相投的人群组合而成的个性鲜明的群众文化团体和团队。群众文化活动特色的形成，在某些方面群众性文化团队的特色起了很大的作用。即使是组织形式相同的文化活动，因参与者的文化需求点不同，其表现出来的特征也会不同。例如，在公园里老年人自发组织的合唱活动，少则几十人，多则上百人，声势浩大激情振奋。参与活动的群众对演唱技巧、气息的运用、声部的和谐没有要求，需要的是忘情的歌唱和对往事的回忆。而由大学生组成的合唱团队，他们选的曲目与公园老年人相同，但需求却大相径庭，学生们对合唱技巧的探索和学习更感兴趣。这两支合唱队伍表现的形式是一样的，但呈现的特征却各不相同，这是由人们的文化需求动机所决定的。

综上所述，群众文化活动的创新与变革始终离不开社会发展的大环境，广大人民群众文化理念和文化需求的变化，是群众文化事业快速发展的真正动力。群众文化活动的历史是不断前进的历史，它从来没有停止过，在每一个历史时期都承担着不同的历史使命。广大群众文化工作者应在深入社会，了解群众上下功夫。创新和改革不是口号，要做扎扎实实的工作，需要群众文化机构和广大群众的共同努力。文化事业的大发展是社会的需要，也是人民的需要。

第二节　群众文化艺术展示类活动的设计

　　群众文化活动的设计是活动策划当中的重要部分，同时又是一项技术性很强的工作。广大群众文化需求的多样化决定了活动类型的多样化，每一类别的群众文化活动都有其独特的设计要求。本节所讲述的内容主要是针对设计理念及应注意的事项等问题进行分析，这是活动策划者应具备的素质，而如舞台灯光安装、器材型号、节目排练技巧、道具服装设计等都是专业技术内容，不在活动策划所论述的范围之内。

一、文艺演出类活动的设计

（一）展示类节目设计

　　所谓文艺演出当中的展示类节目是指带有宣传或汇报性质的节目。例如群众艺术培训班结束后的汇报演出；群众性文艺大赛后的闭幕式演出；主办方有目的地向群众推广某项文化艺术的表演展示，等等。此类型的文艺演出大致可分成下列三种。

1. 汇报展示型节目

　　许多群众文化单位在开展了文艺培训活动或艺术团队排练活动之后，都会通过汇报性的文艺表演来检验活动效果。因此，演出活动的设计人和节目编导应将主要注意力放在参演节目的完整性上面，最大限度地将培训成果展现在观众面前。演出的目的是艺术表现，而不是娱乐休闲，设计的重点在舞台上而不在台下。舞美设计、灯光音响等都要为作品的完整性和演员的最佳表演服务。如果这时设计过多的场下交流环节，就会转移观众的注意力，影响演出效果。

2. 宣传展示型节目

群众文化活动的开展是通过寓教于乐的方式得以实现的。为了达到教育目的，文化部门经常通过群众性文艺演出的形式来传达党和政府的声音，如《纪念香港回归××周年文艺晚会》、《绿色环保宣传演出活动》等。晚会编导在设计此类活动时，首先要清楚晚会演出的目的是宣传，应特别重视观众对演出内容的反应，要把握住三个环节：①节目的选择组合始终不要脱离晚会的主题，其表现形式应以宣传内容为主；②文艺演出的编导要采用多种形式来渲染舞台气氛，有力烘托节目内容，增强感染力；③设法调动场内观众的情绪，增加互动性宣传环节。

3. 介绍展示型节目

在群众性文艺演出中，以向观众介绍文化艺术知识为目的的表演形式即为介绍展示性节目。例如，为了满足广大群众的求知需求编排了一些艺术普及性节目，在表演之前由主持人对该节目中涉及的相关知识进行介绍讲解，观众在欣赏艺术的同时提高了审美水平。这是寓教于乐在群众文化文艺演出中的具体体现，并在这一领域当中广泛运用。

(二)互动类节目设计

为了活跃文艺演出的现场气氛，充分发挥群众文化的群众性特征，在各类文艺表演中经常会加入一些舞台上与舞台下互动的表演节目或环节。有些环节是编导者预先准备好的，有些则是视情况临时把握，大致可分为三种类型。

1. 预设互动型节目

将现场观众作为节目的主要组成部分与现场的演出气氛融为一体，从而产生强烈的剧场效果。编导在展现此类节目时通常会采用三种方法：①观众作为表演主体在观众席的指定位置上就位，与舞台相呼应，按照节目预定顺序进行表演，如 1997 年北京市为了欢庆香港回归，在北京工人体育馆举办了题为《迎回归、颂祖国》大型群众性演唱活动，场内观众席由工人、农民、学生、机关团体、部队战士等各自组成了合唱方阵，与中心舞台交响乐团相互配合，共同高歌，场面十分壮观；②将节目中的部分演员提前安排在观众席当中，按照节目的编排达到台上台下共同表演的效果；③演员在表演过程中走下舞台与观众交流，此类表演在独唱节目和曲艺类节目中最为常见。

2. 配合互动型节目

文艺演出以舞台表演为主，但一些节目需要观众的配合来完成，通过观众的参与达到活跃场内气氛的目的。例如，在魔术节目中邀请观众上台共同表演；在娱乐节目中邀请观众进行模仿表演或配合演出等。此类节目无须事前安排，参与配合表演的观众均由现场随机产生。

3. 随意互动型节目

此类节目一般可分为两类：①文艺表演当中的辅助环节，如幕间采访、晚会前的群众性拉歌鼓动等，此类节目随意性较强，虽然不是演出的必备环节，但在群众性文艺演出当中却是不可缺少的，对提高群众的需求品位和热情具有重要意义；②文艺演出的主体是群众，演出组织单位提供相关设备和条件，由观众自愿报名依次上台表演，此类演出在夏日文化广场和戏曲票房演出中最为多见。

(三)流动类节目设计

在群众文化活动中，流动性的文艺演出是必不可少的。此类演出虽然对节目质量有较高的要求，但其主要目的却是为了达到某种情感的交流或宣传效果。节目的选择和编排都要视服务对象的具体情况而定，在实际运作中很少有大型文艺表演参与此类活动。从表现形式上此类活动可细分为三类。

1. 慰问型文艺演出

虽然广大人民群众享有同等的文化权益，但由于工作性质各异、岗位特点不同、地理位置不便等因素的限制，仍有很多群众不可能经常到文艺演出场所去欣赏艺术表演，因此慰问型的文艺演出就成为群众文化活动的重要组成部分。例如，群众文化机构组织演出单位到工地、车间慰问工人师傅，到海岛慰问驻岛官兵，到偏远山区慰问农民兄弟，等等。由于现场的环境和客观条件不允许在舞美灯光等方面进行大量创作，因此方便演出、小型多样是此类演出活动的基本特征。慰问型演出活动的设计者一般都要在演出过程中加入一些针对现场观众生活或工作情况的小节目，与当地生活结合得越紧密就越容易引起共鸣，从而在情感交流当中达到慰问演出的目的。

2. 走访型文艺演出

所谓走访型是慰问型的重要补充，慰问型所针对的是单位，而走访型则针对的是少数个人，甚至有时演员比观众还要多。例如，在家长期行动不便的老人、医院病房的病人、执勤站岗的军人和工勤人员等。他们是长期处在群众文化活动以外的人群，从参与活动机会的角度上看是享受文化需求的弱者。随着我国进入老龄化社会和农村留守人口增多现象的日益突出，看似数量不多的文化需求弱势人群对群众文化活动的影响却越来越大，他们是群众文化服务对象的重要组成部分，同样拥有参与文化活动的权利。许多群众文化团体在节假日组织各类节目对这些群众进行慰问演出，虽然数量不多但社会影响却很大，体现了群众文化权益的公平性和均等性，对促进社会的和谐稳定具有重要意义，充分展现了群众文化的社会功能。此类演出的节目不宜过多，随意性较强，以情感沟通为主要目的，观众通过观看节目感受到社会大家庭的温暖，增强了幸福指数。在通常情况下，演出单位在组织这样的演出中总要附加一些服务性活动，如为老人打扫卫生，为病人清洗衣物等。

3. 街头型文艺演出

在群众性文化演出中，经常会有一些街头宣传性的演出活动，如世界无烟日宣传、街头环保宣传、科普知识宣传，等等。配合政府进行各类宣传党的方针政策和当前中心任务的街头文艺表演活动，是开展群众文化活动的重要任务之一。节目安排一般与宣传活动同时进行，节目内容与宣传内容紧密联系，节目形式短小精悍、通俗易懂，演出时间大多不超过一个小时。

(四)单项晚会节目设计

在文艺演出当中，表现形式相同的晚会称为单项晚会，如交响音乐会、民族器乐晚会、歌曲演唱会、民间舞蹈专场演出、曲艺专场演出，等等。编导者在设计此类晚会时应把握住晚会节奏和场内气氛两个环节。从节目的组合结构上划分，大致可分为四类。

1. 串珠式结构

按照晚会参演单位将节目依序排列，由晚会主持人通过串场词将节目一个个串联起来，观众从串场词当中加深对节目的理解和认识。这是单项晚会经常使用的结构方式，又称"串糖葫芦式"结构。例如群众性歌咏大会、民间舞蹈会演，等等。晚会的串场词是串珠式结构的关键，应尽量避免简单报节目的方式，主持人在节目演出前要对观众进行适当引导，使观众在欣赏节目之前有一定的思想准备和兴趣取向。串场词或报幕词不宜过长，更不能喧宾夺主，但要有特色，重点要突出。高质量的串场词可使整场晚会锦上添花，反之，则会使观众产生疲劳感或厌倦情绪，严重影响晚会效果。

2. 内联式结构

由于单项晚会的表现手段受到一定的限制，因此节目相互之间的内在联系经常成为晚会编导的重点设计对象。经常采用的方法有以下几种。①按照时间顺序设计晚会结构。例如，在庆祝建党90周年的大型歌会演出中，许多编导都采用了时间排列方法，即将演唱的歌曲按照红军时期、长征时期、抗战时期、延安时期、解放战争时期和社会主义建设时期的顺序进行排列，观众在雄壮的歌曲当中重新领悟中国共产党从无到有、从弱到强的艰苦成长历程。②按照艺术规律和表现特点设计晚会结构。例如，在京剧票友演唱会中将各流派表演进行有机组合，或将彩唱与清唱相结合，达到丰富晚会色彩的目的；在民间器乐专场晚会中将不同器乐的独奏、协奏、合奏相结合，达到不同的艺术效果等。③按照节目之间的内涵设计晚会结构。例如，在相同节目形式的表演中，按照参演人员的年龄进行排列，少年儿童、青年、中年、老年依序出场，在电视晚会，尤其是京剧演唱会上经常采用这种方法；在全国群众民族舞蹈会演中，将不同风格的民族舞蹈或按地区或按色彩进行有机组合，形成绚丽多姿的晚会结构等。

3. 节奏变化式结构

为了避免在晚会中出现平淡乏味，或是雷同重复的场面，编导对演出节奏的把握都非常重视，特别是群众性单项演出就格外重要。每一首乐曲、每一段舞蹈、每一个喜剧小品都有自己的内涵，并形成各自的节奏，晚会编导以每一个节目的内在节奏为依据设计出来的晚会结构即为节奏变化式结构。大致可分为两类。①气氛节奏变化。通过晚会节目的快、慢、强、弱变化，使整场演出产生张弛有度、富有弹性的生动效果。例如，在一曲琵琶独奏《春江花月夜》过后安排古筝演奏节目，观众就会产生重复感，如果将古筝表演改为民间吹打乐《打枣》，则现场的气氛就会立即发生变化。②心理节奏变化。即晚会的节奏改变通过观众的心理变化来实现。例如，在同一场歌曲演唱会当中，不同的曲目会给观众带来不同的感受。《在松花江上》使人永远不忘亡国的苦难；《美丽的草原我的家》把人们带到那一望无际的大草原，心胸豁然开朗；《打起手鼓唱起歌》可使观众兴奋欢乐；《长江之歌》又能让人们肃然起敬。整场晚会就是通过观众内心的跌宕起伏逐步将演出推向高潮。

4. 类型变化式结构

虽然单项晚会节目的种类相同，但每一种艺术自身的类型却是丰富多彩的。歌曲演唱会中可分为美声、民族、通俗等唱法；舞蹈晚会可分为古典舞、民族舞、民间舞及拉丁舞、西班牙舞等外来舞蹈；曲艺晚会可分为大鼓、单弦、相声、琴书等曲种；戏曲晚会可分为京剧、评剧、越剧、豫剧等众多剧种。晚会的编导者可根据本场节目类型的种类数量，合理搭配形成单项晚会多层次、多视点的表演结构，从而达到晚会色彩立体化的目的。

(五)专题晚会节目设计

围绕着一个共同的主题举办的文艺晚会称之为主题文艺晚会，其参演的节目不论何种形式都必须在主题范围内进行。例如，《喜迎党的十八大文艺晚会》的节目构成，应当与党的建设和中国共产党取得的丰功伟绩等内容相关，而类似《昭君出塞》等古典类节目就不适宜在这样的晚会中表演。从表现形式上划分可分成三种结构。

1. 章节式结构

将晚会主题划分成若干个分支主题，以章节的形式加以表现，形成了章节式的晚会结构。例如，北京市西城区金融街社区教育学校的金声国乐团演出了一场以中国古典宫廷音韵为主题的音乐会，全场共 20 首乐曲分成四个章节表演，第一章《宫廷雅韵》由"元平之章""朝天子""进酒"等乐曲组成，表现出皇宫的肃穆和威严；第二章《御苑素描》由"歌舞升平""御婚""清宫夜宴"等乐曲组成，表现出后宫的生活和礼仪；第三章《古谱寻声》由"倾杯乐""水鼓子"等乐曲组成，展示了历史记载的宫廷乐曲；第四章《丝竹润雅》由"寻梦""鼓魄钟魂""喜荣归"等乐曲组成，表现出宫廷音乐对社会产生的深远影响。这是一台典型的章节式晚会结构，四个章节表述着各自的主题，但又都围绕着宫廷音韵这个大主题展开。在大型群众文艺演出中，这样的结构经常被采用。

2. 板块式结构

所谓板块式是指在同一个主题下，按照参演节目的类型进行组合，形成风格色彩各不相同的节目板块，从而达到层次分明、视点清晰的效果。例如，某市举办了《弘扬民族文化》群众戏曲专题演唱会，根据参演节目的类型和观众的特点，编导以戏曲的种类将演出分成京剧、豫剧、越剧、黄梅戏和评剧五个板块，现场观众按照板块的曲目与台上的演员遥相呼应，将演出推上一个又一个高潮。板块式结构的特点是，每个板块内的节目在形式上保持相对一致，使观众在视觉和感觉上相对集中，容易产生共鸣，但各板块之间却没有内在联系。

3. 解析式结构

由于专题晚会的主题性很强，许多晚会的编导在设计晚会结构时，把观众的感受和受益程度放在了十分重要的位置，因此，要通过节目表现的各个环节将节目进行适当剖析和分析，力图加深观众对晚会主题的理解。例如，北京市西城区文化委员会、文化馆于 2012 年 11 月在天桥剧场举办了一场以老北京天桥文化为主题的曲艺鼓曲专场晚会。特邀著名相声演员李菁、王玥波分别以相声和评书的方式将整场晚会的节目进行了串联，他们对如木板大鼓、北京琴书、京韵大鼓、梅花大鼓、西河大鼓等每一个参演节目逐一进行讲解，介绍了各门艺术的形成发展过程、流派分类、与天桥文化的联系，等等。现场观众在此引导下带着非常明确的欣赏动机细细品味着每一个节目的表演，在享受艺术的同时对老北京文化有了更深的认识。这场演出充分体现了群众文化活动的传播功能和特征，取得了非常圆满的效果。

(六)综合晚会节目设计

综合晚会是一种通常在晚上举办的综合性很强的文艺演出类型。其综合性体现在三个方面：晚会主题内涵比较宽泛，如春节晚会、消夏晚会等等，对参加晚会的节目没有特定的主题要求；节目形式丰富多样，各种类型和不同形式的文艺表演大大提高了晚会的感染力，起到雅俗共赏的效果；晚会节目的多样性满足了不同现场观众的文化需求，因此前来观看演出的观众构成也是多种多样的，这一点与专题晚会有着较大区别。

综合晚会的节目设计大致可分为以下三类。

1. 组合节目结构

为了避免晚会节目安排过于松散，艺术编导经常将同类节目进行合并，使之成为一个全新的组合型节目，如歌曲联唱等，使观众的视点更加集中，从而达到预期效果。这一结构与专题晚会中的板块结构有些类似，不同的是板块结构是将若干类型相同的节目组成一个单元，每个节目的完整性并没有破坏，而组合节目结构则可在同一个节目当中表现出多种艺术形式。具体可以分为两种结构。①将类型相近的不同节目片段组合成一个节目，表现出一个共同的主题。如在一个舞蹈节目组合中，将蒙古族舞蹈、维吾尔族舞蹈、朝鲜族舞蹈、藏族舞蹈和傣族舞蹈的片段结合在一起，各舞蹈相互之间没有内在联系，但表现出了我国各民族大团结的精神内涵。②不同类型的演员相互配合，共同完成一个表演节目或项目。如在戏曲晚会上四名表演者分别采用马(连良)派、麒(麟童)派、言(菊朋)派和谭(富英)派四种流派的演唱方法共同演唱了京剧名段《甘露寺》，让观众在一个节目当中欣赏到多种艺术，达到良好效果。

2. 半场节目结构

综合性文艺晚会一般的规模都比较大，时间也比较长，为了保证演出效果，避免观众产生视觉疲劳，常在晚会进行过半时设置中场休息环节，通常要 10 分钟或 15 分钟，于是产生了前半场与后半场分离的晚会结构。编导和设计者在这样的结构中经常采用三种设计方式。①利用中场休息时间调整舞台和节目的相关部署。如多次出场演员的服装更换；大型节目的场景及座椅的布置；灯光音响的调整等。②变换节目演出类型。如前半场表演小型节目，后半场表演大型节目；戏曲晚会前半场清唱，后半场彩唱等。③调整观众的视觉角度和欣赏情绪。如在节目的安排上，前半场的最后一个节目应给观众一个段落终结的感觉，使得中场休息顺理成章，下半场的第一个节目一定设法将观众的注意力快速集中到舞台上来，确保晚会快速进入演出状态。

3. 气氛转换结构

中国有句著名的成语"一张一弛，文武之道"，在综合晚会节目的编排设计中，这个道理同样适用。如果一台文艺晚会展示的节目都是高潮，那么晚会便没有了高潮；如果都是抒情，那么晚会便没有了抒情，气氛效果的多样性是综合晚会的重要特征。气氛转换的结构设计中应注意两个问题：①除了有意的节目组合编排之外，在全局上尽量将气氛和类型相同的节目分离开来，如男声独唱和女声独唱排在一起，相声与小品排在一起等，雷同的节目排列在一起不仅会影响晚会气氛，还会使观众产生重复感，影响晚会效果；②应掌握观众观看文艺节目的心理规律，在通常情况下，晚会开演之前观众的注意力是分散的，因此当大幕拉开时应设法将观众的注意力迅速吸引到舞台上来，许多编导习惯将大型节目或气势宏大的节目安排在第一个出场，其目的就在于此。之后的一两个节目应与观众的情绪产生共鸣，逐步引导观众融入晚会当中，对演出产生浓厚兴趣。当晚会接近半场时，人们往往会产生疲劳感，这时的节目应迅速调整舞台气氛，或紧张、或热烈、或欢快、或幽默，使观众在兴奋中不知不觉度过疲劳期。当晚会接近尾声时，应将节目逐步推向高潮，并在最高潮中结束，让观众产生意犹未尽的感觉。如果晚会能够达到这样的构思结果，将是一台成功的晚会。我国元代文人乔梦符有句名言，"凤头、猪肚、豹尾"，说的就是这个道理。

(七)群众性场面的设计

群众文化活动的服务对象是群众，群众演出活动的服务对象是观众，因此群众性场面的设计就尤为重要。在文艺演出中，观众是文化接受性的群众，他们往往被认为是演出的旁观者而被编导者们所忽视，这一点必须引起重视，观众是群众艺术表演中的重要组成部分。群众性场面设计大致可分为三类。

1. 参与型场面

在文艺演出中，观众不是演出的主体，但编导可将观众的注意力和兴趣点引入节目中去，使观众成为节目的有机组成部分，达到生动活泼的效果。例如，邀请观众与台上演员共同演唱歌曲；某些魔术类节目请观众上台近距离观看表演；节目表演过程中向观众提出某些问题或征求某种意见，进一步拉近表演者与观众的距离等。这一类型的场面设计带有很大的随意性，观众不需要提前进行任何准备，但对晚会的气氛却能起到很好的调节作用。

2．配合型场面

将观众作为节目的组成部分设计到节目当中，在台上台下的共同努力下完成节目内容。例如，在群众性演唱节目中，台上演员领唱台下观众合唱；观众在演出过程中接受主持人的采访；台下观众或嘉宾点评台上表演等。这是群众性文艺演出的特点，参与节目表演的观众在通常情况下都是事先约定的，人数不会很多，并且在演出前经过充分准备。编导设计这样的场面主要是预达到拉近演员与观众距离的目的。必须注意的是这一环节的设计应当适度，必须以保证节目演出质量为前提，不可喧宾夺主、画蛇添足，观众毕竟是看节目的，而不是演节目的。

3．主体型场面

是群众文化艺术表演特有的一种形式，参与文艺演出的群众是晚会的主体，他们既是观众又是演员，承担着双重角色，这样的场面在大型活动和小型活动中都可以出现。小型活动的主体型场面主要体现在群众自娱自乐的表演展示当中，也就是自己演给自己看，虽然在基层文化活动中占有重要位置，但其设计难度并不大，不能成为文艺演出编导的工作重点，作为文艺晚会的编导，其设计重点是大型主体型场面。例如以群众方阵为单位的大型群众性演唱会就是最常见的主体型场面演出形式，编导者根据晚会的主题，按照参与演唱团队的特点和演唱内容，以不同的色彩安排在观众席中，全场成为一个演出整体，气势宏大赋予震撼力，在重大的庆典或节日大型群众文化活动中，这种形式经常被采用，同样的形式在广场文化活动中也经常出现。

(八)现场气氛的设计

群众文艺演出活动的现场气氛设计十分重要，每一位编导者都不会忽视对气氛的编排。文艺晚会的现场气氛，一部分是由节目本身带来的，编导的任务是将不同情绪的节目进行合理安排，将观众的注意力带入节目所营造的气氛中，这是编导的基本功，不再进行详述。这里主要讲述的是编导在形成晚会创意思路时的气氛设计。文艺晚会气氛设计大致可分为动态气氛与静态气氛两类。无论动态气氛还是静态气氛都要避免设计的盲目性，每一环节的安排都要与整体晚会的总预期目标和主题的设定相一致，气氛设计不当不仅不会给晚会增添色彩，反而会带来许多负面影响，这点务必要引起各位设计者高度重视。

1. 动态气氛通常是指由观众和演员运用某些行为元素共同营造出来的晚会气氛

动态气氛大致可分为三种类型。

（1）演出前的烘托

根据晚会演出内容的需要，采用某种方式将观众的情绪调整到与晚会需求相一致的状况，使观众提前融入晚会的气氛当中，在拉近了情感距离的同时，增加了群众文化需求的满意度。例如，在企业、机关举办的群众性演唱活动前，组织观众拉歌比赛；某乡镇举办春节联欢晚会，演出前在剧场外表演多种民间花会，欢天喜地地将观众迎进剧场，使晚会在人们的欢笑声中开场等。

（2）演出中的参与

营造文艺演出过程中的晚会气氛，是实现预期效果的必要手段，也是保持晚会连贯性及调整演出节奏的重要环节。例如，百老汇著名音乐剧"猫"剧首次在人民大会堂成功演出时，受到了热烈欢迎，在其成功的诸多因素当中，剧场气氛的贯穿性渲染给人们留下了深刻的印象。由于东西方文化的差异和对剧情的生疏，现场许多观众在开场很长时间还在辨别着各种拟人化猫角色与剧情之间的脉络，而迟迟不能融入情节中来。上半场演出后是幕间十五分钟的休息时间，这时忽然从剧场的四面八方爬进来二十几只拟人猫，这些由演员扮演的猫都是剧中的角色，有贵族猫、小偷猫、火车猫、摇滚猫、魔术猫等。她们爬向了观众席，爬上了通道，爬上了观众的座椅，甚至坐到了观众的怀里，她们延续着剧中角色的性格和特征，与观众近距离交流，将现场观众一下子带进了猫的世界。在下半场的演出中，观众不断被情节所打动，演出高潮迭起。纵观整场演出，幕间的表演只是点缀现场气氛的一个小环节，但却有效地起着上下半场的串联作用，使观众很自然地与该剧连在了一起。广大群众文化工作者，特别是群众文艺演出的设计者应从中得到启示。

(3)演出结尾的共鸣

在通常情况下，晚会演出的高潮都会出现在尾声，观众的注意力和情绪同晚会的内容是融为一体的，在这个时候通过对场内气氛的调节最容易使观众产生最大的满足感。许多经典的文艺晚会都在这方面为我们提供了示范案例。例如，在每一年的维也纳新年音乐会上，无论哪一位音乐指挥在演奏《蓝色多瑙河》乐曲之前，都要向现场的观众和全世界人民表达新年的祝福和问候。在演奏最后一首《拉德斯基进行曲》时，一定要通过观众的掌声将晚会推向高潮，这已成为一种定式被各国音乐爱好者所接受。在群众性文艺演出中，编导经常在晚会结束前将观众引入尾声节目中来，如全场共同高歌、观众参与演员的谢幕、向观众发放类似荧光棒的道具并与台上演员相互呼应等。尾声的气氛设计对全场演出效果起着十分重要的作用。

2. 静态气氛设计是指通过晚会环境的衬托型布置，将观众带入到文艺演出所需要的气氛之中

由于群众文化需求的多样性，使人们观看文艺演出的目的及兴趣点各不一致，静态气氛可使观看文艺演出的观众共同进入相同的环境氛围之中，有助于引导群众快速融入演出节奏，圆满达到演出目的。静态气氛设计不仅应用于文艺演出领域，在其他行业也普遍得到运用。例如，医院的白色墙壁和红十字标志、消防单位的红色大门和车辆、图书馆内的"安静"标志，等等，都会将人们带入各自的特定气氛之中。

（1）装饰性气氛设计

通过对演出场所周围环境的布置所达到的气氛效果称为装饰性气氛设计。例如，根据演出内容的需要悬挂彩灯、气球、鲜花、彩绸等，到场观众在相应的气氛中可提前进入晚会欲营造的状态之中，提高需求欲望。

（2）宣传性气氛设计

运用各类宣传手段将气氛设计与晚会的主题思想和目的紧密结合在一起，引导观众对演出做出准确判断和理解，这被称为宣传性气氛设计。例如在演出现场悬挂横幅标语、设置宣传橱窗、发放演出材料等。实践证明，高质量的宣传性气氛设计对群众文艺演出活动起着十分重要的辅助作用。

（九）晚会及文艺演出舞台的设计

任何群众性的文艺演出活动都要具备一定的设备和条件，即使是基层社区和乡村村落的演出活动也不例外。演出设备一般包括舞台、灯光、音响及舞美装饰等，具有较强的技术含量。在通常情况下此类工作的安装和操作都由专业技术人员运作，群众性文艺演出的设计者不需要精通每一项操作技术，但必须掌握各类设备的功能和使用要求，这是设计晚会结构的必备条件，也是群众文化活动组织者应当掌握的基本知识。

1. 舞台的要求

对于群众性文艺演出来说，不同规模不同类型的晚会对舞台的要求是不一样的。目前，我国大部分地区都加大了对基层地区文化基础设施建设的投入，许多文化站和文化中心都建起了文化演出场所，有力地推动了基层群众文化活动的开展。群众文化活动的演出场所主要是为了满足广大群众的文化需求，其舞台设施的建设应本着实用、方便、普及、节俭的原则，避免盲目与现代化大型文化演出设施攀比，应符合群众文化的实际需求。

无论室内舞台还是露天舞台，一般都分为前台(文艺演出表演的主体部分)、后台(供演职人员休息化妆的场所)、侧台(演员候场、工作人员操作的场所)三个部分。供群众性文艺表演的前台，即我们通常所说的舞台，大致可分为三类。①剧场舞台。在通常情况下，台口宽度为 14～16 米、台面与地面高度为 0.8～1.4 米、台深为 6～9 米、台面与顶部沿幕距离为 7～8 米(加舞台吊杆除外)规模的舞台即可满足一般群众文化单位的文艺演出。如果有条件，舞台上应配备大幕和底幕，同时设边侧幕(将台前与台后分开)、顶沿幕(将台顶与表演空间分开)、二道幕(供节目换场和调配之用)。②广场舞台。文化广场是广大人民群众主要活动的场所，由于面积广阔、人员众多、视线分散等原因，提供文艺演出的舞台一般都要比剧场舞台大许多。台面距地面大多都在 1 米以上，舞台宽度和深度要视广场具体状况而定，临时搭建的舞台还要根据文艺演出的规模和节目具体的要求来确定实施的标准。③简易舞台。许多基层社区及企事业单位在举办小型的文艺演出或联欢活动时都会在会议厅、多功能厅等非专用演出场所进行。设置简易舞台在基层单位来说是十分普遍的，只要设置一块小型的演出区域就可满足演出的需要。因此，简易舞台是基层群众文化活动中的一个特征。此类舞台的搭建一般要视演出场所的具体条件而定，台高 0.2～0.4 米即可，有的甚至在平地画出一块演出范围或者铺上一块地毯即起到舞台功能。

群众文艺演出的组织者和编导者在使用各类舞台时都应注意以下几个问题。第一，群众性文艺演出的参与者与职业文艺工作者不同，他（她）们大多未经过舞台知识的学习，晚会的组织者必须反复向群众演员传输舞台使用规范，这对保证演出效果极其重要。例如，侧台不准吸烟、不得喧哗、不得观摩演出，上台表演时不得触碰侧幕等。第二，一些群众文艺团队在基层或者街头、广场的慰问演出过程中，经常采用简易舞台的运作方法，既节省了资金，又拉近了演员与观众的距离，往往取得意想不到的效果。但值得注意的是在实际活动中，一些表演单位忽视了前后台功能的区别，没有将表演区域同候场区域分开，致使演员在台前表演，无关人员在其身后窜来窜去，分散了观众的注意力，严重影响了演出效果，同时还会给观众留下演出不够严肃认真的印象。应当不断提高晚会参演人员的舞台意识，这是加强群众文化活动综合素质的一部分。例如，在简易舞台的表演区域后侧支起一扇屏风，将表演人员与串场人员分开，既保证了节目的完整性又表达了对观众的尊重。第三，群众性文艺演出的参与者进行舞台表演的基本目的是满足自身的文化需求，自我参与、自我展示是表演的核心，与职业文艺工作者的演出目的有着很大区别。由于这一原因，人们在舞台上经常表现出一定的随意性，而观众在观看此类演出时的心态也与欣赏职业剧团的心态不一样。这类演出活动的设计者必须要兼顾演员与观众的心理需求，时刻提醒演员注意，当舞台大幕拉开后舞台上的每一个人既是艺术的享受者，又是艺术的传播者，演员的每一个行为都要对观众负责。同时，节目之间的换场时间一定要短，如果换场设计时间超过 2 分钟，晚会的设计者就应当考虑增加垫场节目或相关内容，否则就会减弱观众对晚会的情感投入热情，甚至会使观众产生烦躁情绪，这一点必须引起高度重视。

2. 灯光的运用

舞台灯光是晚会的重要组成部分。随着广大群众艺术审美水平的不断提高，人们对群众性文艺演出综合水平的要求也随之提高。20 世纪 70 年代农村搭台时，用汽灯照明唱戏的时代早已一去不复返了，人们已将舞台照明艺术与晚会艺术融为一体，这是时代发展的必然规律。作为晚会的设计者和编导，在对灯光师提出晚会灯光设计要求之前，应掌握各类灯光的性能和作用等基本知识，灯光师应按照晚会编导的要求进行技术性操作。

按照在舞台常用设置的部位，可分成 10 类光位。

①面光——位于观众席顶部正面投向舞台的光，人们常称之为"一排灯、二排灯"。用于舞台铺面的基本光和人物、景物的正面光。

②顶光——位于舞台正上方的光源。用于舞台普遍照明，增加舞台的亮度及某些道具的定点照射。

③耳光——位于舞台口两侧外部斜投入到舞台上的光源。用于增加人物和景物的立体感。

④脚光——位于舞台前台板向上斜射出的光源。是人物面光的辅助光，用于消除人物面部的阴影。

⑤柱光——位于台口两边内侧投向舞台的光源。用于增加人物和场景的立体感。

⑥桥光——位于舞台两侧上方天桥处投向舞台的光源。可用于特定光源，也可用于柱光的辅助光。

⑦逆光——位于舞台里侧向外或向上射出的与顶光和面光相反的光源。用于勾画人物和场景轮廓，也可作为特定光源。

⑧天地排光——位于舞台天幕上方和下方投向天幕的光源。用于天幕的照明及色彩变化。

⑨流动光——位于舞台两侧流动灯架上的光源。是一种可转动方向，射向舞台和观众席各个角落的光，数量不多但却是非常重要的辅助性光源。

⑩追光——位于观众席或其他特定位置投向舞台及相关部位的光源。用于跟踪演员和移动目标，使其更加突出和醒目。

除了上述 10 种常用定位光源以外，按照灯具的性质和特征还可分为聚光灯、回光灯、柔光灯、散光灯，以及各类造型灯、特技灯、激光灯、电脑灯等。晚会的编导应对器材的使用要求了如指掌，并将其融入整台晚会的设计之中。

在开展群众性文艺演出的活动中，舞台灯光设计应注意以下两个问题：首先，舞台灯光是一门艺术，任何设计都必须通过灯光师的技术操作来实现，如各类调光器、换色器、控制器的运作等。晚会编导者与灯光师的默契合作是保证演出效果的基础，除了白天露天无灯光演出外，其他各类晚会的编导都应与灯光师建立工作单制度，即将晚会的灯光操作流程按照节目顺序依次记录下来并按此运作，确保各岗位人员心中有数。第二，在晚会的灯光设计中，除了特定效果外，应尽量保持舞台灯光的均衡。在群众文艺演出中，特别是在一些基层单位的文艺演出活动中，编导者常常忽视对灯光的要求，因此影响了演出效果。例如，顶光过强而面光不足，观众看到的只是演员的身影而面部却是黑的；面光过强而顶光和天地排光不足，演员表演的身影被打到了后天幕上，观众看到的是双影；舞台上一边桥光亮一边桥光暗，演员在台上会形成人们通常所说的"阴阳脸"等。类似上述现象在基层文艺演出当中经常出现，随着广大人民群众文化审美水平的提高，人们对舞台灯光艺术的要求也随之提高，务必要引起群众文化工作者的高度重视。

3. 音响的使用

舞台音响设备的运用是群众性文艺演出的必备条件，任何晚会如果缺少了音响的支持，无论多么精彩的节目都无法得到展现，难怪有的编导者把音响效果称之为晚会的"生命"，没有声音的晚会是不可想象的。按照舞台音响的使用功能来划分，大致可分成三个部分。

①由音响师操控的各类调音系统及播放设备。例如，监听调音台、功放调音台、便携式调音台等；功率放大器、均衡器、混响器、效果器、延时器、压缩器、限幅器、分音器、噪声门等；激光唱机、录音机、影碟机、投影机、变调器、点歌器等。

②满足场内效果的各类音箱。如监听音箱、功放音箱、超低音箱等。

③供演员使用的各类话筒。按照使用方式划分可分为立式话筒、手持话筒、吊式话筒及无线领夹话筒；按照功能划分可分为动圈话筒、电容话筒及专业无线话筒。

音响师是负责演出舞台音响器材的专业技术人员，晚会的编导和设计者对晚会的一切声音效果设计都必须通过音响师来实现。在通常情况下，群众性文艺演出的音响设计应注意以下几个问题。第一，应重视舞台两侧台口返送监听音箱的重要作用。特别是大型演唱类节目和舞蹈类节目，如果听不到伴奏音乐或相关效果，便极易发生演出失误。第二，应注意话筒功能的区别，按照其功能特征合理使用器材。例如，电容话筒的传感距离较远，适合大合唱及表演类节目，而动圈话筒的传感距离较短，适合独唱、独奏类节目等。第三，演出场地环境不同，对音响的质量要求也不尽相同。室内剧场舞台演出，对音响的音色质量要求较高，悦耳动听是主要标准。而室外广场露天演出的声音亮度则成为舞台音响的主要标准，应保证现场观众在每一个角落都能听到相同效果的音质，因此对音箱的摆放位置有着较高的要求。

4. 舞美的设计

舞台美术是包括布景、道具、灯光、音响、服装、化妆及特定效果在内的综合艺术统称，是群众文艺演出活动整体艺术设计的重要组成部分，对充分体现艺术作品内涵和表现晚会宗旨起着至关重要的作用。舞台艺术作品中的许多意境都是通过舞美的展现来感染观众的，人们的情绪也会随着舞美时间和空间的变化而变化着。例如，红色灯光会给人带来兴奋，蓝色灯光会给人带来恬静；舞台上悬挂红色的宫灯可使人们感到庄重，LED大屏幕上出现辽阔的大草原又可使人们感到心旷神怡等，任何出色的晚会编导都会在舞美设计上下大力气。

从群众文化的角度上划分，文艺演出可分为两大类，即由小节目构成的综合文艺晚会和由自创艺术品构成的专场晚会（包括大型剧目）。这两大类晚会的舞美设计要求既有联系又有区别。

①综合晚会的舞美设计应以整场晚会的基本动机和目的为主要依据，如节日联欢晚会应设计为喜庆欢快、色调明亮红火的风格；古典音乐晚会应设计为我国古代典雅庄重的舞台风格等。在此基础上再根据每个节目的具体内容进行适当微调。

②专场晚会的舞美设计应以剧目的主题思想及艺术构思为主要依据，从属于表演艺术，为作品的艺术体现服务，是该作品的二度艺术创作。因此，现场的装饰性和气氛渲染的舞美设计应服从于剧目内容的总体要求。

就群众文化事业现阶段的发展水平而言，群众性文艺演出的舞美设计应注意以下几个问题。第一，虽然我国经济建设取得了巨大成就，对群众文化的经费投入有了大幅提高，但厉行节约、勤俭办事业的原则并没有改变。广大群众参加群众性文艺演出活动的基本目的是满足群众文化需求，活动的主办方和设计者应当在这个原则下进行工作，而不应夹杂过多的其他因素。在文艺演出活动中，舞台美术的经费需求占演出活动相当大的部分，一些单位或主办方为了提高本地区的知名度，投入大量资金举办所谓大型演出活动，除了邀请明星助阵外，就是在舞美灯光上下功夫，观众观看后除了眼花缭乱以外，没有留下任何深刻印象。这种现象不符合开展群众性文艺演出活动的基本宗旨，必须加以克服。第二，一些基层演出活动的设计者认为，小型演出或街头演出的规模小、经费少，可以不考虑舞美因素，其实这是一种误解。舞台美术是文艺演出的必要组成部分，不仅会对演出内容产生重大影响，而且对观众也是不可缺少的礼貌和尊重。舞美受经费的数量制约，但经费不是决定的因素，小的投入同样可以设计出与演出相符的舞美艺术。例如，在简易舞台前摆上一排花，舞台上铺一块红地毯，背景前摆上一个四扇屏，观众就会感到这是一个像样的演出环境。第三，文艺演出的舞美设计是一门综合艺术，是编导创造性构思的结果，每一个设计人都希望将自己创造性的新成果体现在舞美艺术上，这是可以理解的，也是应当肯定的。但无论多么新颖的舞美设计都必须与演出的环境、内容及具体条件相符，脱离现实的设计极易成为无效劳动。例如，某乡镇艺术团队排练了一台自创节目，并请来高水平的编导对整台晚会进行了综合设计，将许多艺术语言融入舞美艺术之中，应当说这是一台高水平的晚会。但在巡回演出中发现，许多乡镇礼堂的舞台没有吊杆设备，致使精心设计的舞台布景无法安装，导致演出效果大打折扣。因此，晚会的编导者在设计舞美艺术时，不仅要遵循艺术规律，还要懂得群众性文艺演出的特征，同时还要清晰专场定点演出与巡回多场演出的区别，避免盲目操作。

(十)厅堂表演的设计

这里所说的厅堂是指在室内提供表演的非专业演出场所。这类场地不具备各类演出所需的设施和设备，周围的环境和实用功能也各不相同，但由于场地面积宽敞，又便于人员的集中与疏散，故许多群众团体或单位在举办联欢会和各类联谊活动时，常常选择在厅堂举行。群众文化范畴的厅堂演出与新闻单位和电视传媒利用厅堂的演出活动，在目的和动机上有很大不同。群众文化团体的演出大多数都是出于联谊交流的目的，艺术展示并不是活动的主题。因此，在组织此类演出活动时，设计人员的构思要区别于正式舞台表演的设计模式。

1. 节目类型的选择

厅堂类演出活动的节目选择一般有三个特点。第一，短小精悍。不需复杂的布景和道具，很少在这类场合演出大型剧目和操作性繁杂的节目。第二，节目的类型比较多样，以活泼、欢快，气氛轻松的样式为主。第三，与观众互动的节目比较常见。由于演出环境的不确定性，使观众观看演出的注意力很容易受到干扰，突破舞台局限将观众的情绪调动起来，是保证演出效果的好方法。

2. 舞台装饰的特征

厅堂舞台设计受实地条件和晚会节目需求的制约，没有统一的要求。在一般情况下，厅堂内的舞台都需要临时搭建，舞台的高度要视厅堂的面积而定，中小厅室的舞台高度大多不超过40厘米。最常见的舞台搭建样式有三种：①按常规舞台搭建，台口面向观众，两侧设边幕，台后方竖立背景板或底幕将前台与后台分离开来，便于演职人员通行；②根据厅堂的具体特点搭建舞台，最常见的是将厅堂的典型装饰建筑作为舞台的背景，既使观众感到亲切，又节约了大量经费；③搭建开放式舞台，即除舞台背景以外，其他三面都面向观众，而且观众座位与舞台的距离比较近，此类设计在音乐类和说唱类晚会中较为多见。

3. 节目主持风格的变化

厅堂群众性文艺演出多以小节目为主，节目相互之间很少有内在联系，由于环境的不确定，使观众欣赏文艺节目的心态与在专业剧场内的感觉有着很大不同，在这种情况下，晚会主持人的作用就显得格外重要。演出之前，节目主持人要做好三门功课：第一，熟知每一个节目的内容、形式和特色；第二，了解现场观众的心理和关注点；第三，用简练的语言将节目的看点准确地传达给观众，并能引起观众的兴趣。总之，晚会主持人应牢记自己既不是报幕员，也不是讲解员，而是演员与观众情感沟通的桥梁和中介，主持语言既不能过少也不能过多，语言过少不能准确概述节目内涵，语言过多观众会产生厌烦感，这同样是一门艺术，任何厅堂演出都不能忽视主持人的作用。

(十一)节目单设计

群众文艺演出的节目单是整场晚会的名片，又是重要的宣传品，在文艺演出活动中占有重要位置。人们对整场文艺演出的认识和兴趣，在演出以前主要是通过节目单来获得，并可以从中得到许多相关知识。晚会结束后，节目单仍然发挥着宣传作用和名片效应，因此，大多数群众文化单位对节目单的设计都极为重视。

节目单的内容和形式要视晚会的规模和目的而定，单一团体的专场演出和多个单位的联合演出，在节目单的设计上有很大的不同，但就群众性文艺演出的角度来说，大致可分为三类。

1. 简易节目单

群众性的小型文艺演出，因其影响范围较小，运作简便，且演出内容和参演单位也不繁杂，故节目单的设计也比较简单，主要是起到告知的作用。

所谓简易节目单就是单页纸张印制的宣传页，分正面和背面两部分。①正面主要是介绍演出概况，其中内容包括：标题；演出主题和演出形式；主办、协办、承办单位；演出时间、地点；主要表演单位等。②背面主要是介绍演出内容，其中包括：节目序号；节目类型；节目名称；主要参演人员(包括表演者、作词作曲、编导、伴奏、伴舞等)；参演单位等。

2. 折页节目单

在大中型群众文艺演出当中，使用最为普遍的是折页式节目单，即将单张纸折成两页四面的宣传品。这类节目单信息量比较大，内容比较全，具有一定的保存价值，因此在印刷制作上大多较为精美。①首页（即封面）的作用是吸引人们的注意力，激发观众观看演出的积极性和热情。从色调到构图都紧紧围绕晚会的主题和演出目的进行设计，使观众对晚会的风格一目了然。主要内容与简易节目单正面内容基本相同，只是主题更加突出，主办单位的标志更加显著。因许多群众文化表演团队经常进行多场次流动性演出，故一些晚会的节目单上不标明演出的时间和地点。②内页（即第二、第三页）主要介绍具体节目内容，其表述要比简易节目单更加详细。为了让观众进一步了解晚会的全貌，有些节目单在内页位置还增加了演出单位的简介和重点节目介绍等，丰富了节目单的信息内容。③尾页（即封底）的内容主要由三部分构成，即演职人员表（包括：策划、编导、艺术总监、主创人员、舞台监督、前台主任和后台主任、灯光和音响、舞美设计及其他舞台工作人员等）；主办单位、协办单位和承办单位名单（首页中的主办单位属标题性设计，在这里则应按照晚会职责进行排列）；需要鸣谢的单位等。

上述的设计方式只是折页节目单经常使用的办法，设计者应当根据晚会的需要和特点进行更加具有创造性的创意和构思，其内容也应当按照实际需求而定。

3. 宣传节目册

由多页纸张装订而成的节目单被称之为节目册，在大型演出或专场剧目演出中经常应用。群众文艺演出的节目册在通常情况下，主要用于宣传某种艺术知识，介绍某些文艺团队等，因此具有较强的宣传功能和收藏价值。

节目册的印制一般都比较精致，且配制大量的图片等画面。其内容除了包含折页节目单的全部内容以外，还经常包括表演团队的概况、主要演职员的介绍、主演剧目的剧情简介、精彩瞬间的剧照及主题词曲等，为广大群众提供了演出以外的大量信息。如果晚会得到了社会的赞助和支持，则在节目册的显著位置还要对赞助单位进行介绍和宣传。由于节目册的印制需要较大数量的经费，故在中小型群众文艺演出活动中很少使用。

（十二）文艺演出的组织实施设计

群众性文艺演出是群众文化活动的重要组成部分，又是检验群众文艺水平的重要平台，因此该类活动的组织设计就显得格外重要。群众文艺演出当中的组织设计与群众文化活动的组织设计有着紧密联系，是群众文化活动的一个部分，但又有其特殊的规律和要求。这里按演出活动中的三个阶段进行分析。

1. 设计阶段

群众性文艺演出活动的设计阶段即是初级立项阶段，需要完成以下几项工作。①确定演出目的、演出主题、演出规模和演出内容。这是文艺演出各类组织设计的基础，也是活动运作的依据。例如，春节文艺表演的娱乐性较强，以歌颂祖国为主题的文艺演出的思想性较强；大型文艺演出的组织机构比较严密，小型文艺演出的灵活性较强等。②制订演出设计方案和艺术方案，包括节目的组合、晚会的风格、对演出条件的要求、活动设计的范围，等等。③确定演出阵容和工作阵容。演出阵容包括参演单位、主要演员及相关资料；工作阵容包括编导人员、现场指挥人员和晚会专业人员等。④制订实施操作计划。包括晚会相关人员的定岗定位、明确各项任务的职责和规范、各项工作运作的时间安排及与演出相关的各项保证性措施等。

2. 准备阶段

这一阶段是群众文艺演出的基础阶段，是保证演出质量的重要过程。这个阶段需要完成下列设计任务。①晚会的指挥系统要熟悉所表演节目的特点和基本要求，并熟悉演出场所的具体情况，将两者之间的相关情况进行分析，针对发现的问题对原计划进行修订。②制定演出工作单，即工作流程。包括每一个节目的类型、内容，参演人数，舞美要求，灯光的分布，话筒的种类和数量及演出操作要求和须知等；确定节目之间的连接方式和特征；明确演出各部门之间的联络方式；把握晚会的节奏要求和各衔接点的技术要求，等等。③演出前的合成与彩排演练。除了节目的走台连接以外，更重要的是各组织机构及岗位之间的磨合。例如，幕间的换场、候场的衔接、前台主任与后台主任的配合、灯光音响的配合，等等。

3. 实施阶段

群众性文艺演出自观众入场起至观众退场止，这一全过程被视为演出的实施阶段。其组织设计内容大致可包括两个部分，即舞台上的岗位设计和舞台下的岗位设计。

①舞台上的岗位设计除了灯光音响和舞美等技术岗位以外，还要设置相应的操作性岗位，分台前和台后两个方面：台前岗位由舞台监督、前台主任、入场口和退场口（各设一岗）及司幕人员等组成，其职责是掌握演出节奏、晚会节目调度、上场引导和下场疏散、处理突发事件等；台后岗位由后台主任、节目催场、后勤服务等组成，具体人员数量视演出的规模而定。其职责是维护后台秩序、催场联络、处理突发事件等。

②舞台下的岗位设计主要立足于安全有序，环境和谐。具体岗位主要分布在观众厅的主要出入口，前厅的关键部位。主要职责是维护场内秩序和安全，引导观众有序入场，发放节目单或相

关宣传品,处理突发事件等。

从上述内容可以看出,所谓文艺演出的组织实施设计主要是针对演出岗位的设定和相关职能的应用实施,是多岗位相互配合的协作链条,对保证文艺演出的顺利进行起着关键作用,各级主办单位和承办单位务必要将此项设计作为重点内容来抓。

二、文艺竞赛类活动的设计

群众文化活动的多样性决定了竞赛类活动类型的多样性,群众文化活动的组织者选择竞赛类型的依据是群众的文化需求和兴趣,并在此基础之上通过引导和示范,达到提高广大群众审美水平和文明水平的目的。

(一)文艺竞赛类活动的分类

1. 按照竞赛目的划分

文艺展示类:如群众文艺汇演、群众文艺展演等。这类活动带有竞赛性,但参演单位和个人的主要目的并不是比赛名次,而是展示表演者的水平和风采,他(她)们更注重评委和观众的评价和反应。文艺竞技类:如各种艺术大赛和选拔赛等。此类活动的目的就是为了评出名次,并以此证明参演者或参演作品的实际水平。活动的主办方应当借此竞赛活动对群众文艺工作进行引导示范,推广普及相关知识。文艺娱乐类:如农村民间花会比赛、游戏竞猜类比赛、各类文艺形式混合在一起同时进行的比赛等。此类比赛在基层单位经常出现,人们只是将比赛看作一种活动方式,活跃群众文化生活才是基本目的。

2. 按照竞赛方式划分

一次性竞赛,即为了满足群众的文化需求,或者为了配合某项部署而组织的一次性文艺比赛,如某地为了迎接北京奥运会举办的群众歌咏比赛等。周期性竞赛，即将某种赛事作为固定项目确定下来定期举办的活动，并通过比赛推动本地区群众文化事业的发展，如每年一届的地区性文艺大赛等。

3. 按照竞赛内容划分

单项艺术类竞赛，即以单一艺术门类、个人或作品为内容的群众艺术比赛，如某地举办的群众歌手大赛、业余舞蹈比赛、少儿京剧大赛等。此类竞赛活动的特点是专业性较强，内容单一，群众的方向感比较突出。多项艺术类竞赛，即活动的主办方将多个艺术种类安排在同一项活动当中，并评选出各自相关的奖项。这类活动在地区性的群众艺术节中经常出现。综合艺术类竞赛，即在同一门类的艺术比赛中评出多个不同的奖项，如在舞蹈大赛中评出个人表演奖、作品奖、组织奖等。

(二)竞赛程序的设计

群众性文艺比赛从立项到实施需要经过一系列的组织程序才能实现，在通常情况下应经过以下几个阶段。

1. 立项定位

包括：根据群众需求确定竞赛的主题和内容；依据群众参与活动的基础和积极性选择竞赛的规模和形式；按照主办方的组织能力确定竞赛的规格和范围；明确竞赛活动预期将达到的目标和社会效果等。

这项程序是群众性竞赛活动的第一步，也是十分关键的一步。无目的的文艺大赛不仅会使群众失去需求目标，还会给该地区的群众文化事业的健康发展带来阻力和干扰。

2. 组建机构

成立竞赛活动组委会，包括：领导机构、服务协调机构、技术操作机构、艺术评审机构及后勤和安保机构等，主办方可根据竞赛活动的实际规模和规格决定各机构设置的繁和简；建立岗位责任制，明确岗位分工，制定岗位职责和工作规范。

竞赛活动的组织机构设计是保证良性运作的基础，主办方在设计过程中既要保证各机构岗位的完整全面，又不能过于烦琐重复，能够发挥最大工作效率是部门和岗位设置的基本原则。

3. 制订计划

包括：竞赛活动的日程安排；宣传和启动程序设计；报名办法和竞赛运作方法；评委聘请方案和聘请原则；制定评比规则和计分标准；确定评奖方法和奖项的设置；观众的组织和参与；竞赛活动应具备的硬件和软件条件等。

竞赛计划的制订是各部门和岗位实施运作的依据，因此设计内容最忌空泛，其操作步骤规划得越具体越详细越好，要让每一个参与者看得见摸得着，做到心中有数。

4. 部署筹备

包括：竞赛相关文件下达和信息发布；参赛单位和个人的申请、报名；编制竞赛活动工作流程；召开竞赛相关部门和单位工作协调会；各岗位人员就位磨合；竞赛场地设施安装调试；各类评比规则和测算表格的打印；确定评委会主任和评委名单；完善法律公正程序；完成各类奖品和证书的准备工作；落实颁奖嘉宾和相关服务人员；竞赛前各环节的合成演练等。

竞赛的筹备阶段是该项活动的关键部分，决定了活动的成败。准备工作务必要做到全面、细致、协调、有序，筹备水平越高，其活动成功系数就越大。

5. 竞赛实施

包括：赛前各个环节准备工作的验收；参赛人员的报到就位；竞赛主办方和评委会主任向各评委出示评比规则和评比标准，并统一认识及规范操作原则；竞赛主持人向参赛人员及现场观众宣布比赛须知和相关要求；按照竞赛程序依序进行比赛；公证人员公布竞赛的合法性和有效性；公布比赛结果；举行颁奖仪式；竞赛主办方负责人进行活动小结并宣布比赛结束。

竞赛实施阶段是活动的主体阶段，上述各阶段工作都是为活动的实施服务的，广大参赛者和观众通过活动的实施来感受组织策划和实施运作的质量及水平。活动的运作方在竞赛实施过程中，始终要牢记群众性竞赛活动的基本要求，即：有序和公平，有序是活动的基本保障，公平是竞赛的基本原则。由于活动的规模及竞赛的目的各不相同，在竞赛实施的内容上可能有所取舍，但有序、公平的基本要求不能改变，这是保证群众文艺比赛具有持久生命力的基本条件。

6. 后期收尾

包括：收集广大群众对竞赛活动的反馈意见；活动的主办方进行总结和评估；对相关材料和各类形式的资料进行系统整理，并登记入档；进行事务性收尾工作；解散临时机构，移交遗留事物等。

群众性文艺比赛的收尾工作十分重要，群众文化需求的多样性和文化活动的丰富性，决定了收尾工作的复杂性。利用这一阶段工作系统地总结经验找出不足，探索本地区群众文化活动的规律和特色，检验群众文化事业综合水平，是各级群众文化事业单位通用的方法。一些主办单位对开展群众性文艺比赛的目的性缺乏认识，只重视活动过程而忽视后期收尾，致使竞赛活动的效果大打折扣，这点必须引起高度重视。

(三)评比规则设计

群众性文艺比赛的评比规则是竞赛活动的基本依据，对普及艺术知识，提高广大群众的审美综合水平具有重要意义。因此制定出来的竞赛规则必须具有公平、公正、全面、简洁的特征。

1. 在评比标准的内容设计中，应注意三方面因素，即项目艺术标准、比赛活动目的和参赛单位及人员特征

项目艺术标准——无论何类群众文艺比赛，无论评比标准多么烦琐，其艺术标准总是核心标准，失去艺术准则的任何文艺大赛都不能称之为群众艺术活动。按照艺术类型划分，群众性艺术比赛的种类是多样的，如音乐、戏剧、舞蹈、美术、摄影，等等。不同艺术门类的文艺比赛都有其各自独特的评判标准，竞赛标准的制定者在制定规则前，应当详尽了解竞赛门类的艺术规律及相关要求，所确定的比赛规则和标准必须符合艺术规范。在一般情况下，群众文化文艺比赛的艺术标准大致包括以下内容：参赛项目的整体印象；参赛者的基础条件和艺术表现能力；参赛作品的处理效果；艺术技巧和展示的规范程度等。

比赛活动目的——虽然开展群众文化活动的根本目的是满足广大人民群众的基本文化需求，但主办方在组织群众文艺比赛活动时，经常根据本地区的文化发展规划及实际情况设计出目的不同的各种赛事，文艺比赛的目的不同，其评比标准也各不相同。在通常情况下，有三种不同目的的竞赛活动，其评比标准的侧重点各不相同。第一，为了弘扬某种精神或普及某类知识举办的文艺竞赛活动。其评比标准多侧重于内容的表现力和思想内涵表达等方面，如"和谐家园文艺比赛""庆祝建党九十周年文艺大赛"等。第二，为了参加某种赛事或普及提高某项艺术品种举办的文艺竞赛活动。其评比标准多侧重于艺术水准和作品的表现力等方面，如"某市群众性歌咏比赛""天津'和平杯'京剧票友邀请赛"等。第三，为了活跃广大群众的文化生活举办的文艺竞赛活动。其评比标准则侧重于气氛的渲染和选手的精神风貌等方面，如"迎新春民间花会大赛""消夏广场文艺比赛"等。

参赛单位及人员特征——群众文艺比赛的组织方在制定竞赛标准时，一定要重视并了解参赛对象的具体状况。由于广大群众和参赛单位参加比赛的动机、条件，以及相关知识的掌握程度各不相同，因此在竞赛标准的内容设计上与专业艺术大赛有很大的区别，一定要在激发广大群众参加群众文化活动的热情上下功夫。如果在某项文艺比赛之后，群众对该项艺术门类更加热爱，参与热情更高涨，则说明该项赛事取得了成功。反之，比赛以后群众对该项艺术降低了兴趣，或者望而生畏，则说明该项比赛存在着某些问题有待改进。

通俗性和趣味性是群众性文艺比赛的两大特点，应当在竞赛标准上得到体现。群众是通过自身的感觉和兴趣来参与文艺比赛的，凡是参加比赛的选手都具备热爱该项艺术和有参与比赛的能力这两个基本条件，如果人们觉得这门艺术距离自己很远，看得见却够不着，他们便会打消参赛的念头。因此，群众性文艺比赛评比标准的难度应适中，不可过高，也不可过低。难度过高，参赛选手会无所适从，违背了开展群众文化活动的根本宗旨，失去了比赛的意义。难度过低，不利于提高广大群众的审美水平和艺术水平，致使比赛的价值大打折扣。活动的设计者应在制定竞赛标准前，对群众的实际参赛水平进行社会性的调查，做到心中有数。

群众文艺比赛活动的主办方应高度重视不同地区、不同风俗、不同职业、不同性别及年龄特征等因素对竞赛标准制定的影响。例如，同样是群众舞蹈大赛，少儿舞蹈比赛和青年舞蹈比赛的标准就有很大区别。少儿舞蹈比赛更侧重孩子的健康、天真、活泼、朝气的特点，而艺术技巧则不应要求过高，应符合相应年龄段儿童应有的生理特征和心理特征。青年舞蹈比赛则应当在作品的表现力和艺术展示力方面提出较高的要求，鼓励选手形成独立思考的能力。

2. 在评比标准的计分方法设计中，应视竞赛活动的规模和复杂程度来确定具体办法

参赛选手成绩的优劣可按照打分来进行评定，中小型比赛可采用 10 分制小数点后 2 位的方法计算，如 8.95 分、9.27 分等。规模较大的文艺比赛可采用 100 分制小数点后 2 位的方法计算，如 86.95 分、92.58 分等。经常在群众性文艺比赛中使用的评分方法有以下几种。

第一，单一评分法。即以现场评委的打分为唯一的评定依据，当参赛选手展示过后评委立即评分，记分员按照评委的人数计算平均分，也可分别去掉一个最高分和一个最低分取其平均值，当场打分当场亮分。此种方法多见于内容较单一的比赛活动，如歌手比赛、器乐比赛等。其特点是评分速度快，现场效果好，体现了评委的独立性。但由于思考时间短，评委之间的观点不能统一，有时可能出现评委意见对立的状况。

第二，综合评分法。为了体现比赛的公正性和全面性，有些赛事除了设置专业评委外，还增加了群众评委，各自按照不同的角度进行评分，并分别取其平均值相加作为选手的最终得分。在大多数情况下，群众评委评出的分数不超过总分数的20%，这既维护了专业评委的权威性，又调动了群众的参与热情，体现了群众文化活动的特点。

第三，计分评议法。由于群众性文艺比赛的目的是在满足群众文化需求的基础上提高其精神文明水平，故某些评比内容超出了职业艺术大赛评比范围，如参赛单位的组织质量、参赛选手的遵纪情况、比赛当中的加分因素，等等，在短时间内对这些内容作综合考虑都不是现场评委力所能及的。因此，当评委为参赛内容评过分之后，评委会还要与主办方进行综合述评，加入其他评分内容得出竞赛最终结果。此种方法在基层文艺比赛中经常采用，对促进基层文化活动的开展具有一定的作用。但必须注意的是，在评比过程中一定要充分尊重现场评委的意见，评委的评分应作为比赛结果的基础依据，只有这样才能保证竞赛的公正性。

(四)竞赛规模和范围设计

1. 竞赛规模

群众文艺比赛的规模大小要由三个方面的因素来决定。①主办方举办活动的目的——如果为了大力宣传和普及某种文化知识或理念，如加强全民环保意识、保护民间文化遗产等，其文艺竞赛的规模应当选择大中型活动；反之，若仅仅为了满足群众的日常文化需求，则组织小型比赛活动较为合适。②群众对该项文艺比赛的需求程度——不同地区、不同行业、不同文化背景下的群众文化需求，会呈现出不同的特点和色彩。举办群众文艺比赛要有文化背景的支持，没有群众基础的任何文艺比赛，其主办方都会感到底气不足。例如，辽宁地区为了满足群众文化需求举办大型二人转艺术比赛，其成功率一定会很高。但如果为了普及地方戏曲艺术举办陕西秦腔戏曲比赛，其规模就应当以中小型为主，待被群众普遍认同后，再考虑举办大型活动。③主办方的实际运作能力——其中包括对竞赛项目的号召力；对相应范围内参赛资源的掌控和开发能力；对活动的设计能力和布局能力；竞赛活动的经费保障；与竞赛活动相应的硬件设备状况等。主办方的运作能力直接制约着活动的规模，量力而行、注重实效是主办方开展群众文艺比赛活动的基本原则。

2. 范围设计

群众文艺比赛的范围设计一般可包括三种模式。①以行政区域或自然区域划定竞赛活动范围——例如"某某省文化艺术大赛""某某市机关艺术大赛""华北地区群众文艺比赛"，等。举办这一类的比赛多以示范、引导或宣传某种知识和理念为主要目的。②以年龄、性别划定竞赛活动范围——例如"北京市九九重阳老年登山比赛""某某市少儿京昆戏曲大赛""某某市庆三八女子舞蹈大赛"，等等。举办这一类比赛多以丰富群众的文化生活，满足其文化需求为主要目的。③以艺术门类划定竞赛活动范围——例如"全国民间鼓舞大赛""某某市群众歌手比赛""某某地区群众摄影比赛"，等等。举办这一类文艺比赛多以普及某种文化艺术，提高群众审美水平为主要目的。

(五)竞赛内容与形式设计

在群众文艺比赛活动的设计中，其内容的选择和确定是十分关键的环节，对活动的规模及形式的设计可产生重大影响。活动的策划者必须处理好竞赛内容与竞赛形式之间的关系。内容是活动的核心，一切设计要素都要围绕内容展开，活动形式的选择必须要与内容保持高度一致，要为内容服务，而内容的价值与效果也必须通过形式得到体现，两者是相互依存的关系。只重内容而忽视形式，其活动就会枯燥无味。而只重形式忽视内容，其活动就会华而不实。竞赛活动的主办方只有将内容和形式进行整体设计，尽量做到内容与形式的统一，才能保证竞赛活动的最佳效果。

1. 群众性竞赛活动内容的设置要视活动目的和群众实际需求而定，它决定了评奖类别的数量和评比标准的制定

常见的竞赛内容有以下几种。①单项单一内容设置。即单一艺术门类中的单一项目内容的比赛，如"群众歌手大赛""戏曲剧本创作比赛""京剧票友演唱比赛"，等等。此类比赛以传播和普及某类艺术为主要目的，内容单一，便于操作，目标明确，群众便于接受，易得到基层文化单位的普遍认同，并予以广泛应用。②单项多类内容设置。即在单项艺术门类中评出两个以上项目内容的比赛，如在"群众舞蹈大赛"中，评出"表演奖""创作奖"，或评出

"艺术展示奖""选手综合素质奖""作品创新奖"，等等。此类比赛以提高广大群众的审美素质为主要目的，深入浅出，知识全面，对群众文化艺术水平的提高具有重大意义。③多项单一内容设置。即将两个以上艺术门类组成一项竞赛活动，但仅评出单一项目内容的比赛，如在"群众戏曲大赛"中将京剧、评剧、豫剧、越剧和川剧共同纳入竞赛门类之中，但仅凭出个人表演单项奖；又如某项艺术大赛，将音乐、舞蹈、戏剧、曲艺等艺术门类放在一起比赛，仅评比节目优秀奖等。此类比赛多以满足群众多种文化需求为主要目的，对丰富广大群众的文化生活具有较大意义。④多项多类内容设置。即将两个以上艺术门类组成一项竞赛活动，并评出多个项目内容的比赛。如在综合性艺术比赛中，评出"优秀节目奖""最佳表演奖""创作奖""活动组织奖"，等等。此类比赛多与促进本地区的群众文化发展有关，对群众文化艺术审美水平的全面提高具有一定意义。这类活动的规模较大，运作中的技术含量较高，活动的策划者必须事先做好细致的设计和技术准备工作，确保各环节的良性运转。

2. 竞赛活动形式的设计要视内容的需要而定，不同的竞赛内容可采用各自需要的竞赛形式，相同的竞赛内容在不同的状况下，其决定形式的因素也是多样的

以艺术表现的丰富程度为依据，可采用分解方法来确定竞赛形式，如"群众歌曲大赛"中可分解出"大合唱""小合唱""二重唱""独唱"等，以此来丰富竞赛样式，满足群众多样的文化需求；以运作方法为依据，可按规模的大小采用分级方法来确定竞赛形式，如"初赛""复赛""决赛"等，确保艺术比赛的良好秩序；以群众文化特征为依据，可采用评委打分，群众参与的方法来确定竞赛形式，如增加群众评委、专业评委进行现场讲评等，将观众与选手融为一体；以社会影响力和宣传效果为依据，可采用电视大赛、广场比赛、网络传媒比赛和剧场及展厅展示性等比赛形式，扩大比赛的宣传范围，达到普及文化艺术的目的；以活跃群众文化生活为依据，可采用游戏娱乐的方法来设计竞赛形式，如有奖竞猜比赛、趣味游戏比赛等，让群众在愉快的游戏中得到满足。总之，无论采用哪种比赛形式，都不能脱离当时当地的实际情况，时刻不忘内容与形式的统一，形式与具体客观条件的一致。

(六)颁奖方式设计

群众性文艺比赛的颁奖设计应与比赛的等级和规模有着密切联系。受活动经费和群众的需求程度制约，活动的目的不同，其颁奖的方式也会不同。具体包括颁奖程序和奖品设置两个方面。

1. 文艺比赛的颁奖程序大致可分为现场颁奖和非现场颁奖两类

(1)现场颁奖是指当比赛结束后，由组委会当场进行颁奖的方法

主要程序包括：评委会宣布比赛结果；获奖单位或选手按照获奖级别由低到高，或按照获奖类别分别登台领奖；颁奖嘉宾登台分别为获奖人员颁奖；获奖人员合影留念，发表获奖感言；组委会或评委会进行颁奖小结；仪式结束。现场颁奖是群众文艺比赛普遍应用的一种方法，活动的主办方可根据自身的实际情况对颁奖程序的内容进行增加或删减。

(2)非现场颁奖是指当比赛结束后，组委会不在现场立即颁奖，另选时间公布比赛结果和颁发相关奖品

采用此种方法一般出于两种原因：第一，该项比赛属于大型赛事，其社会影响很大，必须单独举行颁奖表彰活动，如颁奖晚会、表彰大会，等等；第二，该赛事的评选工作比较复杂，需在赛后进行分析和研究才能公布比赛名次，此种方法在一些中小型的文艺比赛中常出现。必须强调的是，任何方式的颁奖活动都必须遵循"公开、公正、公平、透明"的原则，禁止暗箱操作。有失

公允的颁奖不但会产生负效应，还会发生不必要的纠纷和事故，各级主办单位务必要引起重视。

2. 竞赛奖品的设计可分为精神奖励和物质奖励两种方式

群众性文艺比赛的参与者，大多都是为了满足自身的精神文化需求，能够得到评委和观众的承认是选手最大的心愿，因此精神奖励对参赛选手最为重要。对于群众文艺比赛来讲，精神奖励是竞赛奖励的主要手段。主要包括奖杯、奖牌、奖状等。

颁奖过程中的物质奖励是竞赛奖励的重要补充手段，是对参赛选手在感官上的激励，可进一步增强群众对群众艺术的参与热情。主要包括奖金、实物奖品等。应当注意的是群众文化范围内的物质奖品价值，不应仅以花钱多少来衡量，应更加注重其文化内涵，要将物质奖励作为群众文艺比赛的有机组成部分，使其在满足获奖选手的文化需求方面发挥作用。颁发具有文化元素的物质奖品要比单纯的物质刺激更有意义。设法将精神奖励和物质奖励融为一个有机整体，让参赛选手在领取奖品时，可以受到某种启发和帮助，活动项目的设计者应在这一方面多动脑筋。

(七)演职员及评委定位设计

群众文艺竞赛活动的组织者在策划和设计活动时，首先需要解决的就是所有相关人员的角色定位问题，这一点十分重要，但却往往最容易被忽视。所谓的角色定位是指文艺竞赛的参与者，在活动中所处的地位和应当承担的职责。其中所涉及的人员有三部分。

1. 竞赛活动的参赛选手

参赛选手是竞赛活动的主体，同时又是活动的主要服务对象，主办方所进行的一切工作都要围绕着选手的比赛项目展开。选手参加比赛时承担着三种角色的义务。第一，艺术的展示者。这是选手参加比赛的直接目的，通过评委的点评和打分，了解到自身的实际艺术水平，并争取得到社会的肯定。因此，参赛选手应当保持良好的心态，努力表现出最高水准，圆满完成比赛是选手的核心任务。第二，文化的传播者。除了完成比赛内容，参赛选手还必须认识到，自己通过各类艺术形式所进行的展示是一种传播行为。这种传播不仅体现在竞赛内容上，还体现在选手的行为表现上，如自身言行、举止风度、全局意识、纪律观念、综合文明素质，等等。选手的每一个行为都在向评委和现场观众传达着自己对精神文明的认识，这一点必须引起选手们的高度重视。第三，知识的学习者。群众性文艺比赛的最终目的是提高人们艺术审美水平，众多的参赛选手相聚在一起，各自展示着高水平的艺术成果，这就为选手们提供了一个相互学习的机会，每一个参赛者都可以从其中得到启示。

从上述三点可以看出，群众文艺比赛活动的参赛选手不应仅仅将自己看作参加比赛的选手，更应将自己看作该项活动的有机部分，并争取从中得到全面的提高。

2. 竞赛活动的评委

群众文艺比赛中的评委是活动的关键性岗位，他们的工作对竞赛结果起着决定性作用。明确评委的角色定位，对全局都会产生巨大影响。

评委在竞赛活动中应发挥三方面作用：第一，对参赛选手的展示结果进行裁定，这是评委的核心任务。每一位评委都要遵守"公平、公正，对选手负责"的原则，应正确掌握和使用好手中的权力。第二，对参赛选手进行专业性指导，这是评委应尽的职责。群众文艺比赛的参赛选手都是本门艺术的爱好者，但大多都未经过系统的专业知识学习，评委对选手进行具有针对性的指导会对后者全面素质的提高产生重大影响。第三，对现场观众进行艺术知识的宣传普及，这是评委应开展的工作。在文艺比赛的现场，观众是竞赛的旁观者，又是活动的参与者，他们对竞赛内容有着很高的兴趣，渴望通过欣赏比赛得到较多的启发和收获。对于广大群众而言，评委大多都是本门艺术的专家，他们的一言一行都会对现场观众产生重大影响。由评委传播的知识最有可信度和权威性，观众也最容易接受，因此向群众普及艺术知识，就成为评委们责无旁贷的义务。综前所述，若竞赛活动的主办方仅仅将评委视为打分员，就显得十分不全面了，应当充分调动起评委的角色功能，发挥他们应有的作用。

竞赛活动的主办方在聘请评委的工作中，应进一步明确其目的性，要将最合适的评委邀请到最合适的竞赛活动中，发挥其最恰当的作用。一些活动的组织方为了扩大竞赛活动的社会影响和知名度，不顾自身的实际情况，聘请知名的艺术家担任评委，其结果却往往达不到预期目的。究其原因，常常是因为举办活动的目的与聘请评委的目的没有达到一致和统一，评委参加了他不适合参加的活动。如果文艺比赛的目的是提高艺术水平，选拔艺术人才，那么聘请专家评委就会发挥出巨大作用。但如果仅仅是为了活跃群众的文化生活，而且娱乐性较强，则聘请更加熟悉基层文化活动规律、了解群众文化生活的文化馆、文化站的专业人员担任评委会更加合适。群众文艺比赛的目的不同，其评委会的人员组成也应当不同。

3. 竞赛活动的工作人员

群众性文艺比赛的主办方是活动的组织者，也是活动的决策者，其内部的工作人员是该次活动实施的主体，对保证活动的质量负有重要的责任和义务。因此，各岗位必须要加强自身的角色意识。第一，服务意识。竞赛活动中的各个岗位无论开展何类工作，都要以比赛为核心，要从参赛选手的角度设计任务的实施，而不是仅仅从自身的角度来考虑问题。方便服务对象是服务意识的核心。第二，协调意识。文艺竞赛活动的竞争性比较强，与其他活动相比，出现异议和矛盾的概率相对较高，岗位工作人员是处理此类问题的核心力量，其方法主要靠协调和疏导，而非强制性命令和决策。增强协调意识是每一个岗位人员的基本功。第三，和谐意识。从群众文化活动社会功能的角度来分析，任何群众文艺竞赛的结果都不是活动的最终目的，而是手段。其目的是普及知识，提高广大群众的审美水平。因此，创造和谐的竞赛环境是每一个岗位工作人员的重要职责，要让参赛选手在友好、热烈、轻松、公平的氛围中完成各项比赛任务。

（八）场地环境和气氛设计

从表面上看，群众性文艺比赛与群众文艺晚会的场地环境及气氛设计没有什么不同，其实有着很大区别。竞赛活动有其特殊的要求，应符合赛事的需要，更要有利于参赛选手的现场发挥。

1. 竞赛场地环境的布置要注意以下几个问题

第一，环境布置的内容要与竞赛项目内容相一致。每一项群众文艺比赛活动都有其明确的内容和目的，活动的设计者应充分考虑文化活动社会功能，应设法在比赛前通过环境的渲染作用，将竞赛活动的动机和目的传达给广大群众，使人们在参加活动前，先期对该项比赛有一个初步认识，从而达到激发群众积极参与活动的目的，这是群众文化活动环境设计的基本职能之一。第二，赛场内的环境设置要有利于选手的水平发挥。群众文艺比赛活动的直接目标是选手的比赛成绩，给参赛选手创造一个良好的竞赛环境，是赛场环境设计的主要任务。例如，不在赛场内设置过多的与赛事无关的装饰物，避免选手精力不集中而造成失误等。第三，环境设计应考虑观众因素及特征。在群众性的文艺比赛活动中，观众是重要的组成部分，他们的现场情绪会对参赛选手产生很大影响，而观众的兴趣和热情在很大程度上来源于环境的感染。如果在活动场所设置一些与比赛相关的艺术知识和介绍选手的宣传栏或橱窗等，就会帮助前来参加活动的观众尽快进入竞赛状态，并会按照组织者的设计意愿营造出良好的比赛气氛，这有利于选手的良好发挥。

2. 赛场气氛的营造除了来源于环境的设计以外，更重要的还依赖于三个动态因素

第一，评委的作用。群众文艺竞赛活动的评委，不仅是比赛项目的评判员，更是文化艺术的传播者。观众关心比赛结果，也关心评委们在现场所做的点评和讲解，场内气氛也会随着评委的讲述而改变着。活动的组织者应事前与评委们进行沟通，做好相应的准备工作，充分调动和发挥评委的作用。第二，观众的作用。在通常情况下，群众文艺比赛活动的观众来源于三方面，即参赛选手本身，他（她）们在比赛前或比赛后都会在观众席上观摩其他选手的表演；参赛单位的领导和同事，他（她）们前来为本单位或本地区的选手打气加油；应邀前来的热情群众，他（她）们都是群众艺术的热爱者和支持者。上述观众无论来自何方，都会对比赛气氛产生巨大影响。活动组织者应引导场内观众，公平、热情地支持每一个参赛选手，并促成良好发挥，创造团结和谐的竞赛氛围。不和谐的气氛会使选手产生紧张情绪，甚至导致展示失败，故观众不带倾向性是营造和谐气氛的关键。第三，主持人的作用。在群众文艺比赛活动中，主持人的作用是不容忽视的，他（她）是选手与评委和观众之间沟通的桥梁，同时又是现场气氛的调节人。通过主持人的作用，要让场内气氛做到热而不燥，静而不冷，这是一项技术性很强的工作。因此，掌握比赛现场节奏是主持人的基本功。

(九)舞台美术和音响设计

对于动态艺术表演类的群众文艺比赛来说，舞台美术设计和音响效果设计至关重要，甚至在很大程度上决定了选手的比赛成绩。在群众文艺晚会上，舞台的舞美音响效果主要为观众服务，满足观众的视听感觉。而文艺竞赛则不同，各类设计都要为参赛选手的需求服务，也就是说，服务的重点在台上而非台下。本着这样的原则，舞美和音响设计应注意以下几个问题。

1. 舞台美术的设计原则是添彩而不添乱

第一，设计内容应与竞赛的内容相符。如果参赛的内容以表现作品为主，舞台美术就应严格按照作品的艺术要求进行设计，如果参赛的内容以表现选手的展示能力为主，则舞台美术就应围绕着表演者的艺术表现力进行设计。在实际工作中，一些单位为了加强主办方预先设定的宣传内容，在竞赛舞台上增加了许多与比赛无关的文化元素，其效果往往会适得其反，不值得提倡。第二，设计风格应与竞赛的类型相符。群众文化艺术的多样性，决定了文艺比赛类型的多样性。不同类型的文艺比赛应体现相应的舞美设计风格。例如，群众性街舞大赛的舞美设计应以现代时尚元素为主，而中老年秧歌大赛则应在民间文化元素上下功夫。风格的一致性有助于参赛选手的正常发挥。在基层文艺比赛活动中，经常忽视舞台美术的重要性，这个问题尤其应当引起注意。第三，设计效果应与评委及观众的感觉相符。在群众文艺比赛活动中，舞台美术起到的是辅助性功能，万不可喧宾夺主。其灯光、布景、道具及效果都应与参赛项目成为有机整体，必须保证评委和观众的注意力始终集中在评比的内容上，如果出现了因舞美设计的原因，而分散或干扰了评委的注意力，则说明其设计不成功，这类现象在群众文化活动中时有发生，活动的组织者应引起重视。

2. 音响效果在群众文艺比赛活动当中，发挥着十分关键的作用

由于音响效果的原因影响了选手的比赛成绩，这种情况在各地都曾发生过。可以说，音响是群众文艺比赛的基础，是筹备工作的核心环节之一。在运作中应注意以下几个问题。第一，音响师在比赛前要熟悉竞赛内容、选手特征，特别应掌握音响技术与竞赛要求之间的衔接关系和配合关系，与参赛选手的默契关系是保证竞赛质量的关键。第二，要强调传送音响的作用，要保证将优质音效传送到参赛选手的耳中，音量过强或过弱都会影响选手的正常发挥。第三，要做到为每一位参赛选手提供统一标准的优质服务，任何疏忽和差异都会使选手产生不公平感，甚至会引起争议或纠纷，应当给予重视。

（十）技术性运作设计

群众文化活动中的文艺比赛，与其他活动相比较具有较强的竞争性，在操作过程中各环节的协作难度也相对要高，所谓技术性运作就是指针对文艺比赛活动应当建立的特有的机制模式，采用有效的运作方法来保证高水准的活动质量。

1. 评判机制的建立

文艺比赛的技术性运作主要体现在竞赛评比的过程当中，如评分标准的制定，评委的组成认定，比赛效果的打分，各类分数的计算排序，评比结果的认定等。这些环节是最容易产生矛盾的部位，必须要建立相应的机制进行规范性运作，这个机制就是竞赛评审委员会（简称评委会）。该委员会的主要职责是确保评委的评审打分公平、公开、准确、有效，并能够对评审结果负责并进行解释。

2. 监督机制的建立

为了保证文艺比赛的公平合理，建立有效的监督机制是十分必要的，尤其是大型文艺比赛活动，其监督的作用就更为突出，既要确保比赛的权威性，又要维护参赛选手的合法权益。群众文艺比赛的监督主要体现在竞赛程序和竞赛结果两个方面，评委会要欢迎并主动配合监督机制的有效运转。监督机制的类别大致有下列几种：通过聘请法律公证部门进行法律监督；通过互联网和新闻媒体平台进行社会监督；通过召开座谈会或征求意见等方式进行群众监督；通过工作会议和意见反馈等方式进行系统内部监督等。

3. 协调机制的建立

由于活动的主办方在举办群众文艺比赛过程中，要面对参赛单位的荣誉、选手的竞争、评委的意见、群众的文化需求等诸多因素，其面对的矛盾，无论从数量上还是难度上，都要比举办文艺晚会的困难大很多。在举办大型文艺赛事时，为了保证活动的顺利进行，必须要建立高效率的协调机制，并制定切实可行的协调办法，如协调会议制度、现场办公制度等。统一活动参与单位和参与者的认识，互谅互让、步调一致是保证活动正常运作的先决条件。

4. 交流机制的建立

在群众文艺比赛活动中建立交流机制，是群众文化的社会功能所决定的。文艺比赛活动是群众文化活动的重要组成部分，而开展群众文化活动的目的是满足人们的文化需求，提高广大人民群众的精神文明素质和文化素质。创造选手之间相互学习的机会，建立专业艺术人才与广大群众的鱼水关系，向现场观众普及文化艺术知识，检验本地区群众文艺水平，这才是举办竞赛活动的根本目的。因此，交流是群众文艺比赛活动的重要内容，活动的主办方万不可忽视。

三、文化展览类活动的设计

群众文化活动中的展览类活动属于静态艺术活动范畴，在群众文化活动中占有不可替代的地位，对广大人民群众的精神世界产生着重大影响。各类形式的群众艺术展览活动，将人们生活中的美好瞬间和艺术作品展示给广大群众，丰富着人们的内心境界，使人们反复品味着静态艺术的魅力，感受着与舞台表演艺术不同的精神享受。它是人人都不能缺少的一种艺术形式。

(一)展示场地条件设计

群众性展览展示活动对场地条件有着较高的要求。就当前我国群众文化整体发展水平而言，虽然与专业展览馆的设施有着巨大差别，但为了保证活动效果，各展览场所还应当具备最基本的展示条件。

1. 场地面积应视各地群众文化设施的实际情况而定，具备的条件不同，其制定的标准也会不同

在通常情况下，场地面积具备 150 平方米以上，高度不低于3.5 米的文化和旅游厅、室都具备开展一般性展览活动的条件。基层文化单位的活动室，只要活动面积不少于 80 平方米，都可以开展小型的展览展示活动。参展作品的数量和规格要由场地面积的大小来决定。展览场地的面积应满足参观者的两方面需求：第一，给参观者留有充足的视觉观赏空间，展品与观众的距离不少于 3 米；第二，应方便到场群众的流动和通行，保证场内的人员安全，应便于观众的疏散和疏导。

室外各种展览活动没有统一的场地面积要求，但活动地点的选择却十分重要。首先，应便于群众的通行，尤其是在交通要道边举办的流动性或宣传性较强的图片展览等，更应注意人员的安全。其次，有利于群众的驻足参观，应给前来观看展览的群众留有充足的观赏距离和空间。

2. 在举办各类室内文化展览的场地里，应具备相应的设施保障

第一，根据参展作品的需要大致分三类设备，即展板、展框和相配的吊钩设备，供书画类、摄影类及工艺美术类展品的使用；展台和展柜设备，供摆放实物类艺术展品的使用，如民间工艺品、群众创作的艺术展品等；与观众隔离开来的特定展区，供花卉、奇石等观赏类展品的使用。第二，展厅内设置消防灭火设备。因室内展厅是相对的封闭空间，其展品大多数都是易燃物品，故灭火器材必不可少，各级活动的主办单位务必要给予高度重视。第三，室内应有通风和除尘设备。群众艺术品的展览活动一般都要进行一周以上的时间，人员的流动、灰尘的侵袭等都会给展品带来不同程度的伤害。因此，保证室内清洁是一项十分重要的工作，尽量使用吸尘用具，避免灰尘飞落，保持室内空气的清新度，这是举办展览活动的必经程序。第四，展厅内应有足够的光线和提供光源的设施设备。有条件的场所应尽量使用自然光源，自然光源不足要增加辅助光，但无论何种光线都不要直射书画作品和摄影作品，否则会带来不必要的损坏。

3. 在室外举办的展览展示活动，应配备以下两方面的设备

第一，与展示活动相适应的照明设备。尤其在文化广场等文化设施举办的展览，更应当具备照明条件。第二，设置防风防雨设备。特别是移动性很强的展览活动，其展板的抗风雨能力都比较弱，防止展品被损坏是户外展览活动的重要任务。

(二)展品展示布局与布置陈列设计

群众艺术展览活动的布局和展品的布置是活动的核心部分，直接关系到展览活动的效果。活动的设计者应把握好布展过程中的几个环节。

1. 展品展示的布局

虽然由于各级群众文化活动单位的设施设备及相关条件等因素，不能与专业展览馆和博物馆相比，但在展览活动的布局方面还是应当遵循其应有的规律进行运作。群众性展览活动布局的基本方法是，以群众的普遍观赏习惯为依据，在吸引观众的注意力和在短期内引起观众兴趣上下功夫。从布局归类的角度上，常用的有以下几种方法。

按照内容归类的方法进行布局。在综合性的展览活动中，由于参展的作品类别及风格各不相同，如民间工艺品中的剪纸、刻瓷、面人、风筝、内画壶，等等。如果将其混放在一起进行展览，观众的观赏思路就容易发生混乱，不但会削弱展示效果，还会产生群众无序流动，影响活动秩序。将参展作品按照各自的类别进行分类布置，是解决此类问题的好方法。

按照时间顺序进行布局。如果举办的是个人美术作品展，可按作者不同时期的作品依时间顺序进行排列，使观赏者能够从中领悟到作者在艺术创作道路上的发展历程，从而加深对参展作品的理解和认识；如果举办以某项事物的发展历程为题材的展览活动，按照时间顺序布局就可以使观众了解事物发展的全貌，对深刻理解活动的主题发挥重要作用。总之，按照时间顺序进行布局是群众展览活动常用的布局方法。

按照事物内在联系进行布局。在举办专题类展览活动的布局时，采用内在联系的方法会十分有效。例如，举办《预防沙尘暴科普知识》展览活动，可按照"沙尘暴形成的原因"、"沙尘暴带来的危害"、"预防沙尘暴的方法"、"提高全民预防意识"等几个方面进行布局，引导观众在参观过程中形成完整的思维逻辑，从而达到宣传教育的目的。

按照作品的艺术风格进行布局。在举办单一类型的艺术作品展览活动时，不同风格的作品同时参展是不可避免的，也是应当鼓励的。例如，同是书法展览，又同是草书作品，但不同的作者有着各自不同的艺术风格。广大群众大多是普通的爱好者，观赏作品时带有一定的盲目性。将不同风格的艺术品分开展览，对引导人们进行理性认识，提高艺术鉴赏力会大有帮助。

2. 展品陈设的设计

群众文化展览活动的展品摆放，对展览活动的效果具有重要意义。各级群众文化单位在举办群众性展览活动时，都要合理摆放各类展品，除了考虑安全因素以外，还应注意以下几个问题。

要有明确的展品观赏路线指示。为了保证展览活动的正常秩序，活动的组织者应在展览场所的入口处设置参观路线的图示，对到场的群众进行引导和指示，并在沿途加设引路标志。这项工作在大型展览活动中尤为重要。

展览开始与结尾部位要有"前言"和"结束语"。无论大型展览活动还是小型展览活动，前言和结束语都是必不可少的。对引导观众目标明确地观赏作品起着重大作用。前言主要向观众说明举办该次展览的动机和目的，并阐明展览内容和形式。结束语主要对展览的内容进行总结性评述，对观众的观感按照组织者的意图进行引导，从而达到举办展览活动的目的。

每一个参展作品都要有标注或说明。为了加深观众对展品的理解，活动的组织者应在显著部位对每一件展品进行说明。其中包括展品的类别、名称、作者的姓名、地址和单位及作品的特征、风格等内容。

(三)现场环境与氛围设计

在丰富多彩的群众文化活动中，展览展示活动的环境与气氛设计是一项看似简单，实则很费工夫的工作。不像文艺表演类活动那样，在举办活动之前就已经形成了一定的气氛环境和氛围，静态艺术的展示必须要经过大量的气氛渲染和宣传，才能达到吸引人们注意力的目的。将氛围设计纳入总体活动设计之中，是成功举办展览活动的重要因素。在设计过程中应把握好以下几个原则。

1. 在举办活动前，应针对参展作品的特征和举办活动的意图，对前来观展的服务对象进行调查分析

群众性文化活动的参与者，其自身的状况各不相同，不同年龄、职业及生活条件下的群众对文化的需求存在着很大的差异，若想将不同需求的群众吸引到同一项展览活动中，必须要掌握人们的文化需求心理，然后制定出相应的设计方案，这是一项细致的工作，应当给予重视。

2. 现场环境的设计一定要与展览活动的内容相符，形式多样的宣传手段和气氛渲染设计要服从活动的主题要求

如果违背了这个原则，无论多么新颖的创意都不能称为优秀的设计。例如，在"纪念反法西斯战争胜利××周年"的图片展览活动现场，设置了若干销售纪念品的商位，并开展了一系列的促销宣传，吸引了大批群众前来参与活动，营造出热烈的环境气氛。但从实际效果来看，这并不是一个成功的气氛设计，因为它破坏了该次展览活动应有的肃穆气氛，没有给前来观看展览的观众留下冷静思考的空间，不符合举办本次活动的初衷。

3. 环境设计应符合静态艺术展示活动的基本要求

要努力制作出一个让广大群众进入展览环境中时，能从外部精神状态脱出，迅速进入安静和谐的展览观赏氛围的设计方案。色调设计不宜过热，动态元素也不宜过多，观众在参观时需要从容，更需要安静的环境。所谓安静不等于没有声音，而指的是一种意境。例如，北京市的一位水墨画家曾经在国外举办过一次个人画展,他邀请了一位琵琶演奏员和一位二胡演奏员分别在展览现场演奏中国古典乐曲,悠扬典雅的乐曲将现场观众带入中国悠久的文化氛围中,人们在欣赏着乐曲的同时,加深了对美术展品的理解和认识,展览活动取得了圆满成功。

(四)展品收藏与保存设计

群众艺术展览活动中的展品收藏保存工作是一项十分重要而又非常细致的任务,必须作为相对独立的程序进行设计。展品保存的质量直接关系到展览活动的结果,同时也关系到广大群众参与活动的热情和兴趣,爱护参展作品就是爱护群众文化艺术,也是对作者辛勤劳动的尊重。在实际运作中应当注意两方面问题。

①建立相关制度和规则,严格按照操作程序工作。其中包括参展作品的征集、展品的造册登记、展品的安全陈设、展品的展后分类清点、展品的安全入库,等等。

②完善展品保管制度和入库后的保存条件。第一,各种展品入库后应分类安放,不可混在一起。第二,建立定期检查制度,确保展品的安全和完好。第三,库内应保持一定的空气湿度和温度,保证展品的柔韧度。第四,库内增设通风设备,保证展品不会受潮变质。第五,对长期保存的展品还应当建立更加专业的保存制度。

(五)观众欣赏与交流设计

开展群众文化活动的目的,是通过满足群众的文化需求来提高广大人民群众的文化素质和精神文明水平,群众性展览活动是群众文化活动的重要组成部分,同样应当发挥其社会功能。因此,引导群众通过展览获取知识是主办方的一项重要工作内容。具体的实施可从两方面进行设计。

①展览现场交流设计——安排专职讲解员对观众进行引导讲解服务;发放参展作品的宣传材料和相关材料,促进参观群众对

展品的全面了解和认识；设置现场咨询台，解答观众提出的各类问题等。

②展览相关交流设计——为了充分体现举办展览活动的最佳效果，可以围绕着活动主题，开展一些相关的群众性交流活动。例如，组织参展的作者开展经验交流活动；举办相关的学术研讨会；开展群众性的有奖知识问答活动等。

第三节　群众文化活动的分类设计

群众文化活动的类别十分丰富，除了展示型文艺演出类活动以外，还有种类多样的活动类型，如联谊活动、培训活动、节庆活动、广场活动、公园活动等。不同的群众文化活动都有其自身特有的规律和特征。现就几个常用活动类型的特点和策划设计的一般内容进行分析和分解。

一、按活动类型划分的设计

（一）文化联谊类活动的设计

群众文化活动中的联谊类活动是各级群众文化单位经常开展的一种活动形式，在群众文化范畴内占有很重要的位置，对促进群众之间相互理解，增进友谊，起到一定的作用。群众文化联谊活动的种类很多，设计的范围也比较广，大致可分为以下几个方面。

1. 联谊方式与内容设计

群众性联谊活动的内容和形式，受活动目的和参与活动成员的特征制约，不同的单位会依据自身的实际情况采用多种方式，开展以加强感情沟通为目的的联谊活动。

①文艺演出类活动——此类活动以单位之间的互动交流最为

多见，如军民大联欢等。参加联谊活动的单位各自准备了具有特色的文艺节目，通过演出活动达到情感交流的目的。

②座谈联谊类活动——在单位之间进行学习交流或由多个系统组织的大型培训活动时，经常为了加强沟通和了解，增进友谊，举办一些联谊性活动，如茶话会、交流会、联欢会，等等。

③游戏娱乐类活动——为了促进社区内邻里之间的和谐关系，或增强单位内部的凝聚力，利用节假日或工作之余组织一些娱乐性活动，如有奖游戏、灯谜竞猜、郊游踏青活动等。

除了上述三类活动以外，还有许多形式的联谊活动。无论形式和内容如何多样，都不应离开以增进友谊、情感交流、相互学习、团结和谐为基本目的的原则。这是和展示类活动、竞赛类活动的最大区别。

2. 现场环境与氛围设计

由于群众联谊活动的特殊个性，使环境布置和气氛设计方面也有其相应的要求。

①现场环境的设计应从自然、松弛的角度入手，不宜采用大型广告、醒目的标语为衬托，更不需要用震撼人心的大色块构图进行装饰，而是应当表现出随意、大方的风格。群众文化活动中的联谊活动不需要过多人为的渲染，如果能让到场的人们不感到紧张、庄严，而是觉得轻松愉快、不感拘束，那便是非常成功的联谊活动环境设计。

②在大型群众文化演出活动中，经常采用在演出前拉歌的形式来创造声势，而联谊活动则恰恰相反，现场的气氛越轻松越好。轻松是进行情感交流的最佳气氛，如在活动现场播放一些欢快的音乐等。

在联谊活动中尽量减少不必要的礼仪场面，也不需要过多的礼节性发言和讲话，相互间随意交流、即兴展示是联谊活动的特点。

3. 联谊程序设计

群众文化联谊活动的程序设计是一项很重要的环节，程序不清则效果不明，这是许多有经验的活动策划人的工作体会。从群众文化的角度来看，活动程序应有以下几个步骤。

①确定联谊对象——在群众文艺演出等活动中，其服务对象和观众的成分是不确定的，但联谊活动则不同，联谊的对象必须确定，这是活动主办方应首要解决的问题。联谊活动是文化和情感交流的过程，没有了交流对象，活动便成为无本之木，无源之水，无论多么好的创意都无法实现。

联谊活动的对象可以是在单位之间，如文化馆之间的联谊活动。也可以是在单位成员或群众之间，如单位茶话会、社区居民联欢会等。

②明确活动议题——任何群众文化活动都应有其明确的活动动机，联谊活动也不例外。一些企业开展联谊活动的目的是增强内部凝聚力；单位之间的联谊活动是为了增进彼此的了解，有利于共同发展与合作；社区举办联谊活动是为了促进和谐的邻里关系等。不同的活动目的形成了各自的活动议题，各项策划项目均要围绕议题展开。

③决定活动内容和形式——当活动对象和活动议题确定后，其活动的内容和形式便有了设计依据。如单位之间的联欢会，村里举办的游艺活动，同行之间举办的茶话会，等等。

④制订活动计划——这是活动的关键性步骤，活动计划中既要体现出主办方的全部活动意图，还要制定出活动具体的运作办法。例如，工作队伍的建立、各项任务的确定和分配、活动流程及实施步骤的安排、活动经费的落实，等等。

大型联谊活动的计划应当按照策划方案和实施方案的编写步骤进行，而一般性的中小型联谊会则可采用简易方案的方法运作。

⑤活动的筹备运作——联谊活动的筹备工作是一项十分细致的运作过程，直接关系到活动的实际效果。其中包括：参加活动各方的联络和协调；活动程序的落实和岗位间的磨合；现场的布置和装饰；部分活动项目的演练等。由于联谊活动中的不确定因素要多于其他群众文化活动，因此在筹备过程中应给活动的参与者留有较多的自由发挥空间，如在交流演出中给观众留出即兴发挥的机会等。

⑥联谊活动的实施——在活动的实施当中，主要应当注意的是把握气氛和节奏。活动的时间不宜过长，但应设法让到场的每个成员产生亲切感，松弛而不拖沓，随意而不无序，确保设计的各个项目内容都能在轻松的氛围中完成。

⑦活动的收尾总结——联谊活动的收尾重点有两方面。第一，检查是否达到了活动设计目标，要研究其实际效果和持续发展的必要性。联谊不是单纯的娱乐和情感交流，每一次活动都有其自己的特定内涵，进行认真总结可从中找出规律，对建立规范的联谊活动模式具有重要意义。第二，建立必要的联谊关系。开展联谊活动不是建立联谊关系的结果，而是建立联谊关系的开始，单位通过活动增进了内部团结，社区通过活动促进了邻里和谐，学校通过活动改善了师生关系，等等。良好关系的形成是通过联谊活动的平台逐步建立起来的，如果把群众联谊活动作为普通的文化活动进行策划，就会减低活动应当发挥的社会功能。因此，此类工作是收尾工作的重要内容。

4. 活动参与人员的角色设计

举办群众联谊活动的相关人员大致可分为三部分，即活动的主办方和主持方、活动的工作人员、活动的参加者。这三部分成员在活动中分别扮演着各自的角色任务。

（1）活动的主办方和主持方

主办方是活动的组织者，主持方是活动效果的把握者。主办方的角色核心是判断与决策，并控制着支持方的工作方向。包括主持人在内的活动主持方，承担着调节活动节奏和现场活动气氛的重要职责。必须强调的是，无论是拥有决策权的主办方，还是掌握现场活动气氛的主持方，都应当把自身摆在与参与对象平等的位置，而不是领导的位置。只有平等才能产生和谐交流的关系，这是联谊活动的前提。

（2）活动的工作人员

所谓工作人员是指保证活动正常运作的各岗位人员，其职责是保质保量完成各自的岗位任务。就联谊活动而言，工作人员的角色定位是服务，增强服务意识是对每一位工作人员的基本要求，既要按程序完成岗位任务，又要努力创造良好的联谊环境，要把服务重点放在满足参与者的精神需求上，为人们的交流提供方便，这是保证活动效果的重要因素。

（3）活动的参与者

联谊活动的内容不同，则参与活动的人员构成也会不同。无论到场的人们如何变化，都不会改变联谊活动的特征和性质。在活动中，到场的每个人都应当认识到，自己是该次活动的参与者，而且是主动参与者，是活动的主人。参与者在茶话会上可以自由发言，在联欢会上可以即兴表演，在游艺活动中可以尽兴娱乐。和谐的联谊氛围是参与活动的每个人共同营造的，决策者、工作人员都是联谊活动的服务者。因此，活动的参与对象必须要加强主体意识。

5. 联谊特色设计

任何群众文化活动特色的形成，都不是靠主办方和设计者主观想象出来的，而是经过长期的积累和实践，从普遍规律中提炼出来的。特色是活动个性的体现，策划者应当深入实际进行研究，认真分析联谊活动中能够构成活动特色的各类元素。其中包括：活动的主题、活动的动机、参与活动人员的特征、活动的内容及运作方式、活动的质量和社会影响力，等等。

活动的设计者要认真研究联谊活动与其他群众文化活动的区别，这一固有的特征便是形成活动特色的基础，同时还要分析活动的参与者在活动中最感兴趣和最关心的热点，这些都构成了活动特色的重要元素。对各类个性元素的分析过程也是活动策划者的特色设计过程，这个过程必须要经过对大量的相关信息进行研究论证，结合设计者的创意构思才能形成较理想的活动特色设计。那种不经过艰苦劳动，仅凭设计者的灵机一动设计出的方案，无论多么华丽都是靠不住的。

联谊活动的特色设计的特色点不宜过多，都是特色便没有了特色。活动的参加者只是对活动的某个部分能够留下深刻印象，如果关注点过多，人们的感官就会发生混乱，反而不利于特色的形成。联谊活动的特色设计是否成功，不是主办方的主观认定就能决定的，必须还要经过一定时间的检验和社会的认同才能成立。因此，一项特色活动的形成是要经过实践检验的，群众文化活动的效果要由群众来评价。

(二)文化培训类活动的设计

这里所指的培训活动，是针对在开展各类群众文化活动时进行的各类培训而言，是群众文化辅导中的一个重要部分。文化活动中的培训辅导有其自身的规律和特征，主要任务是各类群众文化活动所需要的技能传授和普及，对提高群众文化活动水平有着重要意义。

1. 培训内容设计

群众文化活动的培训内容要依据活动的实际需要和群众的需

求来进行设计。在通常情况下，与培训相关的群众文化活动可分为展示性活动和自娱性文化活动两类。

展示性文化活动大多都有自身确定的活动内容，如参加艺术比赛中的节目排练，群众性艺术团队的艺术素质训练等。其培训内容的确定应视展示的内容而定，参加舞蹈比赛就应对参赛舞蹈艺术进行培训，进行文艺演出就应针对节目质量进行提高培训。

自娱性文化活动的基本目的不是为了展示，而是为了满足参与者的自我文化需求，由此开展的培训活动内容就应当以群众的需求为依据。例如，同样是群众歌咏活动，展示性活动就应以培训演唱技法为主，而自娱性文化活动就应当视参与者的目的而定，如果是为了通过唱歌来锻炼身体，那么相关的培训活动除了满足其艺术需求外，还要对其养生保健等方面进行指导。

2. 培训对象设计

在实际培训活动中，担任培训活动的老师会发现，有些培训活动的效果非常好，但有些培训活动，采用同样的内容，同样的方法，但效果却不佳。究其原因，大多都是因为参加培训的群众需求与培训的目的不统一所致。

培训活动的组织者在设计项目时，应将培训对象的实际状况进行认真的分析，如果发现培训对象的状况与培训活动欲达到的目标存在着诸多不统一的现象，则必须考虑对方案进行修改。在确定培训对象时应注意以下几个问题。

①培训内容的深度和难度是否与培训对象的接受能力和理解能力相符。如果难度过低，则会使参与的群众失去学习的动力和兴趣。如果难度过大，又会使学习者失去信心。因此，只有将二者统一起来，才能保证培训活动的效果。

②培训手段是否与培训对象的接受习惯相符。在群众文化活动的各类培训活动中，培训对象各自的文化素质和生活习惯均不

相同，文化水平较高的人群可按照知识本身的逻辑关系进行培训，而文化水平较低的群众则习惯以感性、直观的方式来理解所学的知识。培训对象的素质不同，其培训手段也应当不同。

③培训的动机是否与培训对象的文化需求相符。开展培训活动的组织者在进行培训过程中，除了满足群众的需求外，还要按照培训动机将计划中准备好的知识和技能传输给培训对象，由此便很容易产生传输与接收之间的矛盾。例如，某业余合唱团准备参加一个合唱比赛，聘请文化馆的老师前来指导。此时合唱团的培训需求是在最短的时间内将参赛作品能提高一个档次，争取在比赛中取得好成绩。但担任培训的老师从提高合唱团的整体素质出发，进行了大量的视唱练耳练习。不难看出，这样的培训活动必然会产生需求与传授之间的矛盾，其培训效果定会受到影响。

3. 培训方式设计

参加群众文化活动的群众大多都没有经过系统的专业艺术学习，他们渴望获得知识，但又不会将其作为职业，爱好和兴趣是参加活动的支撑动力。从这一角度上看，活动中的培训所起到的是加油站的作用，提高群众的文化素质是基本目的。在培训方式上除了群众文化辅导方式以外，还可采用如下方式。

(1)任务目标式培训

利用群众文化活动中的某些项目进行针对性培训。例如，前面提到的某单位业余合唱团准备参加系统的大合唱比赛，参赛曲目是《我和我的祖国》，于是聘请老师前来就《我和我的祖国》这个曲目从演唱技法到对作品的理解等，进行了全面的培训。通过对一个曲目的培训达到提升表演者综合艺术水平的目的。

(2)游戏娱乐式培训

对于自愈性文化活动的群众来说，最不愿意接受的是压力和约束，人们参与培训的目的是想要快乐，并从快乐当中有所收获。

这时的培训方式应当把握好"轻松"和"有趣"的特点，将系统的艺术理论转化为通俗易懂的娱乐内容，让人们在欢笑声中学到知识。例如，某位老师在老年健身操培训班上，发现有些年龄很大的老者在学习动作时用力过猛，反而不利于身体健康，于是就自编了顺口溜："慢慢扭腰小步走，缓缓低头高抬手……"，不少群众很快就掌握了要领。

（3）感性引导式培训

虽然广大群众文艺爱好者非常愿意接受艺术理论的培训，但由于缺乏专业知识，在接受培训时常常感到吃力。面对这种情况，培训老师可从培训对象最容易接受的角度入手，即人们的直观感觉，而不是艺术本身的规律。由模仿开始，逐步完成从形似向神似的过渡。当感性阶段成熟后，在逐渐进入理论的学习阶段，渐进式的培训方式是许多群众文化培训活动经常使用的方法。

（4）典型带动式培训

常言道，榜样的力量是无穷的，这个道理在群众培训活动中也适用。为了提高培训效率，从培训对象当中挑选出若干个基础较好的个人进行先期培训，然后将其作为典型对全体成员进行示范性教学。这些典型人员比培训老师更了解自己的同伴，通过他们进行的针对性培训往往会比老师的直接传授更加有效。例如，北京市天坛公园连续数年在春节期间举办清代皇帝祭天仪仗表演活动，编导组每年都要提前数月对几百名参演者进行排练和培训。由于大部分人员对中国古代宫廷礼仪知识十分缺乏，致使培训工作遇到了许多困难。在这种情况下，编导组便采用了典型带动式培训方法，对少数具有武术基础或曾经参加过古装影视剧拍摄的人员进行先期培训，然后再以他们作为典型分别对其他人员进行示范，并带动全体成员快速进入状态，大大提高了培训效率，取得了非常好的效果。

4．培训环境设计

优秀的群众文化活动的策划者都有一个共识，即好的培训环境对培训对象具有重大作用，可帮助人们迅速进入学习状态，并且还可以提高培训活动的实际效果。

(1)安静的环境有助于培训对象的理性思考

任何活动的环境布置都要与该项活动的内容和目的相一致，节庆晚会要有热烈的感觉，联欢晚会要有欢快的感觉，纪念活动要有肃穆的感觉，而培训活动则应有安静的感觉。在环境装饰上如果过多地使用暖色调图案，培训对象就容易产生燥热的感觉，而运用冷色调则可帮助人们安静下来，专心于对知识的接受和理解。

(2)增加环境的知识性元素，可提高培训对象的兴趣和积极性

利用宣传橱窗、板报等方式，在培训活动现场展示一些与培训内容相关的图片、材料等，可增加培训活动的知识氛围，同时还具有宣传作用。人们在这样的氛围中极易产生对培训知识的渴求欲望，尤其在基层文化单位中，采取这一方法可取得少投入多收益的效果。

5．培训程序设计

群众文化活动中的培训活动是群众文化辅导中的一个部分，应当遵循辅导程序的基本原则。但由于活动中的培训与其他培训活动有一定的差别，因此在程序上也存在着部分不同。培训程序的设计大致可分为以下几个步骤。

①认定培训内容——因该项培训是群众文化活动中的二次活动，故必须先期对群众文化活动中需要培训的内容进行认定，这是开展培训活动的基础。

②确定培训老师——根据培训内容的需要和参与培训人员的实际状况，确定培训老师。这是个十分关键的环节，每一位培训

老师都有其自身的特征和风格，这一特征必须与参与培训的对象特征相符，否则就会产生沟通困难，严重的还可能导致培训失败，活动的主办方和承办方一定要高度重视。

③选择培训方式和方法——培训老师根据培训对象的特征和培训内容的难易程度，选择培训的方式和方法。培训老师在确定方法之前，应当与培训对象进行接触和交流，掌握人们的需求心理和实际水平。由此确定的培训方法才能更具有准确性和针对性。

④制订培训计划——按照培训内容和培训方式，依据活动的总体安排和目的，培训老师制订培训实施计划，并向培训对象进行公示，做到心中有数。

⑤按计划实施培训——培训的实施应按计划严格实施，这是一个相互交流的过程，培训老师与培训对象的和谐是保证培训效果的关键。培训老师必须根据实际情况不断对计划进行调整，确保培训质量。

⑥检验培训结果——检验培训结果的标准有两个：第一，对该项群众文化活动是否起到促进作用，是否提高了活动的实际水平。第二，对培训对象是否有实质性的帮助，群众对培训效果是否有满足感。

(三)广场类文化活动的设计

广场文化活动是群众文化活动的重要组成部分，是群众性最广，影响力最强的活动形式之一，在群众文化活动中发挥着无可替代的作用。

当前，随着我国经济实力的增强，各级政府都加大了对群众文化领域的投入力度。文化广场的兴起，促使各地广场群众文化活动得到了迅速发展，活动的类型也非常丰富，各文化机构将广场活动作为宣传文化、普及文化的阵地，广大群众将广场文化作为日常生活中的一个组成部分，在这样的形势下，许多群众文化工作者意识到广场文化活动是一项独特的文化形式,应当加以研究。

在日常生活中,广场文化活动可分为日常性活动和定向性活动两个大类。日常性活动主要以中小型活动为主,满足群众的日常文化需求,操作简便且随意性强,如各类晨练活动、自发的小型文化活动、消夏休闲文艺活动等。定向性活动主要指的是由单位组织的大型文化活动,这些活动的社会影响较大,组织难度较高,如大型节庆活动、慰问演出活动、夏日广场文化节等。下面就大型广场文化活动的各要素应遵循的原则进行设计分析。

1. 活动现场的布局设计

广场文化活动的现场布局要以活动内容和规模作为依据,按照室外空旷场地的特点进行设计。大型广场活动的布局应遵循三个原则。

(1)方便群众原则

广场文化活动的特征之一就是人数众多,无论何种形式的活动,到场的群众总是服务的对象。因此在布局设计上必须把群众的方便程度放在首要位置考虑,如活动中群众所处的位置,行动的自由度等。在白天举行的大型广场文艺演出中,舞台的搭建一般都是面向南方,即演员迎着阳光表演,其原因就是让观众背对阳光,保证观赏效果。这个事例充分体现了方便群众的原则。

(2)定向流动原则

在大型广场文化活动中,规定群众的流动走向是十分关键的布局要素,在很大程度上保证了活动的正常秩序。露天广场与剧场有很大不同,剧场有固定座椅和规范的人行通道。而广场则不同,必须在布局时将人员的流动走向安排好,否则就很容易发生混乱。例如,在北京天安门广场举行的国庆联欢晚会中,有数千人组成标兵通道确保了近十万人的正常活动秩序。

（3）动静分离原则

每年当节假日来临时，各级政府或文化单位都要组织丰富多彩的文化活动，如民间花会表演、民间工艺品展览、文艺比赛、花灯展览等。尤其在综合性广场活动中，各类品种的文化活动项目同时会在广场展现，大批的群众也会根据自身的文化需求前来参加活动。主办方在举办这类活动时，必须注意要将静态活动与动态活动分离开来，尽量不混在一起活动。美术或摄影展览等静态活动需要相对安静的氛围，供人们品味和观赏作品。而文艺表演等动态活动则需要热烈的联欢气氛。两者放在一起会相互影响，看似种类丰富，但效果却大打折扣。

2. 活动内容与形式设计

广场文化活动的内容和形式设计是活动的核心部分，决定了活动的方向和结果。与其他群众文化活动相比，广场文化活动更应当遵循以下原则。

（1）主题方向引导原则

由于大型广场文化活动面积广、范围大、人员多、综合性强，致使前来参与活动的群众自我参与、自我选择的余地很大。活动的设计者若想将广大群众的思想和兴趣点集中到一起，必须要在活动内容和形式的主题上下功夫。没有主题的活动会使群众失去目标，造成方向的迷失，这是大型广场活动的大忌。

（2）群众意愿优先原则

广场文化活动由众多的人民群众组成，他们的积极性决定了活动的成败。活动的策划者在确定内容和形式时，必须首先考虑群众的需求和愿望。如果主办方需要在活动进行中宣传某些知识和精神，也应当事先对活动的参与者进行调查，了解人们的接受能力和愿望。如果发现存在矛盾，则应当通过活动前的宣传和动员等手段与群众进行沟通，从而保证广场文化活动的质量。

(3)活泼热烈为主原则

群众性的广场文化活动实际特点决定了内容和形式的设计方向。广场活动内容多以粗线条，气氛热烈的内容为主，形式应以直观、感性为主，如在文艺演出当中，欢快的民间舞蹈比单人的诗朗诵效果要好。人们在室外广场环境下最容易产生的感觉是激动，而不是冷静。

3. 场地和舞台设备设施安装设计

广场文化活动的场地设施的安装设计是活动的基础性保证，没有必要的设施设备，广场活动就无从谈起。在设施的安装设计当中应遵循以下几个原则。

(1)因地制宜原则

目前，我国供群众进行文化活动的广场大致可分为三类，即由各级政府和社会集资建立的专用文化广场；供开展体育活动的球场、运动场等；分布在城镇乡村的公共开阔场地。这些场地的特点不同、功能不同，所具备的条件也各自不同。活动的设计者在制定方案前，应对场地进行实地调查，充分利用现有的场地条件，因地制宜，避免造成不必要的浪费，同时这也是形成活动特色的重要因素。

(2)音响主导原则

由于广场文化活动的人员分散，场地面积宽大，与其他设备相比，音响设备就显得格外重要了。人们在广场的位置不同，角度不同，其视觉效果也会不一样，但在听觉效果上不应有所差别，这是人们对广场活动的基本要求。音响在广场文化活动中起着信息传递和疏导的作用，因此必须坚持音响主导原则。

(3)注重实用原则

广场文化活动的设计者必须懂得，场地设备的安装不是为了装门面，而是为了应用。设施设备的水准应与活动的规模和实际需要相一致，等级过高会造成浪费，等级过低会影响活动效果，因此应用效果是检验设备安装的质量标准。

4. 场地环境设计

群众文化活动的环境设计是活动策划的主要内容之一，广场活动就更加重要。它不但为活动创造气氛，而且还起着重要的宣传作用。在设计当中应当遵循的原则有两点。

(1)醒目直观原则

广场活动是室外活动，现场群众的视野虽然比较宽阔，但却十分分散。现场环境的布置应当适应群众远距离观看的特点，以粗线条大色块的构图为主，其内容也应直观醒目，能让群众一目了然。

(2)内外并重原则

由于大型广场文化活动的社会影响很大，其环境的设计也应从社会效益的角度出发，设计范围不仅包括广场活动的区域内部，而且还要包括现场以外的相关地域，具体规模应视活动的实际需要而定。活动区域内的环境设计主要以烘托气氛为主，活动区域外的环境设计主要以扩大宣传内容的影响为主。

5. 现场群众的控制引导设计

在大型广场文化活动中，现场群众的秩序和反应永远是被关注的重点。虽然在布局设计时对群众的走向进行了安排，但因广场活动的群众元素分量十分重大，还应将其作为单独项目进行设计，其中要关注两项原则。

(1)人员数量与活动规模相符原则

无论广场文化活动多么受欢迎，场地多么宽大，都存在着人员的容载度问题。参与活动的人数如果超过了活动规模的设计量，就会影响活动效果，甚至会出现安全问题，活动的设计者必须加以重视。一些活动的主办方为了扩大影响，故意超规模组织群众参加活动,其结果往往会适得其反。例如,某大型广场文艺慰问演出中,组织方为了造声势组织了上万名观众前来观看表演,并且录制了宏伟壮观的群众场面。如果为了配合影视宣传,此种操作无可厚非,如果按照群众文化活动的角度分析,就会产生一系列值得商榷的问题。群众性广场文艺演出的目的是满足群众的文化需求,而万名群众观看演出能看得清吗?看不清又如何得到满足?群众文化理论告诉我们,演出是为了观众,而不是反之。如果长期采用这种方法,会大大影响广大群众参与广场文化活动的积极性。

(2)设岗引导原则

无论何种类型的广场文化活动,只要群众达到了一定的数量,主办方都要在现场关键部位和流通要道安排专职的疏导人员和引导人员。这是一项看似简单,但又十分细致的工作,是保证现场秩序的重要手段,尤其是综合性的大型娱乐活动,如夏日文化广场活动等。

6. 后勤保障和通信联络设计

后勤保障和通信联络工作在广场文化活动当中起着至关重要的作用,是群众文化活动策划的五个硬件要素之一,保证着活动的各项物质供给和服务。尤其在广场活动中,各部门各岗位人员的位置分散,相互距离较远,如果没有完善的通信联络保障就很难完成大型活动任务。在项目设计中应注意两个原则。

(1)通信联络全覆盖原则

在条件允许的情况下,通信联络器材应发放到各关键岗位,如果有困难也应当保证每个部门设施的齐备,不能留有死角和盲区。在某些偏远地区或基层单位,在现代化通信设施条件不能到位的情况下,也应采用其他方式,如旗语信号、现场广播、口语传达等,保证信息的通畅。

（2）系统联络相对封闭原则

在大型广场活动中，每一个工作链条都是一个操作系统，并且按照各自的职责进行运作。各系统内部的联络是否畅通是维系正常运转的基础。因此，在配置通信器材时应尽量避免相互之间的交叉。例如，各系统共用同一个通话对讲频道，造成指挥系统、安全系统和艺术编导系统互相干扰，严重影响工作秩序。系统联络相对封闭原则是大型文化活动普遍运用的方法。

7. 活动的安全保障设计

群众文化活动的安全保障体系是一项相对独立的运作系统，必须按照规范的程序进行设计。除此之外，广场文化活动的安全保障设计还应当注意以下三个方面的原则。

（1）人身安全第一原则

广场文化活动应当纳入安全保障范围的内容很多，如人员安全、设施设备安全、环境安全、通信联络安全、后勤物品安全，等等。在诸多的安保内容当中，保证人身安全是第一要素。人身安全要素包括群众和观众安全、现场指挥人员和岗位工作人员安全、活动参演人员和艺术专业人员安全等。当活动遇到意外情况时，安保急救原则是：先保人、后保物。

（2）有备无患原则

广场活动的露天条件，决定了其要面对比室内活动更多的不确定风险，如，风、雨、雷、电、高温及沙尘等一系列的不利因素。安保设计应将所有可能造成事故的因素全部包括在内，即使是多年从未发生的事故，只要在理论上认定存在隐患，就必须制定相应的防范措施。例如，在广场上搭建演出舞台，其背景板必须要达到规定的抗风级别，即便在风和日丽的环境下也应当按设计要求实施，做到有备无患。

（3）技能入岗原则

在安全保障的设计过程中，应将安保人员的岗位技能要求作为重要内容对待。要求每一个岗位人员要掌握本岗位必须具备的技术和规范，如站在交通要道上就应当懂得人员疏散要领，站在消防栓旁就应当掌握消防器材的使用技术等。只有坚持技术入岗原则，才能保证设计要求的准确实施。

（四）室内类文化活动的设计

这里所指的室内类文化活动是与广场类文化活动相对应的概念。从广义上讲，剧场、厅堂、教室、多功能厅等都可称为室内。从狭义上讲，室内主要指的是基层文化单位的活动室和企事业单位的室内文化活动设施等。由于不受季节和气候的局限，在城市和农村已经成为基层群众最熟悉、最依赖的文化场所，在此开展的各类活动对广大群众的文化生活会产生重大影响。文化机构在设计室内活动时，可从以下几个方面入手。

1. 活动内容与形式设计

与其他群众文化活动的设计一样，内容和形式同样是室内文化活动设计的核心部分，关系到各级文化室的功能是否能够正常发挥。

（1）活动内容

在室内开展的文化活动内容种类非常丰富，几乎囊括了全部常见的群众文艺活动内容。但在实际生活中，各地的室内文化活动内容的选择却有着很大差别，带有明显的地域特征。这与当地群众的风俗习惯、生活方式、经济条件、文化综合素质等，都有着必然的联系。

在一般情况下，室内文化活动的内容大致可归纳为四类：即艺术表现类，如各种群众文艺团队的排练，美术、书法、摄影展览，中小型文艺演出和比赛，各类群众文艺活动，等等；休闲娱乐类，如棋牌活动，影视放映，节假日的猜灯谜，各类观赏性活动和游戏活动，等等；知识传播类，如各类辅导、培训和讲座，书刊阅读，专题宣传活动，等等；交流联谊类，如春节茶话会，经验交流活动，等等。在不同的时间段，群众会对活动内容提出不同的要求，不同状态下的群众对内容的需求也会各不相同，这是活动组织者确定活动内容的基本依据，脱离群众需求的设计是没有生命力的。

（2）活动形式

室内文化活动形式受场地条件和活动类型的制约，大多以中小型活动为主。

按照组织形式划分可分为单位主办型和单位支持型。单位主办型是指文化主管单位作为活动的主办方组织开展的文化活动，如春节联欢会、军民联谊会、社区艺术节等。单位支持型是指由群众自发组织，文化主管单位给予支持的文化活动，如居民合唱活动、老年秧歌活动等。群众自主开展的文化活动是基层室内文化活动的基础形式，是维系群众日常文化生活的基本因素。

按照活动方式划分可分为常规型和随机型。常规型是指在活动室内常年按规定时间进行的文化活动，如每周定期开展的老年合唱活动、舞蹈活动、书法活动等。常规型活动支撑着文化活动室的正常运转。随机型是指单位和群众依据特定的主题和需求，专门举办的单项文化活动，如"庆祝新中国成立××周年社区联欢会"、"单位职工歌咏比赛"等。随机型文化活动对丰富群众的文化生活具有重要意义。

2. 室内环境设计

室内群众文化活动的环境设计与广场环境设计有一定的区别，更注重常态化文化氛围的创造，其布置的手法也更加细腻，内容也更加全面。要使前来参加活动的群众除了感到轻松愉快以外，还要感受到浓郁的文化气息,这对提高人们的文化修养大有好处。在环境布置上应注意以下两点。

(1)突出知识性

在活动室内的装饰性布置中,不可缺少普及知识、传播文化的内容。例如设置宣传本地区文化精神的宣传栏,普及文化知识和科技知识的宣传橱窗,举办文化活动成果和动态的图片展览,等等。人们在知识氛围浓厚的环境中活动,可提高精神满足感。

(2)突出趣味性

群众文化活动的趣味性是引起群众文化兴趣的重要元素,也是群众文化活动的主要特征。这种趣味性不仅要体现在活动的过程中,也要体现在活动环境的布置上,如装饰形象化的造型和图案,摆放群众工艺品自创成果等。

3. 活动相关设施设备设计

从我国当前群众文化总体发展水平来看,室内文化活动设施,特别是基层文化设施的条件,还不能与大型设施相比,虽然一些文化活动场地按照功能有所分类,如阅览室、棋艺室、多功能厅等,但相当一部分基层设施还处在一室多用的状态下,各类群众文化活动都要在同一个活动环境下进行,因此对室内设施设备应提出更具有针对性的设计要求。

(1)功能齐备

群众文化活动室的内部装备应适应各类群众性活动的要求,要具备群众日常活动所需的灯光、音响、投影、摄像等供展示活动所用的设施,还要拥有棋牌、球台等娱乐设施,还应当设置展台、桌椅、书架等供学习所用的设备。总之,凡在室外不宜开展的活动项目都应纳入室内活动的设计范围。

(2)简便实用

由于各地群众文化活动的发展水平不一样,人们对文化需求的热点、角度及接受习惯也各不相同，因此对设施设备的设计侧重点也会不同。应本着因地制宜、勤俭节约的原则，不攀比、不奢华，以满足群众的基本需求，简便耐用，方便操作为设计标准，努力做到功能与需求的统一。

4. 活动流程设计

虽然室内群众文化活动多以中小型为主，但为了保证良好的活动秩序，活动的组织者还是应当对各项活动的流程进行统一的编排和设计。由于室内活动的程序相对简单，故在设计编排过程中应注意两个问题。

(1)申报程序从简

在日常的文化生活中，各级群众文化单位应努力提高各活动厅室的使用效率，鼓励广大群众前来参加或组织丰富的文化活动。许多群众性文艺团队的活动非常需要室内设施的支持，并按照各自的活动特征制定相应活动流程。由于活动的内容和方式的不同，其活动流程和对设施的要求程度也会存在很大差别，如不进行统一管理就难免出现无序和混乱的现象。因此，文化设施的主管部门应对各个活动项目流程建立申报程序。基层单位的活动申报应当简便易行，主要对活动单位、活动目的、活动内容、活动方式、对室内设备的要求及活动时间安排等进行认定和记录。目前，一些群众文化单位对这方面的工作不够重视，应当改进。活动流程的科学化管理，对室内文化活动档案的建立会大有帮助。

(2)方便群众操作

虽然室内文化活动应当加强管理，但方便群众的原则不能改变。室内活动的申报是一种服务，是为了使群众更有序地进行活动。不设门槛，以室为家是群众文化室内管理的基本原则。

(五)节庆大型综合性群众文艺活动的设计

节庆活动是群众文化活动的重要组成部分之一，其对广大人民群众文化生活的影响，是其他任何文化活动类型都不能相比的。它影响到群众生活的各个部分，包括道德理念、生活方式、民族意识、风俗习惯，等等。

关于大型群众文化活动的策划在前文已经进行了论述，这里只是就节庆期间举办的大型综合性活动应当注意的几个要素进行针对性分析，促使广大群众文化工作者对大型节庆文化活动有更加清晰的认识。

1. 节日文化活动的类别

(1)按照节日的类型划分

中国传统节日文化——我国悠久的文明史造就了丰富多彩的传统节日，它传承着中华民族的文明精神和思想理念，是华夏几千年文明史的缩影，并焕发着旺盛的生命力。例如，春节文化、清明节文化、端午节文化、中秋节文化、七夕节文化、重阳节文化，等等。

由国家法定的现代节日文化——这里所说的现代节日是指新中国成立以后，由政府法定的除传统节日外的全国性节日，这些都是当代国家精神的有形体现。例如，国庆节、五一国际劳动节、三八国际妇女节、六一国际儿童节、八一建军节，等等。

我国民族节日文化——我国是一个多民族国家，是由五十六个民族组成的大家庭，在千百年的历史长河中形成了各自的文化特征，从而产生了无数的民族文化节日。例如，藏族的雪顿节、回族的开斋节、彝族的火把节、苗族的山花节、哈尼族的姑娘节，等等。

外来节日文化——我国改革开放以后向世界敞开了大门，外来文化迅速进入人们的视野，由此而来的外来节日也随之被国人了解，并逐渐走进人们的文化生活，尤其是年轻人对外来节日更加敏感。外来节日文化的进入正在悄悄改变着人们的文化理念，并逐步成为世界文化大家庭中的一员。通过外来节日的平台我们向世界展示着中华文化，同时又在吸收世界文化的营养。例如，母亲节、情人节、圣诞节、感恩节，等等。

新兴节日文化——随着我国社会主义精神文明和经济文明的发展，各省、市、地区按照自身的发展状况和特征，兴办了许多新型的文化事业，新兴节日就是这个事业的一部分。新兴节日是本地区文明建设的标志，不但提高了该地区的社会影响力，还促进了该地区综合实力的发展。例如，洛阳牡丹节、海南荔枝节、北京大兴西瓜节、平谷大桃节，等等。

以上五类是对群众文化活动产生重大影响的节日类型，群众文化的大型节日活动大多以各类节日的特征和内涵为依据。还有一些节日，如宗教节日、自然节气、众多的单项纪念日、艺术节，等等，在此不一一列举。

(2)按照活动的表现形式划分

庆典活动——与群众文化活动相关的节日庆典活动种类较多，如国庆游行集会、各类文化节日的启动仪式或开幕式、重大节日的庆祝活动和典礼活动，等等。节日庆典活动的影响力大，参与的群众人数也很多，但在策划和操作的难度要求比较高，各主办单位必须要经过周密的论证后才可实施。

展示型活动——是节日文化活动的主要表现形式之一，如大型文艺演出、节日群众文化成果展示、群众性文艺比赛，等等。节日是广大群众对文化艺术的集中需求期，大型的文艺演出和艺术展览可满足人们对文化艺术的需求。展示性活动是节日文化活动不可缺少的重要组成部分。

娱乐型活动——是节日文化活动的主体部分，节日的祥和氛围和欢乐气氛很大程度上在娱乐型活动中得到体现。例如，春节庙会、国庆游园、元宵节灯会、白族的"三月街"，等等。娱乐型活动促进了人们相互间的交流，展示了和谐安定的社会氛围，在节日文化中起着重大作用。

2. 活动的特征

(1)活动的地域性

无论是我国的传统节日文化活动，还是现代节日的文化活动，其内容和表现形式都会带有明显的地域特征。例如，同样是国庆节文化活动，北京的国庆文化活动一定与西安的国庆文化活动有着巨大区别。活动的主办方只有按照本地的文化特征策划的文化活动才能得到群众的认同，才能具有活力。

(2)活动的民俗性

民俗性是节日活动的显著特征之一。除了人们公认的少数民族节日带有显著的民俗性以外，其他节日同样会显现出其民俗特征。我国拥有丰富的民间文化遗产和非物质文化遗产，人们总会利用节日文化活动的平台进行充分展示，这是民族文化遗产得到有效传承的重要手段。凡是融入了民众的风俗元素和民俗元素的节日活动，都会表现出强大的社会影响力和生命力。

(3)活动的主题性

虽然我国的节日种类繁多，但各自均有着显著的内涵特征，每一个节日都会向广大群众表达独有的文化信息。例如，春节表达着祥和安泰，清明节表达着人们对先辈的怀念，五一劳动节表达着对劳动者的崇敬和感激，京族的"唱哈节"表达着京族人民数百年来对幸福的向往，等等。由节日产生的各项文化活动必然会带有各自节日的内涵特征，这是节日文化活动主题性的形成原因。

(4)活动的社会性

大型节日群众文化活动所具有的社会性特征表现在三个方面：第一，无论何种节日都是全体人民的节日，节日文化活动从各个角度影响着广大群众精神世界和社会生活，人民性是节日文化的固有属性；第二，节日文化活动利用其强大的社会影响力和轰动效应，向广大群众传递着各种信息，传递着中国传统文化信息，也传递着现代文化信息，传递着国内的文化信息，也传递着世界文化信息，节日文化所产生的社会效应正在无形地影响着广大人民群众的生活理念；第三，节日是十分稳定的文化形态，它具有历史的延续性和时代的延续性，广大群众可从节日文化活动的变迁和发展当中，了解到祖国飞速发展的脚步和前进的轨迹。

节日文化活动的策划者，在设计活动项目时，应紧紧把握住节庆文化活动的主要特征，这些特征形成活动特色的基本元素。

3. 活动的内容和形式选择

大型节庆群众文化活动内容和形式的确定，应当把握好三方面要素。

(1)在节日的内涵上下功夫

活动策划者应认真研究相关节日的起源、发展过程、原始意图和现实意义。活动的内容和形式应紧紧围绕节日的本质进行设计。脱离节日内涵的文化活动不能称其为节日活动。

(2)努力寻找节日活动与时代精神的结合点

无论多么古老的节日在当今所面对的都是现代的社会成员，人们要用现代的眼光去审视传统的理念和思想。活动的策划者如果只是站在节日的本身含义的角度去设计活动，便会使活动与群众产生时代距离，人们若对活动产生了距离感和生疏感，便会失去参与活动的兴趣。只有站在当代人的角度，引导群众正确理解节日的精髓，古老的节日才能焕发青春。

(3)节庆活动应与广大群众产生共鸣

群众文化活动的目的是为了满足群众的文化需求，节庆大型文化活动内容和形式的设计更应该以群众的需求热点为依据。活动设计者应熟悉广大群众对节日文化活动的关注角度和参与习惯，也就是说活动是否能够成功，不是设计者单方面的创意构思就能决定的，得不到群众的认同，无论多么出色的创意都只是一厢情愿。

4. 活动布局设计

在综合性节庆群众文化活动的布局当中，应当注意以下两个问题。

(1)在一项活动多项内容的布局设计中，要尽量避免形式的单一和过多的重复

综合性活动就应当突出其综合性特征，丰富多样的活动形式，可增添节日气氛，吸引更多群众的关注度。如果形式过于单一，如民间花会都是秧歌表演、节日演出都是合唱比赛等，节日活动就会显得色彩不足，缺乏感染力和号召力。

(2)综合性活动的布局要做到主项突出，副项生动

大型综合性文化活动都是由若干个单项活动组成的，尤其是节庆游园类活动，其内容更加丰富。在众多的单项活动中，策划者应按照主项内容和副项内容进行设计。主项是活动的核心，副项要围绕着主项展开，形成一个立体结构。例如，在春节庙会中，将民间花会展演作为主项内容，其他如观赏花灯、游艺活动、工艺品展览等项目作为副项陪衬，这样的结构就会使层次分明。

5. 活动环境和气氛设计

大型节庆群众文化活动的环境、气氛设计风格，要视该节日的内涵及性质而定。我国的传统节日活动应以祥和、欢快的气氛为主；民族节日活动应以地方特色和民族风情为主；国家法定的重大节日活动应以隆重、热烈的氛围为主；现代节日活动应以突出时代气息为主。

在环境的装饰和布置上要做到两个"力"和两个"性"。

两个"力"——即号召力和感染力。利用气球、标语、彩旗、

音响等手段造成声势，要设法让广大群众产生亲切感，吸引人们自觉地参与活动。

两个"性"——即方向性和时代性。要让古老的节日焕发着现代气息，要让广大群众从环境布置当中产生健康向上的动力。

6. 活动票证设计

节庆大型活动的票证设计是一项既复杂又细致的工作，直接关系到活动的秩序和规范，在活动中起着至关重要的作用，通常要设立单独的部门进行操作和管理。节日的性质不同，活动的形式不同，其票证类别的分类也不同。节庆游园活动是节庆文化活动中比较复杂的类型，现就游园活动的票证设计进行分析，其他各类活动以此类推。

票证设计分"票"和"证"两大类。

（1）票——即各类门票

在大型活动中，为了保证活动秩序，便于对现场观众的分流和管理，将门票进行区域划分。例如，将进出口的门票分成南门票、北门票、东门票、西门票等；按照座位区域将票分成红区、黄区、蓝区、绿区等；按照观众的身份将票分成嘉宾席、观众席及请柬等。

（2）证——即各类工作证件

工作证件具体分为以下几类。

工作证——包括：场内工作证、场外工作证、指挥证、编导证、记者证、演员证，等等。

车证——包括：大轿车证、小轿车证、贵宾车证、领导车证、演员车证、采访车证、后勤车证、各类公务车证及特定车场证件，等等。

各类票证的设计者必须在构图和色彩上将不同种类的票证区分开来，并注明证件的性质、名称、时间、地点，并设有明显的特征标志，使人们能够从远距离进行辨别和区分。

(六)系列型文化活动的设计

系列型文化活动是指在一定的时间内，将活动内容进行有序排列，按照一定规律开展的群众性文化活动，在我国群众文化活动的发展中占有重要位置。

1. 活动的类别

(1)单元性活动

单元性活动是指在同一个主题范围内，将多个不同内容和形式的单项活动进行有序排列，在不同地点和场合同时开展的活动。例如，某地区举办了迎国庆艺术节，其中包括群众性的戏曲展演、合唱大赛、书画展览、文艺演出，等等。

(2)阶段性活动

阶段性活动是指在同一项文化活动内，将多个不同内容和形式的单项活动，按照时间顺序分阶段依次进行的活动。例如，某文化馆举办了"美丽乡村"摄影采风活动，共分成"冬日的阳光""迎春的鲜花""夏季的山河""秋季的丰收"四个主题，分别在1月、4月、8月和10月4个时段，组织摄影爱好者进行实地采风。

(3)周期性活动

周期性活动是将同一项活动按照一定的时间规律展开的连续性活动。例如，每年举办一届的群众合唱节，北京市每年举办的春节地坛庙会等。

2. 活动的特征

(1)主题性

系列群众文化活动无论规模大小，也无论形式如何变化，都必须在同一个主题范围内，离开了同一个主题就不能称为系列活动。例如，"爱北京、逛北京"摄影展览和"纪念建党××周年"摄影展览就不在同一个系列活动范围。

（2）连贯性

系列群众文化活动必须是一项连贯性的活动。无论其内容多么丰富，形式多么多样，其组织形式，运作方式必须是连续的，思路必须是统一和一致的。例如，去年的舞蹈大赛由区文化局主办，而今年的舞蹈大赛改为市文化局主办，那么这两次舞蹈大赛就很难称为系列文化活动。

（3）整体性

无论系列群众文化活动如何变化，其活动的特征、活动的规律、活动的内容及运作方式都必须保持相对的稳定和一致。例如，第一届是群众合唱节，那么第二届也必须是群众合唱节。如果第二届改为舞蹈节，则不能称为系列活动。

3．活动整体设计

系列型群众文化活动是由若干个单项文化活动组成的，既然单项活动是系列活动的组成部分，那么就应当服从系列活动的总体设计要求。在实际运作中应注意以下几个问题。

①系列活动的单项特色——系列文化活动的策划者在设计活动方案时，必须要充分考虑各单项活动的特征和规律，先期进行调查研究，加强沟通与交流，争取发挥单项活动的最大功能和效应。

②单项活动的整体意识——每一项系列文化活动都有其统一的活动主题和运转模式，各单项活动在自身的操作中必须服从整体安排，如出现矛盾应当服从全局部署。

③系列活动的大众意识——活动的策划者应熟悉广大群众对文化需求的特点和接受习惯。系列文化活动是一项链条式的运作行为，涉及的面比较广，占用的时间也比较长，如果广大群众对

这项活动的内容和表现形式没有明确的认知和认同，则系列活动很难保持其持续性。

4．活动纵向延伸与横向延伸设计

由于系列群众文化活动跨越的时间比较长，群众的文化需求又时刻发生着变化，活动的主办方对活动方案进行适当调整是不可避免的。在不改变系列活动性质和主题的前提下，对内容和形式进行纵向和横向延伸。

纵向延伸是指对原有单项活动本身的内容和形式进行深度扩展，从而提高参与群众的兴趣点和求知欲。例如，在群众歌手大赛中增加知识问答或有奖竞猜环节等。

横向延伸是指根据群众的需求变化，扩展活动的类型和种类，从而增加群众参与活动的空间和范围。例如，将单项民间秧歌大赛扩展为民间秧歌大赛、民族舞蹈大赛和街舞大赛3项活动等。

(七)公园群众文化活动的设计

随着我国经济实力的不断增强，人民生活水平的不断提高，城镇公园群众文化活动得到了飞速发展，并逐渐形成规模，成为各地一道亮丽的风景线。

城镇公园本是供广大人民群众休闲、社交、文化娱乐的公共场所，公园文化是一个大概念，包括自然景观、人文景观建设，名胜古迹的保护，文化娱乐设施的布局及各类旅游观赏活动的设计引导，等等。所有这些都属于园林部门的所辖范围，与群众文化活动没有必然联系。但近年来，群众文化活动已经快速进入公园文化领域之中，并显示出巨大的发展空间。在公园里日常开展的文化活动之所以被称为群众文化活动，是因为其具有明显的群众文化活动特质。群众文化活动是指群众为了满足自身的文化需求，以文学、艺术为表现手段，采用寓教于乐、自我参与、自我实现的方式进行的文化活动。公园群众文化活动的发展必然引起各级群众文化机构的高度重视。

1. 活动的特征

(1) 自发性

公园群众文化活动多以群众自发组织的形式出现，各种类型的群众团队组织机构均由群众民主推举产生，活动中的指导老师也多是群众公认的志愿人员担任。因此，参与公园活动的各类群众文化团队带有明显的易散性和不确定性。

(2) 自娱性

每一个参加公园文化活动的个人都希望以轻松愉快的方式进行活动。无论何种形式的公园群众文化活动，都必须遵循休闲娱乐的活动准则，否则将难以生存。

(3) 自愿性

参加公园群众文化活动的人们都是以个人的兴趣爱好选择活动内容的，每个人都不承担确定的活动职责和任务，个人意愿是参与活动的基本准则，来去自由是公园群众文化活动的基本特点。

(4) 群众性

公园群众文化活动所面对的是全社会无差别对象，不同状态下的群众均有平等参与活动的权利。在活动中，人人都没有特权，平等相待、平等交流，体现了群众文化活动的公平均等原则。

2. 活动的种类

公园群众文化活动的种类十分丰富，大多以小型活动为主，深受广大群众的欢迎。常见的活动类型可按 4 种标准划分。

(1) 按照时间划分

常规性活动——每天或定期开展的文化活动。这些活动已经形成规律，按照各自的活动规范和内容，有序地开展活动。例如，每天清晨的晨练活动、群众性的文艺培训活动等。

非常规性活动——在公园举办的不定期文化活动。例如，五四青年节某大学在公园举行的大学生联欢活动，由公园组织的消夏群众文艺演出活动等。

(2)按照组织形式划分

单位组织的活动——在节日或承担重大活动任务时，由公园联合相关单位组织的各项具有一定规模的文化活动。例如，洛阳牡丹节中的各类群众性文化活动等。

群众组织的文化活动——由公园提供活动场地，群众自主开展的文化活动。例如，老年秧歌活动、群众合唱活动等。

(3)按照活动形式划分

自愿组合式活动——由兴趣相投，文化需求相近的群众自愿结合，组织开展的文化活动。例如，群众性交谊舞活动、四川的龙门阵故事会活动等。

单向传授式活动——由专业老师牵头组织的，以培训辅导形式出现的文化艺术传授活动。例如，太极拳辅导班、民间舞蹈培训活动等。

(4)按照表现类型划分

艺术表现式活动——在公园内，以群众文艺团队形式开展的各类艺术活动。参与此类活动的群众大多都是群众文艺的爱好者和热心支持者，他们有着很强的求知欲望和表现欲望，对审美和艺术水准有着较高的要求。在各级组织的文化艺术比赛中，经常能看到这些群众的表演，他(她)们是公园群众文化活动的有力推动者。

娱乐消遣式活动——以满足自身需求为目的开展的文化活动。人们参加活动不是为了展示，而是为了自娱，他(她)们是公园常规性群众文化活动的主力。例如，每天公园的晨练健身活动、老年下棋消遣活动、戏迷相聚演唱活动等。

3. 活动规模设计

公园群众文化活动的规模设计应当由各项活动的组织者依据公园的管理规定进行合理安排。在日常活动中一般规模不宜过大，要视活动场地可提供的面积而定。因城镇公园不是专门从事开展群众文化活动的场所，故各类活动均不能影响公园主功能的发挥，活动规模和数量必须服从公园的实际承载能力。活动的组织方，无论是单位还是群众，在活动规模设计上决不可自行其是，必须服从公园的管理和相关规定要求。

4. 活动环境设计

每一个活动单位都希望将自己开展的活动引起轰动效应，能在公园内产生较大影响，除了保证活动质量以外，都会在自己的活动范围内进行环境装饰和布置。这在一定程度上给公园增添了人气，提高了公园的活力，应当予以支持，但必须遵守以下三个原则：即不能破坏公园的设施设备、绿地和景观，如在古树上挂横幅，向自然景观张贴标语等；不能破坏公园正常的游园秩序，如用高音设备进行宣传，擅自占用人行通道等；服从公园管理的各项规定和部署，按照管理人员的要求进行环境布置。

5. 活动的引导和管理

公园群众文化活动是近年来快速发展起来的新兴活动类型，给我国群众文化事业增添了新的活力，丰富了广大人民群众的文化生活，充分体现了社会的祥和，人民的安定。同时，为提高群众自我管理能力，促进"群众文化群众办"的理念提供了新的平台。

但也应当看到，由于公园群众文化活动的快速发展，相应的管理和引导工作处于滞后状态，在朝气蓬勃的事业当中，还夹杂着一些不和谐的声音。例如，一些所谓专业人员以艺术辅导为手段，占用公园的公共资源，进行以营利为目的的商业性培训活动；

一些人打着弘扬和保护民间文化遗产的幌子，进行包括算命在内的诈骗活动和封建迷信活动；一些老年人由于缺乏专业的指导，致使在晨练的时候反而自伤了身体等。事实证明，加强对公园群众文化活动的科学化管理和活动方向的引导，是公园管理机构和各级群众文化主管机构共同的职责和任务。

建立以公园管理为主体，文化指导为依托的联合协同服务体系，是加快公园群众文化活动健康发展的好方法。没有公园的有效管理，文化活动就会处于无序状态。没有文化部门的介入和指导，群众文化审美素质就很难得到质的飞跃。两者的有效配合，可保证公园群众文化活动的完整。公园群众文化活动是我国群众文化大家庭当中的新成员，任何群众文化机构都不可视而不见。

二、按活动艺术专业划分的设计

群众文化活动是以文学艺术为基本表现形式的，因此群众艺术就自然成为活动的主要设计对象。专业艺术与群众艺术有着必然的联系，但又存在着很大的区别。群众文化活动的设计者在艺术设计过程中，首先要遵守艺术规律，这是群众艺术的基础，必须按照艺术特定的审美法则进行创意和构思，离开了艺术标准就不能称其为艺术。

群众艺术属于群众文化范畴，除了艺术审美标准以外，还带有群众文化的特征与规律。群众参与群众艺术活动的动机是为了满足自身的文化需求，而不是艺术本身，这与专业艺术活动有着很大不同。群众个体的状况不同，对文化需求的角度也会不同。例如，成为专业艺术人才对大多数老年人来说已经没有意义，但对于青少年来说，却是不少人的梦想，不少艺术家就是从群众艺术起步的，榜样的力量是无穷的。群众艺术活动是青年人展示才艺的动力，而老年人则更需要通过活动来证明自身的存在，用"老来乐"的方式努力调整孤独的心态。

群众文化活动的策划者在设计艺术活动时，除了要遵守艺术的普遍规律外，必须按照群众文化的功能和特性进行设计。这是群众艺术的特殊性，这个特殊性就反映在各个艺术门类的群众文化活动中。

(一)群众音乐类活动

群众音乐是广大群众表达自身情感的最佳途径，人们通过声乐、器乐活动表达着各自的思想感情。不同人群对音乐艺术的需求角度存在着很大差异，活动的设计者必须针对不同的对象确定设计方向。

①中老年人由于生理条件等原因，对艺术知识学习的积极性随着年龄的增长而逐渐弱化，人们参加音乐活动主要是为了抒发情感，有着较强的怀旧心理。因此，大家对红色历史歌曲、经典传统音乐十分敏感。

青年人对未来生活充满向往和希望，他们的情感十分丰富，充满活力。因此，对现代音乐、流行音乐的接受能力更强，并带有明显的职业特征和个性特点。

少年儿童的好奇心和求知欲给审美知识的传播提供了机遇。这是打好音乐基础，培养良好习惯的最佳时机。

②从群众文化的角度看，在形式多样的音乐艺术当中，合唱艺术对广大群众的影响最大，占有突出的地位。老年人通过歌唱进行相互交流和沟通，机关、学校和企事业单位通过合唱来提高内部人员的凝聚力，少年儿童通过合唱可提高集体意识和整体意识。各地开展的群众音乐活动，都不应忽视群众合唱的作用。

(二)群众舞蹈类活动

舞蹈是通过人们形体来表达情感的艺术门类。群众舞蹈活动是广大群众最依赖的活动形式，几乎人人都离不开它。由于人们所处的环境各不相同，因此对群众舞蹈的理解和需求也不相同。

1. 生理性

由于群众舞蹈面对的是不同年龄段的广大群众，因此生理因素就成为群众舞蹈活动设计必须面对的问题。青少年的社会阅历较浅，但精力充沛，体力旺盛。针对青少年的特点设计相对直观、感性，下肢动作大，跳跃动作多的舞蹈活动类型比较合适。而老年人的社会阅历丰富，但身体条件已经不允许参与过大运动量的活动。因此设计内涵丰富，上肢动作大，下肢动作小，安全系数较高的舞蹈活动比较合适。

2. 地域性

群众舞蹈的地域性很强，这是不同地区的风俗习惯所决定的。人们在参加群众性舞蹈活动当中，经常不自觉地将本地的文化元素带入舞蹈中去，于是就形成了丰富多彩的地方民间舞蹈特色。如北京创编的新秧歌与上海创编的秧歌艺术就有很大的区别。北方与南方的文化差异，城市与农村的文化差异，平原与山区的文化差异，给群众舞蹈带来了无限的生机和旺盛的生命力。

3. 民族性

我国五十六个民族的舞蹈资源，为群众舞蹈的发展提供了广阔的天地。广大群众对舞蹈的热爱在很大程度上是源于对民族舞蹈的喜爱，特别在少数民族地区，舞蹈已经成为人们表达思想情感的重要方式，已融入血液之中。各民族的舞蹈早已走出本民族的地域范围，被全国人民所热爱，它体现了民族的和谐与团结，是所有群众舞蹈活动的策划者关注的重点。

(三)群众戏剧类活动

群众戏剧活动是既古老又新颖的艺术活动类型。

说其古老，是指我国独有的戏曲艺术在悠久的历史长河中，早已与中华民族文化融为了一体。老百姓的许多历史知识和民间传说都是从戏曲中获得的，人们从戏曲艺术中得到了艺术享受，同时又体会到了中国传统文化的精髓。群众离不开戏曲，戏曲更离不开群众。

说其新颖，是指外来戏剧（西方戏剧）艺术在广大群众心中既熟悉又陌生的认知感觉。近百年来传入中国的话剧、歌剧、舞剧等外来剧种，对于广大群众来说是很熟悉的，几乎没有人不知道话剧《茶馆》、歌剧《洪湖赤卫队》、舞剧《红色娘子军》等经典剧目的魅力，但就戏剧艺术的本质来说，外来戏剧远不如几百种中国戏剧的普及率高，不少群众甚至说不清音乐剧与歌剧之间，话剧与小剧场剧之间的关系。因此，群众戏剧活动的策划者在策划各类活动时，还承担着普及外来戏剧的任务。

1. 人人张嘴唱大戏

弘扬中华民族文化，振兴悠久的戏曲艺术，是开展群众戏剧活动的重要任务。活动的组织者应将活动的重点放在培养戏曲爱好者的数量上，采用比赛、培训、演出、票房活动等多种形式，吸引广大群众爱戏、演戏、懂戏、唱戏，尤其动员青年人关心中国戏曲艺术的发展，这是戏曲艺术永葆青春的关键。

2. 个个多看外来剧

对于外来戏剧艺术可从看戏入手，采用观摩经典剧目、举办讲座和培训班等方法，吸引广大群众关心戏剧艺术。将培养观众的兴趣作为戏剧活动的重点，通过群众性的戏剧活动，逐步完成由看戏到懂戏，再由懂戏到演戏的演变过程。

（四）群众曲艺类活动

曲艺是生于民间、长在民间，和广大群众距离最近的一门说唱艺术。无论是大型群众文化活动，还是小型群众文化活动，曲艺都扮演着重要角色，是群众最欢迎，普及程度最高的一种艺术品种。群众曲艺活动的策划者在设计活动时，应时刻不忘三个重点要素，即狠抓作品、重视形式、培养群众。

1. 贴近生活

这是群众曲艺创作的关键。广大群众之所以喜爱曲艺，就是因为其贴近百姓生活。可以用最简便的说唱方法、用最短的时间，将人们身边的事和物，以及生活中的喜怒哀乐展现在群众面前，离开了生活曲艺便失去了光泽。曲艺作品的创作看似容易，但出精品却十分困难，因此培养群众曲艺创作队伍是开展活动的首要任务，自编、自导、自演是各类曲艺活动的独有特征，要给广大曲艺爱好者提供多看、多写、多实践的机会，锻炼触景生情、信手拈来的基本功。

2. 短小精悍

人们对曲艺的热爱，在很大程度上来源于曲艺形式的简便易行，短小精悍。简便是说排练简便、操作简便；易行是说没有繁重的道具，表演方便；短小是说作品用时短，演员数量少，节目规模小；精悍是说作品通俗易懂，但内容深刻，深受群众欢迎，这是对曲艺特征的准确概括。活动的组织者在策划曲艺活动时应当在作品的内容上下功夫，及时反映社会现状和时代精神是其能够保持旺盛生命力的重要原因。通俗是曲艺的特征，但并不是说没有文学性，如中国曲艺中的鼓词艺术，博大精深，音韵节律十分考究，其他曲种也多是通过通俗的语言，来表达深刻的人生哲理。群众曲艺类活动必须充分利用这个特征来满足不同类型群众的需求，做到雅俗共赏。

3. 继承发展

虽然曲艺艺术深受群众欢迎，但同样存在着普及和提高的问题。随着时代的发展，人们的视野越来越宽，欣赏艺术品种的范围也越来越广，作为以说唱艺术为主要表现形式的曲艺艺术，其受众群面临着逐渐缩小的危机。尤其是青年的一代，除了对相声、快板等少数曲种感兴趣外，其他如鼓书、评弹、琴书、清音等几百个曲种却甚少有人问津。就是在各类下乡的慰问演出中，曲艺节目也经常被当作应急品或调味品来对待，这种局面必须改观。曲艺艺术是中华民族优秀的遗产，是千百年来广大人民群众集体智慧的结晶，弘扬曲艺文化是群众性曲艺活动最重要的任务和责任。

（五）群众美术、书法类活动

如果说音乐、舞蹈、戏剧、曲艺等是动态艺术的话，那么美术就是占有一定空间，以可视性造型艺术为标志的静态艺术。美术是一个大概念，包括绘画、雕塑、书法、篆刻、建筑、设计等，其中对群众文化活动影响最大的是绘画和书法两大类。美术、书法对群众艺术的影响是巨大的，从少年儿童到耄耋老人，无一例外地从书画作品中感受到艺术的享受和巨大的魅力。美术、书法类活动是群众文化活动的重要组成部分，并发挥着不可替代的作用。

各级群众文化单位开展美术、书法类活动的方式是多种多样的，实地写生、组织笔会、举办展览、辅导班等，深受广大群众欢迎。在设计群众美术、书法类文化活动时，组织方一般都是从基本技法的培训开始，根据受众的实际状况和文化需求来决定活动的种类和方式。值得注意的是，美术、书法活动是一种练内功的活动，对人们的内心素质要求较高，艺术水平的提高需要一段较长时间的磨炼和持之以恒的精神。活动的设计者除了提高群众的艺术技法水平外，还要从三个方面对活动的参与者进行引导。

1．陶冶情操

美术作品和书法作品的产生，是一个创造性的构思过程，既是一种劳动又是一种享受。通过参加书画活动可大大提高自身的审美水平，并使精神世界得到升华。这是群众书画活动应当承担的任务。

2．修养身心

在我国许多老年人都热衷于书画活动，各地的老年大学都开设了美术班和书法班。人们参加活动不是为了当画家，而是为了调整心态，修养身心，将浮躁的情绪稳定下来，达到平和安定的效果。活动的组织者应洞察群众的需求心理，在活动的深度上下功夫。

3．品味生活

群众性的书画活动不属于一次过的艺术，可以长时间的思考和品味，这就给群众美术、书法活动提供了比较广阔的空间。老年人可以将自身对生活的感受融入作品中，青少年又可以将自己对未来的向往和希望表达在作品当中。因此，许多群众参加活动所创作的书画作品，不是为了拿出来展示，而是挂在家中供自己欣赏，不论水平高低，其中的内涵有时只有自己才能体会到。这是群众性书画活动的一个特点，活动的组织者要紧紧抓住这个特点，从题材上和活动形式上，为广大群众提供更全面的服务。

(六)群众摄影类活动

群众性的摄影活动是近年来发展的最为迅速的一项活动类型，科学技术的发展，电脑的普及和数码技术的广泛应用，给群众性的摄影活动提供了广阔的天地。摄影成本的降低，拍摄技术的简化，使越来越多的群众拿起了相机加入业余摄影队伍，促使群众文化活动的科技含量有了质的飞跃。

群众艺术与专业艺术的最大区别是，群众艺术属社会文化范畴，它是通过艺术的形式来体现社会功能。群众摄影活动的飞速发展正在改变着广大群众的文化理念和对社会的认知。许多群众说：自从拿起了相机，我从取景窗里看到大自然的美，看到了社会的美，看到了和谐的美，也看到了人与人之间的友善，我观察社会的角度变了，幸福感提高了。这正是开展群众性摄影活动的根本目的。

数码相机的广泛应用，简化了操作程序，但并不等于弱化了技术含量。高质量的作品必须要依托高水平的摄影技术。因此，开展群众摄影活动还是要从传授摄影基本知识和技能入手，买了好大米可是不会做饭照样吃不到嘴里，这是艺术规律，不可违反。但是，对于群众摄影活动来说，摄影技巧毕竟是手段，而不是活动的最终目的，活动的策划者应把重点放在提高群众的综合文化素质上。

1. 观察社会

通过活动帮助群众学会观察和思考。每个人的思维方式不同，对社会的敏感度也会不同。在艺术摄影当中，其作品的质量与作者的审美水平有着极大关系。活动的内容不能仅停留在色彩、光圈、构图和动作上，通过镜头观察世界、认识世界才是最重要的。

2. 记录社会

摄影艺术的最大魅力就在于，人们可以用相机将世界上一切稍纵即逝的精彩瞬间永久地记录下来，供大家长时间品味。广大摄影爱好者若想较好地做到这一点，必须要具备两种素质，即敏锐的捕捉能力和较强的表达能力，两者缺一不可。在群众性的摄影活动中，经常会出现这样一种情况，某个爱好者用抓拍完成的一幅作品，获得了公众的好评，但自己却说不出好在哪里，更说不清该作品的真正内涵，甚至需要观赏者的品评才能表述清楚。

这只能说明这个爱好者只具备了拍摄能力，而不具备完成作品的能力。

3. 呼吁社会

如果说摄影是一门艺术的话，现在应当在艺术的前面再加上两个字——"大众艺术"，其中的区别就是大众摄影多了一份社会责任。群众性摄影活动应当不断地向广大摄影爱好者提出更高的要求，即自己拍摄的作品不但能够感动自己，还要能够感动别人，不但具有艺术价值，还要具有宣导价值。用群众自己的双手来描绘自己心中美好的明天，要向社会展示什么是美的、什么是丑的，什么是正能量、什么是负能量，这是全体民众的责任，更是摄影爱好者的义务。活动的组织者应当在增强参与者的社会责任心上面做足功课。

(七)群众文学类活动

我们所说的文学包括小说、散文、诗歌、戏剧四大文学作品类型，在广大群众中有着悠久而广泛的影响。可以说，文学是群众艺术的基础，也是群众文化活动的基础性活动，尤其是丰富多彩的口头文学，更是为群众性文学活动提供了无限的空间和广阔的天地，但同时也给群众文学活动带来了比其他艺术活动更多的要求与限定。作为文学爱好者要具备足够的生活积累，丰富的想象力，一定的理论水平和扎实的写作功底。不少群众爱文学但不敢走近文学，看文学作品但不敢写文学作品，这给文学艺术的普及带来一定的困难，这种困难尤其在农村、偏远山区及老年人当中更为突出。

文学艺术的发展有赖于广大民众的认同和认知，群众文学类活动必须担负起普及推广的任务。活动的策划者应当从初级培训开始抓起，逐步提高文学爱好者的水平。初级培训可分三步。

1. 走进生活

带领爱好者深入生活，感受生活，有目的地进行走访和交流，传授从生活当中提炼典型人物和事件的方法。积累素材、丰富想象力、激发创作灵感是文学入门的第一步。

2. 动口动手

发动爱好者动手动笔写作品，只鼓励不批评，看准问题有针对性地传授理论和相关知识。让广大文学爱好者消除神秘感，逐渐从实践当中品出规律，并养成勤思考勤动笔的好习惯。一定要设法让人们感到写作的快感和乐趣。

3. 专家引路

邀请专家对文学爱好者的作品进行讲评和辅导，尽量采用讲座与单人辅导相结合的方法，在遵循协作基本法则的前提下最大限度地保护每个爱好者的个性和特点，这对形成群众文学的风格多样化具有十分重要的意义。

群众性文学活动是一项既细致又艰苦的活动，是一个长期的、渐进的活动过程，务必要保持其内在的连续性，万不可采用快餐文化的运作方式进行操作，任何急功近利的行为，都会给蓬勃发展的群众文学事业带来重大伤害。

（八）民间民俗类活动

民间民俗文化既是社会意识形态的重要组成部分，又是悠久的历史文化遗产，对当前群众文化事业的发展产生着重大作用。全国各地丰富多彩的民俗文化活动，浓缩了当地鲜明的民族个性和文化品德，是群众文化活动的宝贵财富。

随着我国非物质文化遗产工作的不断深入，各地群众文化机构越来越重视民间民俗文化活动的开展。民间民俗文化遗产不等于非物质文化遗产，要比非物质文化遗产的范围更广。发展民间民俗文化事业不仅是我国文化馆等文化机构的本职工作，更是各地形成文化特色的重要基础。在开展群众性民间民俗文化活动时，应当注意以下三个问题。

1. 接地气

通过活动来保持原汁原味的民俗文化，发掘即将消失的，整理已经发现的，淘汰封建腐朽的，保护传统优秀的。只有让文化活动永远接着地气，保持着淳朴、干净的乡土气息，不为短期的利益所诱惑，不将其作为商品去交换，才能拥有旺盛的生命力。珍惜民俗资源就等于维护民族尊严，这是一项严肃的事业。

2. 接人气

优秀的民俗民间文化遗产需要人来继承，开展形式多样的群众文化活动就是继承发展的最佳途径。举办风格不同的风俗文化节，发动群众共同抢救日渐衰落的民间艺术，通过文化活动对民间艺术进行加工整理。无论多么优秀的文化遗产，如果不接人气就无法生存，这是一项全民的事业。

3. 接时气

民间民俗文化是个博物馆，而不是储藏间。如果将经过辛勤劳动发掘出来的民俗遗产，"认认真真"地收进了储藏间而不见阳光，就是再优秀的遗产也会变质发霉。开展群众文化活动的一个重要任务，就是将进入储藏间的优秀遗产摆在阳光下，让它活起来发挥时代的作用，为当代服务，使其融入中华民族的大文化之中。

民间民俗文化的继承，是一个不断发展的过程。京剧这一古老的剧种之所以能够得到蓬勃发展，就是因为它随着时代的发展而发展，如果京剧的音乐、京剧的伴奏、京剧的剧目还停留在慈禧时代，恐怕它早已消亡了。近年来，北京市文化局组织了强大的专业力量，对北京地区的传统秧歌进行了加工改造，在继承了传统秧歌元素的基础上，相继创编了两套"北京新秧歌"，深受广大群众喜爱，让古老的秧歌焕发了青春。应当说，接时气就是接时代气息，这是一项朝阳事业。

三、按活动行政区域划分的设计

根据我国不同级别的行政区域范围开展不同类型的群众文化活动，是现行群众文化活动的一个重要特征，这个特征和各级群众艺术馆、文化馆、文化站的工作职能有着密切联系。活动的组织者和设计者应当视行政区域的文化影响力举办相应的文化活动。不同级别的文化机构所承担的社会任务也会不同。

(一)地、市以上级别群众文化活动的设计

地、市级以上群众文化机构担负着辖区内，群众文化事业宏观发展和布局规划的重要任务。由政府或相应的文化机构主办的群众文化活动，其社会责任更加突出。

1. 活动种类

这一级别文化单位组织的群众文化活动基本以大、中型活动为主，其活动形式囊括了群众文化活动的各个类别，如展示类活动、培训类活动、竞赛类活动、宣传类活动，等等。

活动的种类虽然多样，但都有一个共同的特点，即社会影响力强，强调轰动效应。活动的策划者选择活动类别的依据是，主办方的真实意图和群众的接受能力。

2. 指导思想和原则

活动的策划者在设计活动时要把握住三个原则。

(1)全局性

市级以上行政单位牵头举办的文化活动，应从本地区群众文

化宏观发展战略的角度去策划构思。要符合全局发展的总布局。将活动与发展计划分离开来，只会降低该次活动的社会效果。全局性包括国家文化建设的大方向，本地区文化发展计划的实施步骤，广大群众文化需求的大趋势三个方面。

（2）示范性

活动应能充分体现本地区群众文化活动的最高水平，让基层单位找到学习的目标和参照的依据。示范性包括活动立意的思想性、活动运作的规范性、活动质量的艺术性、活动效果的群众性等。

（3）引导性

在现实生活中，每个人都有自己的文化需求，需求的内容和质量与本人的文化素质和审美水平有着直接关系，并且在许多情况下带有盲目性和临时性。因此，地、市级文化活动的引导性就显得格外重要。主要包括文化理念的引导、活动方向的引导、文化需求目标的引导、现代活动方式的引导等。

3. 注意事项

地、市一级的群众文化活动具有较大的社会影响力，其活动效果对当地群众文化事业的发展具有较大影响，因此必须对以下问题加以重视。

（1）加强目的性减少盲目性

每一项活动都要有明确的目的和动机，主办方要清楚向广大群众说些什么，发出什么信息，不能为了活动而活动，也不是为了完成任务而活动。活动应能传达政府的声音，要能代表大多数群众的文化需求。

（2）加强规范性减少随意性

确定活动项目不能仅凭领导的指示和个人的兴趣，要将活动项目提前纳入全年群众文化工作的总体计划，成为全年工作的一个链条。按照必需的程序进行立项、组建机构、调拨经费、规范实施，将随意性降到最低程度。

(3)加强思想性减少单纯娱乐性

活动的引导性决定了活动的思想性，应当能使群众通过参加文化活动获得收益，如眼界的扩展、理念的改变、文化素质的提高等。娱乐只是寓教于乐当中的一种手段，单纯以娱乐为目的的活动只能减弱群众文化活动的社会功能，不是该级别活动的主要任务。

(二)区、县级群众文化活动的设计

区、县级群众文化活动是我国群众文化活动的主体部分，对全民文化素质的提高起着非常重要的作用。

1. 活动种类

以区、县文化馆为核心组成的多级文化网，是开展群众文化活动的主要力量。其活动种类丰富多样，基本采用"请进来、走出去"的方式开展各类文化活动。

所谓"请进来"是指利用现有的文化设施开展一系列的辅导、培训活动和展示活动，吸引广大群众积极参加群众文化机构组织的阵地型活动，促使群众在审美水平、艺术水平和组织活动能力水平等方面得到综合性提高，为群众文化活动的社会化运作打下良好的基础，培养出大量的群众文化人才。因此中小型活动是本级文化机构主要开展的活动类型。

所谓"走出去"是指群众文化工作者深入基层，开展丰富多样的文化活动，普及文化知识，满足广大群众的文化需求。例如，举办大型的艺术节、文艺汇演、群众性文艺比赛等，进行群众艺术的推广和宣传；到基层单位开展小型活动，指导和帮助基层建立活动机制，培养活动骨干，提高基层单位的整体文化素质。

总之，培训、辅导活动和普及型的群众文化活动是区县级文化活动的主要类型。

2. 指导思想和原则

开展区、县级群众文化活动的目的有两点。

(1)以普及文化艺术知识为核心

充分利用群众文化活动的社会功能和艺术传播功能,努力提高广大群众的审美水平。调动群众文化机构和各类专业人才的积极性,保护当地的文化资源,建立有特色的群众文艺团队、进行示范性的展示活动。

(2)以提高全民精神文明素质为目的

全面落实政府制定的文化战略目标和相关部署,将群众文化活动纳入社会文明建设的大环境当中,而不仅仅是为了活跃文化生活。应将提高群众的文明水平和道德水平作为开展活动的基本目标。

3. 注意事项

开展群众文化活动是社会公益性事业,需要各级政府和广大群众的共同支持,仅凭群众文化机构的力量是无法完成各类社会任务的。除了政策、经费保证外,组织保证和人才保证同样需要得到重视。

(1)努力培养基层文化骨干队伍

这是群众文化活动形成规模并走向规范化的基础性保证,没有人才就形成不了队伍,活动就无法进行有效的组织,群众的多种需求就只能停留在美好的愿望上。因此培养活动骨干是发展群众文化活动事业的前提,它包括专业艺术人才队伍建设、宣传鼓动人才、组织管理人才等。

(2)建立基层文化活动服务网络

这是群众文化活动走向成熟的重要保证,没有活动网络各地就只能各自为战,区县的文化活动就形成不了一个整体,不利于全局宏观文化战略部署的实施。由区县文化主管部门负责，建立区县、街镇、社区和村落为一体的群众文化活动网络，进行一条龙服务模式，发挥群众文化整体的力量，是群众文化活动走向科学化轨道的必经之路。

(三)街道、乡镇群众文化活动的设计

我国的街道和乡镇是国家设立的基层政府所在地，其相应的群众文化机构承担着发展本地区文化事业和满足群众文化需求的重要任务。由于街道和乡镇处于城市与社区、乡村中间的位置，因此其开展的群众文化活动的社会功能更加宽泛，更具有操作性特征。

1. 活动种类

由城市街道和乡镇组织举办的文化活动，具有明显的服务特点，对本地区群众的文化需求有着较强的针对性。其活动的种类很丰富，但除了重大节日活动和重要任务以外，大多规模较小。基本以政府设立的文化站为中心，以群众性文艺团队为核心的活动模式。

这一级别的群众文化活动对基层社区和农村村落的文化活动产生着重大影响，开展的任何文化活动都离不开基层活动的支持，因此与基层文化机构有着密不可分的联系。

2. 指导思想和原则

开展群众文化活动的指导思想，离不开活动本身所承担的社会责任和服务任务。街道和乡镇在举办群众文化活动时，除了要满足群众的文化需求外，还要发挥其承上启下的文化辐射功能。因此举办各类活动的指导思想都要以这个功能为依据。

①整理和研究城市群众文化活动的特征和动态，针对本地区的实际情况进行探索性和实验性的文化活动，力争将城市文化的

先进理念和新内容、新形式引进本地区,与当地的文化相结合。

②全面研究本地区文化特色和广大群众的文化需求水平及习惯,将经过改造的城市文化加入本地的基层元素,开展形式多样的群众文化活动,向基层传输新的文化理念和活动形态。这是全面提高基层群众文化活动水平的关键步骤,也是街道、乡镇文化机构的核心任务。

3. 注意事项

①由于文化站等文化机构的专业力量比较薄弱,因此应当积极依靠上级文化馆等群众文化单位的专业人员,并大力挖掘本地的文化资源,共同发展群众文化事业。

②深入基层,到群众中去作细致的社会调查,活动的策划灵感和智慧就来自群众中间,群众文化活动的科学化发展,要靠广大群众的支持和认同才能实现。

(四)城市社区群众文化活动的设计

社区群众文化活动是城市最基层的文化活动,文化主管单位要直接面对不同状态下群众的各种文化需求,虽然范围不大,但工作强度和难度绝不亚于大型群众文化活动的运作,需要基层文化工作者拥有极大的热情和耐力。

1. 活动种类

社区文化活动的类型要依据当地群众的文化习惯而定,一般以小型活动和群众自发的文化活动为主,多以群众自愿组织的文艺团队的活动形式出现,社区给予相应的支持和帮助。由社区组织的文化活动一般以群众团队的活动类型为基础,适当吸收外来活动种类,已达到丰富社区活动的内容,引进新鲜空气的目的。

2. 指导思想和原则

城市社区群众文化活动的指导思想的核心是:一切为了和谐。

通过活动促进邻里之间的和谐、人际交流的和谐、社区环境的和谐、生活心态的和谐。

社区文化工作者要善于将居住在同一个环境下的不同类型的群众，通过活动平台联系在一起，因此要在活动的吸引力和号召力上面下功夫，群众的意愿是活动的基础。

3. 注意事项

①社区文化活动是全社区群众的活动，要特别关注那些长时间不参加活动人群的状况，要分析他们的心理和游离于社区外的原因。要动员社区的每一个成员都融入到大家庭中来。

②打破社区的小环境，加强社区之间的联系与合作，逐步形成大社区观。开展群众文化活动是实现文化资源共享，区域强强联合的最好方式。

(五)农村村落群众文化活动的设计

我国是个农业大国，村落文化活动是我国农村地区的基层文化活动。其活动特征带有较强的地域性和血源性，村落群众文化活动的开展状况标志着我国群众文化活动的综合水平。当前，我国农村社会结构正在发生着巨大变化，机遇和挑战同时摆在群众文化事业面前，改变传统的思维模式，创造新的文化环境是发展村落群众文化活动的当务之急。

1. 活动种类

村落群众文化活动的种类于当地的民俗风情有着直接关系，并带有较强的季节性。千百年来不同经济条件下的乡村形成了各自的文化特征与习惯，长期的封闭环境和鲜明的血缘关系又将各自的文化习惯牢固地保留下来，并形成了不同形态的文化特色。

无论村落文化活动的种类多么丰富，都离不开一个共同的特点，即直观性和情感性。人们习惯用直截了当的方式来表达自己的内心世界，如山歌对唱、锅庄舞蹈、农闲唱大戏等。文化活动的设计者在策划村落文化活动时，应特别要注意这个特征，对于那些内涵丰富但表达含蓄的文化类型，要经过实地考察后再进行相应决策。

2. 指导思想和原则

开展村落群众文化活动的指导思想应突出保护文化特色，引进先进理念的原则。将优秀的传统文化与当代先进文化思想有机地结合，促进农村文化建设的现代化发展是基层群众文化活动的重要任务。

3. 注意事项

①当前，我国老龄人口的增加和农村留守人口的生活问题日益凸显出来，村落群众文化活动应对这一问题引起重视，应作为一个专门课题来进行研究，并在群众文化活动当中得到体现。

②随着农村城镇化改革的不断深入，乡村的门户正在快速打开，以血缘为纽带的文化理念正在逐渐减弱，大量存在于民间的民俗文化遗产如何得到有效的保护，将是一个现实问题。将群众文化活动作为继承和保护机制的组成部分是大势所趋。

第四节　群众文化活动的宣传设计

群众文化活动的宣传设计对活动本身将产生重大影响，直接关系到活动的号召力、传播力和社会影响力能否得到发挥。活动的宣传设计要按照一定的程序进行运作，不同的活动对活动宣传的手段和方式要求是不相同的，但其宣传设计的规律和步骤却是一致的，活动策划人应熟练掌握群众文化活动的宣传设计规范，保证活动宣传的可行有效。

一、宣传内容的分析和选择

群众文化活动的宣传设计第一步就是对宣传内容的分析，先要对活动的本身有个详尽的了解。要搞清楚向群众宣传什么，群众最关心什么，如何才能使群众了解活动的全貌，选择哪些内容能够调动起群众的参与热情，这是宣传设计的关键。

要反复研究主办方举办活动的指导思想和目的，这是活动的龙头。目的不明其龙头就要跑偏，宣传方向就可能发生错误，无论其他内容设计得多么精彩，也不会达到主办方的宣传要求。例如，某城市拟举办农民艺术节，主办方的活动目的是通过艺术节的举办展示农村建设的新面貌，而宣传项目的策划人却理解成是为了活跃农村群众的文化生活，因此在活动的宣传设计中将重点放在文化娱乐上面，导致宣传整体发生偏差。由此可见，策划人必须了解主办方举办活动的真实动机，这是活动宣传的首要问题，不可出现错误。

要全面体会本次活动的主题，这是活动的核心。一切宣传内容都要围绕着活动主题展开，无主题宣传就会使整个宣传内容成为一盘散沙，广大群众就会迷失方向、一头雾水，从而失去了参加活动的热情。活动宣传项目的策划人必须将活动主题的本质研究透彻，要充分认识各项宣传内容与活动主题的内在联系，使宣传设计成为一个有机整体。

要清晰了解活动的主体优势，这是体现活动特色的源泉。活动宣传项目策划人应当通过宣传向群众展示本次活动的亮点和看点，让群众看到这次活动与其他活动的不同之处。策划人对活动优势和特征的分析程度决定了宣传设计的深度，并影响着宣传效果。

要对活动的组织机构设置和活动内容、形式进行分析，这是宣传设计的主要内容。活动宣传项目策划人要认真研究活动组织机构的设置状况，如机构的级别(省级、市级、区县级等)、合作方式(主办、联办、承办、协办等)、组织成员的构成(参与活动单位的数量等)及工作部门的设置等，还要了解活动内容的重点和活动形式的特征，这些都要形象地在宣传设计上得到体现。

要对活动的主要服务主体进行分析，这是宣传设计所要达到的根本目的。要分析主要服务对象的文化需求心理、文化消费能力、文化兴趣热点等。活动宣传设计应依据群众综合文化需求状况和不同群体的特征，采用有针对性的方法进行运作，活动服务对象是检验宣传效果的评判员。

二、宣传热点的选择和确定

群众文化活动是社会性文化活动，服务于广大人民群众，因此群众的关注视点对于群众文化活动的宣传来说十分关键。每一个时期群众的关注点都不会相同，活动的宣传设计人员在工作前必须要了解群众在关心什么，社会上最热点的话题是什么，只有将活动宣传内容与群众关注的热点有机地结合起来，其宣传才能达到预定的效果。

(一)所谓宣传热点是指策划人从宣传对象的角度去分析设计，也就是从参加活动群众的视角去选择宣传角度，将宣传重点与群众关注热点结合起来，就形成了宣传热点

在选择热点时应注意以下几个问题。

①分析当前社会上人们关注的热点话题，这些话题与本次活动是否有所联系。例如，某社区拟开展以创建和谐社区为主题的群众文化活动，社区内广大居民的热点话题是生活用品的物价，活动宣传设计人员立即将物价与社区和谐联系在一起，从物价入手进行活动项目宣传，取得了良好效果。

②在实际生活中，广大群众比较关心的文化需求是什么，可能对活动中的哪些内容产生兴趣。例如，我国老龄社会问题比较突出，广大老年人对健康保健比较关心，因此某文化馆在举办每年一届的"五月的鲜花"群众性歌咏比赛时，加大了对老年合唱团建设的宣传，引起了广大老年群众的极大兴趣。

③服务的对象对哪些文化活动形式比较容易接受，对新生事物的反应能力如何。由于群众的文化层次和审美修养各不相同，因此，在对群众文化活动的认知速度和程度上均不相同，如同样是民俗文化活动，少年儿童与成年人的理解能力和接受能力就有很大差别；对某些外来文化的传入，青年人的接受能力要比老年人的接受能力强。活动宣传设计人应依据活动所面对群众的接受特征，采用不同的方式进行设计。

(二)由于满足群众文化需求是开展群众文化活动的根本目的，因此在宣传设计的过程时，必须时刻把符合群众的意愿放在首位

只有活动的目的与群众的需求相一致，人们才能对活动的宣传产生共鸣，达到其宣传效果。

举办群众文化活动的主办单位为了提高社会影响力，采用多种手段进行宣传活动是必要的，但不可以用强行灌输的方法进行运作，群众性是群众文化活动的基本原则，类似于政治动员等强制性宣传违背了群众文化活动的基本原则，群众会产生反感，不但达不到宣传目的，反而适得其反。

随着社会的发展，新生事物不断涌现，各级政府为了提高广大人民群众的社会认知能力和对新事物的适应能力，通过群众文化活动向人们宣传新理念、新观念，这是社会发展的需要，更是人民群众自身的需要。但由于人们对新事物的认识能力不同，致使一些人对自身需求没有感觉，甚至产生排斥心理，如身体健康人人都需要，但有的人就是改不了随地吐痰的坏习惯，这种行为会影响他人健康。面对这种情况,活动宣传项目设计人必须要运用引导或渗透的方法开展宣传活动,将宣传内容渗透到活动内容中去,使群众在不知不觉中得到感悟,这是最好的宣传设计构思。

三、宣传手段的运用

群众文化活动的宣传手段是多种多样的,它是宣传内容的表现形式,其手段的选择应视活动的规模、风格、内容和形式而定。应当特别强调的是活动规模对宣传手段的确定有着重要意义,关系到宣传量的分配和布局。

(一)对基层中小型活动或内容较简单,影响较小的活动,因其活动范围小,可采取简单明了的宣传手段

1. 群众之间相互传递进行宣传

群众文化活动的最大特征是人与人之间直接的情感交流。活动的策划者将活动目的及宣传内容传达给活动的骨干人员,通过骨干力量的传播达到广而告之的目的。群众文艺骨干本身就是群众中的一员,他们最了解群众的文化需求和文化心理,发动骨干力量进行宣传往往比主办单位的宣传更具有说服力和号召力,对于基层小型活动来说,这种方法是十分有效的。

2. 从互联网上发布消息

这是利用现代化手段进行宣传的好方法,其特点是速度快、传播面广。当前,我国基层群众文化活动得到了全面发展,各级文化机构早已走出封闭的思维模式,资源共享、跨区合作已经成为普遍的活动方式。利用互联网进行宣传可将活动的全貌迅速跨出本地区,对外部社会产生影响,不但增加了本次活动的影响力,而且对本地区的文化建设都会产生深远影响。

3. 召开小型的座谈会

这是基层文化单位普遍运用的方法之一。具体做法是,活动

的主办方与参与活动的主要服务对象代表进行面对面地交流，将活动的动机目的直接传达给服务对象，并倾听群众的反应，既达到了宣传的目的又拉近了相互之间的关系，一举两得。

4. 通过环境布置进行宣传

这是一种以渲染气氛为手段的宣传方法，是基层文化单位使用最为广泛的宣传手段。具体方法是，通过板报栏和宣传橱窗进行活动内容的宣传，通过张贴标语、安插彩旗摆放花卉等方式进行环境气氛的渲染，使群众的兴趣点集中到活动上来，从而达到宣传目的。

(二)对大型或综合性群众文化活动的宣传是一项系统的工程，应组织专门的力量进行宣传策划设计

1. 通过全国或本地的群众文化网络分级宣传

经过几十年的努力奋斗，我国群众文化网络已经发展成为独立完整的体系，本地区的纵向网络是指以群众艺术馆、文化馆、文化站、村落和社区文化中心为主的上下方向的业务指导性系统。横向网络是由政府系统的群众文化事业单位与工会、共青团、妇联、老龄委、残联等系统的文化单位组成的文化交流体系。全国范围内省、市、区各级群众文化事业单位在文化部相关部门的带领下，建立起不同级别的文化交流联络系统，这是群众文化事业独有的文化交流优势。大型群众文化活动的宣传设计应充分利用这一优势条件，不但可以扩大影响，还可以得到全国同行的支持和响应，对全国群众文化事业的建设发挥着积极作用。

2. 召开新闻发布会，这是举办大型群众文化活动必用的宣传方式

召开新闻发布会可通过新闻媒体，最大限度地向社会公布拟举办活动的消息，并从各到会的媒体代表那里得到相关的信息反

馈。在发布会中，活动主办方、承办方、活动的主创人员及相关单位的负责同志应到会与媒体见面，详尽介绍本次活动的相关内容：即活动的指导思想和目的、活动的内容和形式、活动的特色、活动的级别和规模、活动的运作方式、活动的组织形式和机构设置，等等，并向媒体单位提供新闻通稿和相关宣传材料。

群众文化活动的新闻发布会应体现出群众文化的特点，召开的形式可以活泼多样，如在会议当中展示和表演活动的部分内容，举办小型的图片展览等，进一步加深到会人员的感性认识，使人们对活动的意图有更深层次的理解。

3. 张贴宣传画或宣传广告

为了烘托活动气氛，扩大其社会影响力，加深广大群众对活动的了解，主办方经常采用张贴宣传画和广告的方式进行宣传。

宣传画一般是指活动宣传部门为本次活动设计的印刷品，其制作经费应计入活动的成本。其内容包括：活动的名称、活动的主办单位和承办单位、活动的协办单位和参与单位、活动的内容和形式、活动的时间和地点、主要活动内容和特色，等等。

宣传类广告是指活动的支持方或赞助方印刷的非商业性的有偿类宣传品，如宣传画，装饰性气球和标语，体育场、广场周围的广告及门票背面的宣传图案等，为活动增加了欢庆的气氛。

4. 印制和发放宣传材料

大型群众文化活动的举办一般都具有示范性和引导性。为了进一步向广大群众宣传活动的宗旨和指导思想，活动的宣传部门都会在活动现场或活动的相关范围内发放一些宣传材料，对活动的内涵进行较系统、较完整的阐述，广大群众可以通过材料对我国群众文化事业，乃至社会主义先进文化的发展方向有着更加形象更加具体的领会。宣传材料有一定的保存价值和系统研究价值，是举办大型活动较好的宣传方法。

5. 在互联网和报刊上刊登相关文章

对于一些系列性或含有推广内容的大型群众文化活动，主办方经常运用发表文章的方式来阐述相关的理念和观点，这类宣传方法已远远超出号召式和介绍式的宣传手段，更具有研讨价值，有助于广大群众对群众文化活动更深层次的理解，并对社会产生较深远的影响。

6. 与活动有关的其他宣传活动

开展群众文化活动的方式是多种多样的，因此，宣传的方法和手段也是十分丰富的。例如，通过小型活动来宣传大型活动就非常具有群众文化特色。大型活动的主办方在筹备过程中，先在基层单位开展一些如知识竞猜、有奖游戏、小型文艺演出等与本次大型活动相关的预备性活动，使广大群众提前对主办方的活动意图和活动内容有了一定的了解和认识，为举办大型活动做好铺垫工作，这是最好的宣传鼓动。北京奥运会的成功举办就是采用了与此相似的方法，取得了良好的效果。

全国各地的群众文化单位根据本地区的实际情况和风俗习惯，采取了许多具有地方特色的宣传手段，这里不一一列举。

四、宣传活动的设计

群众文化活动的宣传活动设计是活动策划的组成部分，对充分展示活动效果具有十分重要的意义。广大群众在很多情况下都是接受或了解了活动内容后才主动参与活动的，活动宣传设计的水平直接关系到活动的结果。

(一)宣传活动的设计原则

从活动宣传的总体上分析，宣传设计应遵循以下几个原则。

1．宣传量与活动本身的价值、规模和目的相一致

过度宣传会给活动带来不必要的浪费和损失，如有的单位为了扩大自身的影响力和知名度，故意夸大活动的效果，发动了一次又一次宣传攻势，而活动本身却毫无新意，使群众的需求兴趣由期望变为失望，不但没有达到宣传效果，反而还引起了群众的反感。相反，有些群众文化活动从设计理念到指导思想都具有相当高的水平，本可以产生较大的社会影响，但由于宣传不到位，没有得到群众足够的重视，致使精心策划和筹备的大型群众文化活动本应产生的社会效果大打折扣。由此可见，活动宣传量与活动实际价值的统一是宣传设计必须遵守的原则。

2．宣传方式与群众的欣赏习惯相一致

由于广大群众各自的生活环境、风俗习惯及文化审美水平各不相同，在活动宣传设计之前必须对服务对象的文化审美状况进行了解和研究。活动宣传方式要与群众的接受能力和认知能力相一致，不能以设计人的主观想象为依据，否则就会事倍功半。对于新理念、新文化的传播，群众文化活动往往采用一些比较陌生的方式进行运作，这时的宣传方式就更要注意群众的反映和态度。以寓教于乐或群众喜闻乐见的方式进行宣传，在一般情况下都会取得较好的效果。

3．宣传内容与人们的文化需求相一致

群众之间的文化需求差异使同样的活动宣传内容产生不同的反应，这种反应直接影响着活动效果。活动宣传项目的设计人必须要熟悉该次活动所服务对象的构成及需求特征，其宣传内容的设计应当以群众的需求特点为依据。如老年人对传统的、历史的内容比较感兴趣；青年人对新事物、新理念感兴趣；农村地区居民对民间、民俗文化内容感兴趣；社区居民则对与生活相关的内容感兴趣等。设计人应清楚参与活动的主要对象是哪些群众，尽管本次活动的内容不是这些群众普遍熟悉的内容，也应当尽量将宣传内容与群众的需求心理保持一致，如在戏曲活动中，针对青年人的宣传要侧重于色彩的丰富、形式的多样，针对老年人的宣传则侧重于行当的齐全、演技的精湛等。

4. 宣传角度与公益性原则相一致

群众文化活动是公共文化服务体系的重要组成部分，公益性是第一属性，社会效益是第一标准，活动的宣传设计无论是内容还是形式都不能违背公益性原则。其中包括：宣传的指导思想要弘扬社会主义先进文化的价值观和文明观；宣传的目的要获得社会效益，而不是经济利益；宣传的内容和形式要健康向上，具有时代精神；宣传的手段要面向群众，满足群众的基本文化需求。一些单位和地区以加强经济建设为理由，利用群众文化活动进行商业性宣传的行为违背了群众文化活动的基本原则，必须坚决制止。

(二)宣传活动的阶段性设计

群众文化活动宣传活动的设计是一项综合性工作，贯穿该项活动的全过程。但实际工作中，许多单位一般只重视活动前的宣传设计而忽略了在活动中和活动后的宣传，这是应当引起注意的问题。在群众文化活动的整体宣传活动设计中，可按三个阶段来构想，即活动前、活动中和活动后。这三个阶段的不同点主要体现在宣传的目的不同。

1. 活动前的宣传设计

这一时段的宣传属于告知性宣传，活动宣传设计人通过各种方式和手段，使广大群众对该项活动有较全面的了解，激发人们参与活动的积极性。因此主办方经常在大型群众文化活动前，发动多轮次的宣传攻势来营造活动气氛，张贴宣传广告，发放宣传品，召开新闻发布会等，其目的都是为了加强告知效果。

2. 活动中的宣传设计

这一时段的宣传属于认知性宣传，活动宣传设计人在活动的过程中，配合活动内容设计相应的宣传项目，促使参与群众在活动中完成从感性认知向理性认知的转化，从而使群众在精神上得到了实质性的满足。例如，活动中的小型座谈会、与活动内容相关的有奖竞猜、活动现场装饰性宣传、发放与活动相关的知识性宣传品及文章材料，等等。人们可通过这类宣传活动进一步加深对活动内涵的认识和活动目的的理解。

3. 活动后的宣传设计

这一时段的宣传属于延续性宣传，为了最大限度地发挥群众文化活动的社会效益，主办方在活动结束后开展一系列宣传性运作，使活动成果得以发挥持续作用，如对活动成果进行推广性宣传，举办活动理论研讨会，利用媒体进行成果展示等。优秀的群众文化活动是活动的组织者们经过艰苦的劳动共同创作的文化产品，如果不研究活动后的成果利用，既是对创作者劳动的不尊重也是极大的浪费现象。有些文化单位存在单纯完成任务的观点，不重视活动后的宣传工作，结果便出现了人们常说的"狗熊掰苞米"现象，举办完一项活动就扔掉一项活动，导致群众文化活动总也上不了一个更高的台阶。

五、宣传方案的标准与审批

群众文化活动的宣传方案的制订应当遵照相应的标准和审批程序进行编写，尤其是大型活动因其社会影响面较大，故相关要求更加严格。

(一)群众文化活动的宣传应当符合的要求

1. 宣传内容要健康向上

无论参与活动的群众在文化需求上处于何种水平，活动的策划人在宣传内容的设计上必须把握住积极向上、阳光健康的宣传方向。群众文化活动的宣传目的是引导群众接受新思想、新观念，提高精神文明素质和文化审美水平，因此，应当坚决避免和防止低级庸俗的宣传内容以任何借口出现在群众文化活动中，这是对活动宣传内容的第一要求。

2. 宣传程序要合法有效

宣传程序是指从宣传内容、形式的认定，宣传手段的选择到宣传各阶段设计和运作的全过程。在活动的实际宣传运作中，超范围宣传和违章宣传现象时有发生，如不按指定地点张贴宣传广告和宣传品，在宣传过程中加入商业性宣传的行为等。活动的策划人和宣传项目人在设计宣传方案时，应先学习与活动相关的法律规范和知识，避免出现因不符合法规而产生的无效宣传设计。

3. 宣传操作要方便群众

广大群众是群众文化活动宣传的接受者和受益者，活动中的一切宣传行为都是为了使群众感受到活动的魅力，因此方便群众的接受便是宣传运作的主要依据和准则。如利用环境的装饰和布置，使群众不出社区就感受到活动的气氛。又如，宣传者不采用集中动员、讲座学习的方式，而是在群众早上晨练时将宣传内容融入活动中去，让群众在不知不觉间领会宣传内容的含义，这是群众文化活动宣传的一个基本特征。

4. 宣传方法要规范恰当

群众文化活动中的宣传方法是多种多样的，在运作中应当针对不同人群的文化习惯采用不同的宣传方法，但无论采用何种方法都必须按照一定的规范进行运作。大型群众文化活动的策划者必须明白，规范即是秩序。宣传方法的选择是由活动的内容和群众的需求习惯两个方面决定的，群众文化活动的类别不同，对宣传方法的要求也不同，如书法、美术等静态活动的宣传就很少采用春节庙会等动态活动的宣传方法进行宣传，宣传的方法不同，所传递出的信息也不同。

(二)群众文化活动的承办方应将宣传内容和方式正式上报相关部门审批，获准后方可实施

小型群众文化活动的宣传方案因其影响范围较小，经活动主管部门审查后即可实施，如黑板报、宣传橱窗等。

大型群众文化活动的宣传设计必须要形成完整方案，其宣传内容须经宣传部门审批，宣传品的张贴和发放须经市政和环卫部门审批，广场和游园活动的宣传设置须经园林部门审批，悬挂气球广告还要经过气象部门审查，等等。

各地群众文化活动的组织者和策划者都应当熟知当地宣传计划的审批程序，遵守国家相关法律和地方性法规，做到宣传"增色不添乱"。

第五节　群众文化活动策划阶段的组织机构设计

群众文化活动的组织机构设计是策划人必须要完成的重点工作任务，是策划方案中的关键部分，其设计的是否合理关系到活动的基本秩序和质量。这里所指的组织机构是活动策划人针对活动的规模和活动的需要进行的结构性设计，包括领导机构和工作机构两部分，对活动的各项决策和实施起着主导作用。

一、策划阶段的组织设计原则

(一)领导机构设置应与活动规模和等级相符

群众文化活动的规模决定了领导机构的设置层次，规模越大其层次设置就越复杂。例如，小型文化活动的领导结构由主管单位和承办部门形成的单级或两级结构层次，就可以完成活动所需的全部领导任务。而大型活动则必须要由多个相关单位共同协作，并组成统一的领导机构才能保证活动的顺利完成。

群众文化活动的等级决定了领导机构的级别构成，活动的决策权限是制约领导机构级别的关键因素，活动等级越高其领导级别就越高。例如，区县级别的文化活动是由若干个区县级相关单位共同协作完成的，在实际运作过程中必须要由区县级的主管领导参加才能行使相应的协调权和决策权，如果主管领导不参与活动，也必须委托某个单位行使同等权限，保证活动指挥系统的协同高效。但如果市级群众文化活动的领导机构由区县级主管领导担任，同时又没有明确的授权和委托，便无法行使活动相应的协调权和决策指挥权限，必须要由与活动等级相应的主管领导来承担。

活动策划阶段的组织机构设置一定不能忽视活动本身的实际价值，要与活动的需要相一致。一些单位在举办文化活动时，为了扩大其影响力，以支持活动为名邀请与活动没有关系的高层领导和社会名人担任活动领导机构的负责人，这种做法是不可取的，甚至是危险的。

(二)机构成员单位应在活动中承担相应的权利与责任

群众文化活动策划人在设计组织机构时，必须遵守不设虚岗的原则。无论活动的规模和类别多么复杂，其进入领导机构和工作机构的单位和个人，都必须完成相应的任务，行使相应的权力，并承担相应的责任。例如，某城市举办国庆游园活动，与活动相关的文化部门、旅游部门、园林部门、公安部门、交通部门、商业部门等单位都要进入活动的组织机构之中，各负其责；文化部门负责组织各类文化活动；旅游部门负责游园活动的游客安排；园林部门负责环境的布置和装饰；公安部门负责活动的安全保卫；交通部门负责周围环境的交通秩序；商业部门负责商品销售的正常秩序等。

组织机构设置的数量视活动的实际需要而定，不承担实质性工作的单位不得进入领导机构。

(三)工作机构的设计宜粗不宜细，部门职数和部门规范是策划方案的重点

群众文化活动策划阶段的工作机构设计与实施阶段的工作机构设置有很大的不同。活动的策划者依据活动创意和构思及活动内容的需要，推断出应有的工作参与单位和结构设置。在这个阶段，策划人无法预测出实施过程中的变化和不确定性因素，其工作设计只能是结构性设计和职能性的设定，它是活动实施阶段工作岗位设定的重要依据。策划人不可能对活动承办方的操作方式和具体岗位分配进行设计，因此在策划方案中体现出来的工作设计不能超出策划人的职能范围，更不能干预承办方的实施运作。

二、策划阶段的组织设计内容

群众文化活动策划人的组织机构设计包括以下四方面内容。

(一)明确参与单位的角色位置

①根据活动的范围和规模要求，应当涉及哪些单位，确定其中哪些必须在组织机构中承担工作和责任。例如，在某城市的群众性歌咏比赛中，文化部门必须要进入组织机构，而给演员提供车辆服务的汽车公司虽然也参与了活动，但作为协办单位就不一

定在组织机构中。

②依据参与单位在活动中承担任务的性质和重要性，确定各单位在组织机构中的具体角色位置。例如，活动主办单位在领导机构中应处于主导地位，对活动产生的结果负责，而相关单位在组织机构中应处于相应的责任地位，对承担任务的质量负责。

(二)明确领导机构的组成人员

群众文化活动的领导机构主要由第一责任人、主要责任人和责任人三部分组成。第一责任人是指组委会主任、领导小组组长等，一般由主办单位指派的主要负责人担任，对活动的各项决策和结果负责。主要责任人是指组委会副主任、领导小组副组长等，一般由在活动中承担主要任务的单位领导担任或承办方的负责人担任，协助第一责任人工作，并承担相应的责任。责任人是指组委会委员、领导小组成员等，一般由相关单位的主要负责人担任，对各自承担的任务负责。

(三)确定各领导成员的职责分工

当领导机构的人员确定后，对所有成员进行责任分工，明确各自的权限和义务，并建立工作模式和协调机制，确保领导机构的有效运转。在机构成员各负其责的前提下，保证指挥通畅，步调一致。

(四)确定工作机构的设定及其职责

群众文化活动的组织机构包括领导机构和工作机构两部分。策划人的工作机构的设计对活动的实施运作起着至关重要的作用，是活动承办方建立工作模式和指挥系统的重要依据。

活动策划方案中的工作机构设置部分一般只设计到部门一级，并明确其各自的职责。至于部门中的岗位设置和人员分工，则是承办方在实施过程中视具体情况在实施方案中体现的内容。在活动的策划阶段，策划人并不了解承办方工作人员的实际状况，因此无法进行具体岗位的任务分配。

三、组织设计与工作设计的关系

群众文化活动中的组织设计和工作设计是策划阶段中机构设置的两个重要组成部分，两者之间所涉及的领域不同，但又密切相关。

(一)群众文化活动中策划阶段的组织设计是部门和个人之间的结构性设计，它确保了活动的指令畅通、行动有序

其中包括：①确定部门类别、数量及部门中的岗位职数；②设计部门及岗位的工作量，并设定相关责任人职数；③明确领导机构与工作机构之间的指挥运作模式和部门间的协同关系等。

(二)工作设计是指工作内容、工作职能和工作关系的设计，它确保了上级指令的贯彻落实，最终完成活动任务

其中包括：①制定部门及岗位职责规范；②明确各部门工作任务内容；③制定相关制度和纪律；④建立活动运作模式；⑤建立各类工作保障机制等。

(三)组织设计与工作设计是活动策划过程中的两个关键性环节

二者相互独立，又紧密相连，组织设计是工作设计的依托，没有组织设计则任何任务都无法实施。只有组织机构而没有工作设计，则整个活动都要处在停顿状态。活动的策划人在设计组织机构时，一定要将组织设计与工作设计进行通盘研究，只有将两者有机地结合在一起，其设计才能可行高效。

第六节 大型群众文化活动策划中的组织设计

大型群众文化活动是群众文化活动的一部分，其策划阶段的组织设计同样要符合群众文化活动的设计要求，但要比一般的群众文化活动更加严格，更加规范。

一、参与活动单位的地位和组织模式

大型群众文化活动需要多个单位的共同参与才能完成，这些单位在活动中承担着不同的任务，扮演着不同的角色。他们参与活动的方式多种多样，归纳起来可分为以下几类。

(一)主办

主办是指在活动中具有主导和领导地位，掌握最终决策权的单位。主办单位控制着活动的方向和性质，并对最终的结果负责。

任何大型群众文化活动的主办方，都必须拥有与该项活动规模相一致的权力和能力，不具备承担活动后果能力的单位不能担任主办方。例如，某市举办大型文化艺术节，市委宣传部成为主办方是很恰当的，如果公安部门作为主办方出现，人们就会感到很奇怪，因为公安部门只能对活动的安全负责，而不能对活动的全部结果承担责任。如果公安系统举办歌咏比赛，那么公安部门成为主办方就是顺理成章的事了。

(二)联办

联办是指由两个或两个以上的单位联合主办同一项文化活动。在许多大型活动中，若出现任何单一的部门都不具备承担主办方全部责任的能力和控制能力的现象，就需要有多个单位共同努力来完成活动项目，因此就形成了联办的形式。例如，某城市拟举办旅游文化节，由市旅游局和文化局共同主办，这种形式即为联办。

在联办模式下的各主办方，不管是平级还是上下级关系，在活动的全过程中其合作关系是平等的，所承担的主办方责任也是相同的，任何重大决策必须经过各主办方的认可才能实施，并共同对活动结果负责。

(三)承办

各项文化活动的主办方是活动的领导单位，但具体的技术性操作和策划、组织工作是要由实体业务部门去完成的，这个实体业务部门便是活动的承办方。例如，北京市西城区拟举办景山合唱节，指派西城区文化馆具体运作，西城区文化馆即是活动的承办方。

承办单位一般由主办方委派或委托，二者一定是相互了解的。活动的承办方必须要具备与该项活动相应的资质和技术能力。

活动的承办方要在主办方的领导之下、按照主办方的意志开展工作，并向主办方负责。在一些中小型活动中，主办方也可能就是承办方。

(四)协办

大型群众文化活动，往往需要有多个部门的配合才能实施，需要有社会各方面的支持，于是就出现了协办的形式。例如，天津和平杯京剧票友邀请赛，南开区旅馆街提供了住宿等后勤支持，则旅馆街上的相关旅店便是活动的协办单位。

协办方不是活动的主体，但却发挥着重要的辅助作用。协办单位向活动的主办方和承办方负责，并承担协办内容所产生的后果。

二、领导机构的设计

群众文化活动中的领导机构是该项活动的组织核心，是代表主办方意志的具体体现。活动策划者应根据主办方的级别、活动的规模以及所涉及的范围设计领导机构组织构成。

领导机构的组成要考虑到与活动相关的各个方面，其岗位的设置要与活动的需要相符。

(一)领导机构的职责

包括：拥有对活动和活动组委会的领导权，对各项重大事务做出最终决策；审查各类活动方案，批准各项制度和计划；主持召开工作协调会，协调和解决具体操作中出现的各类问题和矛盾；处理活动中的突发事件；对活动的筹备工作进行验收和检查；主持活动结束后的收尾工作；主持总结、评估、表彰及处罚工作；宣布活动组织机构解散。

(二)领导机构的职数设置

组委会中领导机构的职务一般有以下几种。

主任：是组委会中的最高领导人，全面主持工作，拥有对活动的指挥权和领导权，对主办方负责。主任的人选一般由主办方指定或推荐产生。

副主任：根据活动的实际状况可设一名或多名副主任。协助组委会主任实施部分领导权，按分工负责某一方面的工作并对其承担责任。副主任向主任负责。

委员：由与活动有关的单位负责人组成。例如，承办方和协办方领导等。他们在主管副主任的领导下，分管组委会委派的相关工作，并对其产生的后果负责。

顾问：在大型群众文化活动中，主办方或策划者常常在组委会中设置顾问职务。顾问一般由具有专业技术知识的专家来担任。负责向领导机构提供专业技术性信息和知识，并对工作提出建议和理论依据。在实际工作中，顾问可分为专业技术型顾问、组织管理型顾问和法律服务型顾问三种。

三、工作机构的设计

群众文化活动工作机构是活动组委会下设的具体工作实施部门，通常以工作部或工作组的形式出现，在领导机构的指挥下开展工作，并向其负责。

工作机构的成员一般由专业技术型人员和组织管理型人员组成。将组委会的各项决策付诸实施，落到实处，确保该项活动得以圆满完成。

(一)工作机构的职责

包括：建立各项工作制度和规范，使活动的全过程保持良好的工作秩序；保持政令畅通，及时将上级的指示精神传达到具体操作单位，并将实施过程中出现的问题报告指挥系统，做到控制到位，指挥有序；将活动策划方案所涉及的内容转变为工作任务，制订相应的工作计划并付诸实施；处理在实际工作中出现的各类问题和矛盾，将问题解决在萌芽状态；协调各类工作和社会关系，保证各部门协同操作，步调一致，实施有序，目标明确；完成收尾阶段的各项具体工作。

(二)工作机构的职数设置

工作机构设置的数量应根据活动的实际情况而定，不同规模、不同内容的活动所组建机构的数量也不相同。

大型活动的工作机构中，办公(管理)、业务、宣传、安保、后勤这五个部分是骨干和支撑的部分，其他部门的设立多数都是从这五个方面派生出来的，或与这五个方面有着密切联系。

办公室：主要负责起草各类文件；建立各种规章制度；活动精神和指示的上传下达；协调与活动相关各部门和单位的工作关系；接待来宾和客人；做好活动中的文书和档案工作。

办公室的工作是活动的血液和润滑剂，各部门是否能协同一致，是否能忠实地执行领导机构的指示精神，保证活动按照设计方向发展，办公室起着关键的作用。因此，对办公室的工作人员而言，行政工作能力和协调能力至关重要。

业务部：主要负责活动内容的落实和实施。包括：业务计划的制订和安排；专业人员的选择与确定；活动队伍的组织与筹备；与业务相关的器材和设备（如，灯光音响、服装道具等）的使用和管理；活动现场的组织和操作等。

业务部门的工作是活动的核心，活动的业务落实和工作质量直接影响活动的存在、活动的质量、社会影响的大小。因此，业务部的工作人员一般都是由具有专业技术特长的人员来担任的。

宣传部：主要负责活动的各类宣传和信息传播工作。包括：宣传口号的设计和宣传计划的制订；新闻发布会的筹备和召开；利用多种手段进行宣传；收集整理广大群众和社会对活动的反响和意见等。

宣传部门是活动的代言人，群众对该次活动的兴趣和关注程度，关键取决于宣传工作的质量。

安保部：主要负责活动各阶段的安全工作，确保在没有外界干扰和意外事故发生的环境下，顺利完成活动的各项内容。包括：与公安部门一道完成活动安全预案和应急方案的制订；对活动安保措施的部署、实施和检查；修订安保措施，协调解决实施过程中出现的具体问题；对活动中的安保执行情况进行验收和检查等。

安保部门的工作是活动的关键保证，任何大型文化活动都要把安全保卫工作作为头等大事来抓，任何好的创意和策划，不论其意义多么重大，设计多么精美，一旦在活动时发生了安全事故都必将功亏一篑。

后勤部：主要负责活动的各项后勤保障工作。包括：活动物资和器材的保障和供给；相关人员的食宿、接送；交通及车辆保障；医疗救护保障；通信器材的提供和服务；与活动相关的办公条件保证；与活动相关的其他后勤保障等。

后勤部门的工作是活动的基础，具有涉及面广、头绪繁多、工作量大、事无巨细等特点，素有活动大管家之称。

【思考题】

1. 简述群众文化艺术展示类活动的设计类型及各自的构思要点。

2. 简要阐述群众文化活动的宣传方案设计原则和阶段性设计要点。

3. 概述大型群众文化活动策划阶段的组织机构设计要求。

第四章　群众文化活动的组织与实施

【目标与要求】

要求学员通过对本章内容的学习，掌握群众文化活动组织实施方面的相关知识。包括：组织实施程序内容；实施过程中的工作机构设置；各系统的协同性工作；实施中的控制与管理；活动当中的应急处理；实施人员的素质要求；组织实施的一般技巧原则；活动的总结评估等。并能将上述知识运用到活动的实际组织工作中。

第一节　群众文化活动组织实施程序

群众文化活动的组织实施是策划阶段的延续，是将策划方案付诸实施的过程。如果说活动策划人的工作是通过创造性、开拓性思维进行的宏观布局和创意设计行为，那么活动承办人的工作就是运用严格的规范和程序，将策划人的各类设想转变为现实的操作性活动。

群众文化活动的策划与组织实施是两个截然不同的工作阶段，两者无论从思维模式还是从工作方式都有很大的不同。活动的承办方在实际运作过程中，必须依据策划方案的设定，按照一定的操作程序将活动的各项内容落到实处，这个程序共分为九个步骤。

一、建立活动组织实施机构

虽然活动的策划人在策划方案中对组织机构进行了设定，但那是构思性的设计行为，距离实际情况还有一定的距离，承办方必须对策划人的机构设定进行再次确认，并将其具体操作化。

①活动实施阶段组织机构设置主要以工作部门的细化设置为重点。在策划方案中，策划人设计的组织机构分领导机构和工作机构两部分。承办方的工作重点是对工作机构进行二次认定，将活动的内容，实际状况和设定的机构三者进行对比分析，研究策划方案中的工作机构能否完成活动的各项任务，如果有出入则应当立即进行调整，最终由活动的承办方完成对工作部门的确认和调整。

②按照活动任务状况和确认的工作机构设置，对现有的工作人员进行分析。包括：工作能力、业务水平、思想状况、性格特征、身体状态，等等，为任务下达后的岗位分配做好准备。

③按照活动岗位设置组建工作实施队伍。在对工作人员进行充分分析调研的基础上，根据活动的性质和特点对人员进行筛选和确认，建立相应的工作系统，确定各级指挥人员和部门负责人。如果某些人不能从现有的人员中选出，应当立即采取聘任或邀请等方式进行调整和补充，如文艺演出的舞台编导、文艺比赛中的评委等。

二、分析活动策划方案

将活动策划方案中设定的各个部分进行分析、整理，全面领会方案的创意理念和设计思想，结合承办方的实际情况对方案中的活动方向、布局设计、工作步骤等进行详尽的研究，尤其要将活动的内容和形式作为分析的重点，为将设计构思转化为实际工作任务做好准备。

在分析活动策划方案的过程中，思维方式的转变是分析工作的关键，在承办人员的眼中任何构思都不完全是形象化的设想，而是具体的事物和行为。这一阶段必须完成以下任务。

1．动机转变为目的

例如，策划人在设计群众性舞蹈比赛时，其指导思想是丰富群众的文化生活和提高人们的审美水平，而活动承办人从操作的角度出发就将其转变为活动的结果，如参与比赛的单位和人员数量、获奖节目的实际水平等。

2．内容和形式转变为任务

例如，活动策划人在某项活动中，设计了一个由 200 人组成的大型方阵，每人手持鲜花组成各种图案。承办人在看到这个设计时，立即会想到这 200 人的来源在哪里，是从企业抽调还是由学生组成，从何处购买鲜花，需要多少经费等。

3．时间地点转变为步骤

活动策划人在策划方案时对涉及的时间和地点的安排，在承办方的眼中就会转变成为在什么时间、什么地点、由什么部门完成什么任务。

4．可行性研究转变为具体措施

策划人所做的可行性研究中对有利因素和不利因素都进行了分析，并作出了判断和预测。活动承办方则将预测转变成一个个实际的运作办法，如何时集结队伍、如何疏导群众撤离现场等。

5．组织设计转变为工作队伍

活动策划人所做的组织设计是结构性的布局，而承办方的重点是结构布局中的人员位置和所发挥的作用，组织机构的设置要为活动的需要服务，而不是相反。

三、确定活动任务内容

活动承办方对策划方案所设计的各项内容进行总量处理，完成策划设想向实施任务的转变。

①将活动策划方案分解结果进行归类，形成具体实施任务，并按其性质进行横向划分确定。即业务性任务、宣传性任务、后勤保障性任务、公关联络性任务、安全保卫性任务等。

②按照活动预定目标对各项任务进行分解。通常可使用层级分解的方式进行纵向任务确定。其公式为：活动内容—总体活动任务—部门活动任务—岗位工作任务。

这一阶段的工作是活动组织实施全过程中十分关键的环节，完成策划设计向活动任务的转变即标志着策划阶段与实施阶段的正式分离。

四、建立活动实施规范

①当活动的承办方完成对活动任务的分类之后，要立即对各项任务进行定性定量分析，从而得出各项任务的实际工作强度。在此基础之上，各部门自身的任务量和任务强度也会逐步明确，为以后的定岗定人定责打下基础。

②各部门的任务明确后，要按活动的需要制定各项任务的执行办法和实施规范标准。例如，群众性文艺比赛活动的业务部门，要针对参与活动群众的实际情况和比赛内容的艺术要求，制定出参赛规则和评比标准等。

五、分解、落实活动任务

①根据活动中各项任务的实际工作强度进行再次分解，明确各项任务所需的岗位数量和人力投入量。如活动的宣传部门需要完成的任务有信息收集、文字撰写、宣传品制作、新闻发布及宣传展示等。这五类任务需要五类岗位，但不一定是五个人，仅新闻发布一项就需要三人，因此这个部门的五类岗位需要十几名人员。

②活动承办单位将工作队伍人员按照活动确定的岗位数量和岗位任务，进行对位分配，并按岗位进行责任分工。

③按照活动任务量的需要，将分解后的各类任务再进行细化，并落实到各个岗位及个人。在落实任务的同时对上岗人员的运作能力再次核实，如不符合要求应当进行相应的培训或人员调整。

六、制定活动保障措施

①当工作任务落实到每个岗位和个人时，应立即对工作机构的部门进行岗位职责设计，将职责落实到每一个上岗人员。在活动的策划阶段，策划人已对各部门的职责进行了设定，这时所指的落实是将部门职责分解到各个岗位，将每一个人的工作任务与岗位职责对位，使岗位人员明确自己的工作目标。

②由于在活动的操作过程中，各部门、各岗位的工作性质不同，其操作的方法和流程也会存在较大的差异，因此建立良性的协同机制十分重要。参加活动的所有工作人员都应当在同一个运作机制下开展工作，需要制定相应的工作制度和相关纪律，保证正常的工作秩序。

③根据各实施部门和岗位的实际状况及各项任务的具体特征，制定出包括技术、后勤、协同、安全等在内的一系列相关因素在内的保障性措施，确保各岗位的顺利操作。例如，文艺演出的舞台供电；广场活动的通信设备的提供；大型群众性活动中相关单位(机关、学校、企业、人民团体等)的协调等，都需要用相应的措施来保证。

④活动经费按时到位，这是活动能够正常运作的前提，没有经费保证其他一切措施都失去了实际意义。活动承办方必须制订详细的经费使用计划，并以此为依据把活动经费分期分批拨到指定位置。

⑤活动操作方制定目标明确的活动实施方案，各相关部门以实施方案为依据，根据自身的任务性质制定出实施方案细则。各个岗位按照实施方案的要求进行有步骤的操作。如果说活动的策划方案是策划阶段的最终结果，那么实施方案的制定就是各岗位实施运作的最终依据。

七、实施前的项目验收

在举办群众文化活动前，一般都要经过较长时间的筹备和准备阶段，如节目的排练、服装的制作、舞美的设计制作等。在准备阶段的后期，活动的领导机构应对各部门的准备工作进行综合性的验收工作，主要包括三部分内容。

①各指挥系统在活动的实施前，要对操作队伍的状况、岗位运作能力和水平、任务落实的合理程度等状况进行最后认定，如发现问题可进行适当调整。在实际工作中，大部分活动的组委会对活动前的微调工作都十分重视，这是实施前对人员的最后一次主动性调整。如果在活动的运行中进行人员调整则是被动性调整，会给活动的整体秩序带来不利影响。

②活动指挥部对活动的各阶段准备结果进行检查，尤其是各项实施方案的执行情况，如安全预案的落实、应急方案的准备、后勤方案的保证等。实施方案是各岗位运作的依据，方案没有落实则证明准备工作没有完成，必须立即采取措施加以弥补。

③检查各系统的运作状况。了解总指挥系统与分指挥系统之间、分指挥系统与各部门之间、各部门与各岗位之间的协同是否默契，磨合是否到位。活动当中的指挥体系和运作机制必须在检查中确定下来，这是活动实施的基本保证。

八、实施活动内容

举办一项群众文化活动，从创意策划开始一直到各阶段的准备工作，都是为了活动的最终实施。活动实施是活动的展现阶段，前期所做的一切努力都要在这个过程中得到检验。在活动的实施阶段要做好下列工作。

(一)各实施系统按照活动实施方案协同有序地开展工作

①各岗位人员按照规定时间准时到达指定位置，逐级向上报告活动实施前的就位准备情况。

②总指挥系统确认各分系统及各岗位准备就绪后，按照计划约定下达活动开始指令。

③各分指挥系统在总指挥系统的领导下行使各自的指挥权。

④各工作岗位按照工作计划要求完成各自承担的任务，保证活动的正常运转。

⑤活动所有程序完成之后，总指挥系统在确认群众已经撤离，收尾工作已经完成的前提下，下达活动结束指令，标志活动顺利完成。

指挥系统可按照活动的规模和性质自行简化或增加上述工作程序。

(二)总指挥系统在活动实施的主要工作包括：指挥、控制、协调、应急、决策

①指挥——向下级系统下达相关指令，调动所属力量实施有效操作。

②控制——掌握活动节奏，控制活动局面，控制下一级人员的行为规范，保证活动的有序运转。

③协调——协调各系统、各部门之间良好的协作关系，确保所属系统的协同一致。

④应急——是各级指挥系统在活动运作过程中最应当重视的环节，群众文化活动的群众性和丰富性使活动在实施过程中充满着变数，发生意外状况是不可避免的。各级领导应时刻注意活动中的

每一个细节，随时按照应急预案做好应急准备，做到有备无患。

⑤决策——当活动处于正常运行状态时，指挥系统以发布指令的形式对下属行使指挥权。但当活动发生意外状况时，各级指挥系统则应当按照各自的职权行使决策权，并对决策产生的结果负责。

(三)各分系统根据活动中出现的问题随时进行调整和协调，这是活动运作过程中的主要工作

①当活动实施当中情况发生了变化、任务需要调整时，根据实际需要及时进行岗位调整，对人员重新部署，保持指挥系统的畅通无阻。

②在活动操作过程中，由于任务繁重、不可预见因素较多，部门之间、岗位之间发生工作性矛盾是很难避免的。分指挥系统的指挥者应当及时发现苗头，消灭隐患，没有良好的协同机制作保障，活动就无法顺利进行。

③掌握活动进度，调节活动节奏，坚决贯彻总指挥系统的部署和计划安排，保持上下畅通，将总体部署与部门任务有机地融为一个整体，使每一个岗位人员在目标一致的状态下开展工作。

(四)活动指挥部应做好活动实施过程中的现场效果记录，为活动评估做准备

现场效果记录内容包括以下三点。

①各级指挥系统的构成及相互关系、工作内容和方式、处理问题的经过和结果、指挥系统的特征和风格等。

②各部门和人员的岗位设置、任务性质和数量、人员工作饱和度和压力状况、所述人员的精神面貌和思想状态、遇到的问题和处理结果等。

③各系统的协同运作状况、各环节的配合默契程度、实施计划完成状况等。

九、检查活动效果

在活动实施终结时，在现场工作记录的基础上，需进行本次活动的运作效果检查。检查内容包括以下几方面。

①活动实施方案的完成情况——完成任务的比例是多少；还有哪些任务没有完成；未完成任务的原因及对活动产生的影响；需要改进的内容有哪些等。

②各级系统的运作效果——各工作系统设置得是否合理；人员布局是否恰当；工作运转是否高效等。

③活动中指挥协同效果——各级指挥系统设置是否简洁；指挥渠道是否通畅；机动性调整是否迅速；整体协同是否有效等。

④活动安全预案执行效果——安全方案制定的安全措施是否合理；安保人员的到位情况；有哪些内容已经启动；活动实际安全状况等。

⑤活动的后勤保障效果——预测保障内容与活动实际需求是否一致；后勤保障任务完成状况；应改进的内容和以后应注意的问题等。

⑥现场群众的满意度——群众参与活动的数量；群众对活动的热情程度；参加活动群众的构成状况；到场群众的满意度等。

第二节　群众文化活动实施过程中的工作机构设置

群众文化活动实施阶段的工作机构是各项操作的基础，它与策划阶段的组织机构设计有很大的不同，活动的承办方在制订活动实施方案时，都要对机构进行再次认定和安排，以保证各级设置的实用有效。

一、组织实施阶段的工作机构设置任务

（一）组织实施阶段的工作机构设置是策划阶段设计的延续，是以工作岗位为中心的二次设计过程

在实际工作中，有些文化活动的主办方常常将策划方案中的组织机构设计与实施方案中的工作机构设置作为同一个概念来理解，其实这是一种误解。策划方案中的组织机构设计是活动组织结构性的设计，其目的是明确各个参与单位在活动中的角色地位和相关职责，同时还向社会表明活动的级别和应当产生的社会影响。在这个设计中以结构的形式确定了上下级的领导关系，并对活动的实施提出工作机构的组织设想。

活动实施方案中工作机构设置是活动组织机构内部建立的工作指挥系统，其目的是保障活动的顺利进行和有效操作。工作机构的设置是以岗位任务为核心的结构模式，人员的分配、职责的认定、运作的方式等都要围绕完成活动任务来展开，这是与策划方案中的设计的最大区别。

（二）将策划方案中的领导机构转化为实际运作中的指挥系统

群众文化活动策划方案中的机构设计分领导机构和工作机构两类，其中领导机构向指挥系统转化，形成了总指挥系统和分指挥系统。

策划方案中的工作机构则向岗位责任方向转化，形成了部门责任和岗位任务的活动实施系统。实施系统接受各级指挥系统的领导，按照各自的工作任务进行操作。

（三）将策划方案中的工作机构职能进一步分解到各个岗位，把部门职能转化为岗位职责

活动的承办方在进行策划方案组织机构转变为工作实施机构

设置的同时，也要将各级所拥有的权力、义务和职责逐级下放分解到各个岗位。即总指挥系统将责权分解到分指挥系统，分指挥系统分解到各部门，各部门再分解到各个岗位，确保每个人员在了解自己权限的前提下开展工作。

(四)根据活动实施中的具体情况和需要，对策划方案中的组织机构设计进行适当调整

由于活动策划方案与实施方案在制订的指导思想上有一定的差异，因此在组织机构设计向工作系统转化时不应完全照搬，应当根据承办方所面对的实际情况及所属人员的业务能力做部分调整。例如，某单位拟在北京天安门广场组织大型文化活动，策划人在机构设计时设置了场地环境装饰部，但活动承办方在进行工作机构设置时发现天安门广场太大，环境结构也很复杂，于是就将环境装饰部提升为场地环境分指挥系统，下设三个具体业务部门，这个修改变更符合当时的具体情况，保证了活动的正常开展。

二、工作机构的设置

(一)指挥系统的建立

活动的指挥系统分为总指挥部和分指挥部两部分，主要由组织设计中的领导机构成员组成。活动指挥系统控制着活动的全部运作程序，把握活动方向，通过指令实现对各部门及岗位的指挥和调动。

总指挥系统是活动的中枢神经和灵魂，根据活动的需要设总指挥一名，副总指挥若干，其成员一般由主办方的负责人、承办方主要负责人及各分指挥系统的第一责任人组成。

分指挥系统是总指挥系统的分支机构，负责将总指挥系统的指令分解成各自的专业性指令，下达到各工作实施部门，并对实施结果承担责任。共设分总指挥一名，副指挥若干，其成员一般由各部门负责人和具有实际经验的指挥者组成。

(二)各工作部门岗位的设置

1. 岗位设置的原则

所设岗位的性质要与部门职责和任务性质相一致——不同性质的岗位不可以设在同一个部门内，如举办摄影展览活动时，承办方为了拍摄资料方便将宣传组并入展览组，结果造成管理重心的偏离。如果由于某些原因使不同性质的岗位必须处在同一个部门内，则应当进行再次分解，形成单独的工作小组，这样有利于管理。

所设岗位的数量必须符合任务量的要求——活动的承办方在设置工作岗位前，必须对部门的工作任务总量进行分析，计算一个岗位在单位时间内能够承担任务的数量，并以此为依据设定相应的工作岗位。如果岗位数量大于任务量，就会发生出工不出力的现象，影响工作效率。如果岗位数量小于任务量，则就可能影响工作质量，甚至给活动带来不必要的损失。

部门岗位的设定要齐全——活动实施过程中的岗位设置一定要包括活动的所有任务，不得缺岗漏岗。活动的运作由若干个环节连接而成，每一个岗位都不是孤立存在的，工作链条的基本构成是工作任务，岗位设置不全就会造成链条和环节的断裂，致使活动无法正常开展。

岗位角色鲜明准确——工作机构的岗位设置应使上岗人员对本岗位在活动运作中的角色位置有清晰和明确的认识。使每一个人都清楚自己的工作在活动中所起的作用，这对提高所属成员的责任心和工作主动性会产生积极作用。从某种角度讲，鲜明准确的岗位角色比经常性的思想动员还要有效。

2. 岗位设置步骤

分析部门职责和任务特征——活动承办方在完成了从策划向

实施的转变后，就要对各部门的职能进行分析，认清其工作的特征及规律。这对部门性质的定位和岗位职数的确定将会产生重大影响。

确定和分解任务量——对部门内的任务总量进行分析，按照任务的性质和类别进行细分，分解为若干个单项业务，如工作机构中的办公室可分解出文秘、公关、档案、财务等。在此基础之上确定各个类别的工作量。

根据任务量确定岗位数量——根据部门总工作量的分解，确定各个工作类别的岗位数量，从而得出部门岗位数量。活动承办方在核实岗位数量与工作任务数量相吻合之后，将岗位最终确定下来。

明确岗位职责和任务——当岗位确定下来以后，应立即制定或确定岗位职责，并将分解的工作任务落实到具体岗位上，使各岗位有明确的上岗条件。

确定岗位人员——对所属成员进行能力分析，根据岗位条件的要求将人员与相应岗位对位，从而确定岗位人选。

各岗位人员落实到岗——选定人员正式上岗，认真学习岗位规范，承担相应职责，接受岗位任务。

3. 岗位职责设定的要求

实用可行——岗位职责与岗位任务相一致，应让上岗人员在实施任务的过程中，有实实在在的依据。

具体明确——要明确规定岗位人员的权力、义务、责任和规范。

内容全面——岗位职责内容应当涉及岗位人员的全部运作行为过程。

可控性强——岗位职责的设定应当做到权力和责任的对等，其权力不应超出职责范围。

有利于协同合作——因各岗位的任务存在差异，因此其职责特征也不相同。任何一项大型群众文化活动都不可能由单独一个人完成，部门职责必须兼顾到各岗位人物特征，便于协调合作。

三、各工作机构相互之间的联系

(一)各工作机构在同一项活动中是一个有机的整体，但同时又各自形成相对封闭的独立循环系统

所谓封闭循环系统是指各分系统或部门，都要依据自身的任务性质建立适合工作特点的运作模式和规范，在所属岗位的协作当中逐渐形成了相对独立的默契关系，这种关系只在本系统的环境中循环合作。总指挥系统是由若干个这样独立的循环系统构成的，他们在按照各自的规律来完成自身承担的任务。

(二)机构之间应相互联系，相互支持，互不可分

虽然各分支系统和部门都按照各自的规律进行独立运作，但相互之间并不是割裂开来的。活动本身是一个整体，必须由各部门相互配合才能完成。各系统、各部门之间应当建立规范的联络协同机制，确保活动整体一盘棋。

(三)各自系统均应服从总系统，并为总系统服务

群众文化活动的指挥体系由总指挥系统、分指挥系统和业务部门组成。无论分支系统的任务多么具有特殊性，都要围绕总系统开展工作，并以总系统为核心，服从总系统的指挥和领导。各分支系统应对自身的工作结果承担责任，同时要对总系统的工作负责。

第三节　大型群众文化活动中各系统的协同性操作

大型群众文化活动的协同性操作是活动实施阶段的关键性环

节，任何活动的承办方离开了协同运作，活动便无法进行。协同是协调和合作的总和，是活动所属单位的一个必经程序，活动的操作方必须重视这一环节的作用。

一、建立协同系统的必要性

①活动的协同系统是指活动组织机构中，本系统与其他系统和单位的工作协调与合作机制。这个机制使活动中的各个部分形成一个有机整体，总指挥系统通过协同体系将各个实施环节连接在一起，保证活动的协调运行。如同一部汽车，驾驶员就是总指挥，他通过开关发出指令，各系统按照出厂时的设计进行工作，供油系统开始供油，供电系统开始供电，润滑系统开始润滑，冷却系统开始冷却，整部机器开始协调运转，于是汽车开动了，如果其中任何一个系统出现了故障，则汽车就会瘫痪。群众文化活动的协同运转与汽车发动是一个道理，没有协同就没有运行，协同是实施的生命。

②由于各相关系统均有各自独立的工作规范与模式，因此系统内各岗位之间的密切配合就显得格外关键，建立内部合作机制是十分必要的，如活动宣传部门的工作应当按照信息提供——编写宣传内容——设计制作宣传品——宣传品的发放或发布等流程来运作。这一流程是通过各岗位人员的密切合作完成的，其中任何环节出了问题工作都无法开展。由此可见，没有内部协同就不能形成完整的内部工作系统，必须采用协同的方式将各相关岗位人员统一到同一种协作模式上来。

③大型群众文化活动运作程序十分复杂，涉及面广，仅靠活动组织机构内部的协调，仍无法保障活动的正常进行，必须还要依靠活动组织机构以外相关系统和单位的支持和帮助。例如，广场文化活动需要气象台的支持；群众性文艺比赛需要专业评委的

支持；春节游园活动需要各商家的支持；文化宣传活动需要各新闻媒体的支持等。上述单位和个人都不是活动组织系统内的成员，但都是活动协同对象。大型群众文化活动的决策方和承办方在建立协同体系时，必须要树立开放的大协同合作观念，将视野从自身系统中拓展开来，动员一切力量来支持总系统的协同体系，使其发挥出最大功能。

④由于各相关系统自身所处的位置和对活动的理解角度各不相同，部门或岗位之间在工作中发生矛盾是不可避免的，如果处理不好就会影响活动运作秩序。各系统的指挥员应当把相当的精力放在岗位及部门的协调关系上，这种协调关系的确立关键在于思想认识和方向目标的一致，因此须采用协同的方式使各相关系统的思想得到高度统一，这是指挥系统的动作重要的任务。

二、群众文化活动中各系统的协同性操作内容

(一)建立活动的组织协同体系

①层级式协同系统——是指按照决策权限和上下级领导关系建立的协同体系，如在市级群众文化活动中，市群众艺术馆带领区县级文化馆和乡镇文化站建立了纵向协同体系，这个体系是按照不同级别的群众文化事业单位组成设立的。

②职能式协同系统——是指按照工作性质和岗位职能关系建立的协同体系，如同样是市级群众文化活动，组委会建立了由后勤保障系统、安全保卫系统、文艺演出系统构成的横向协同体系，这个体系是按照不同工作性质的同级别单位组成设立的。

(二)制定协同操作的原则与内容

1. 协同操作遵循四统一原则

目标统一——协同体系中的各系统单位必须要有相同的目标

和方向，统一目标会产生合力，失去目标就会成为一盘散沙。各协同单位应将自身的任务目标与系统协同目标结合成一个有机整体，劲往一处使，力往一处发，工作效率就会大大提高。

节奏统一——在协同运作中，协同单位的协作步伐应当保持一致，这是衡量合作默契程度的重要标志。如果各部门虽然工作目标一致，但运行节奏各不相同，就可能发生整体操作环节的断裂。例如，某市在春节期间举办了正月十五焰火游园活动。安保系统按照计划在晚七点准时就位，而游园的管理方为了减少入口的压力，于晚六点半就开始放行群众入园，这时的安保人员正在用晚餐不在岗位上，仅仅相差半小时就发生了群众性踩踏事故，这是典型的因协同节奏性失误造成工作链条断裂而带来的严重后果。

方法统一——群众文化活动协同方式方法的一致是保证合作秩序的重要因素，活动中的各个部门与合作对象在实施协同时，应提前约定协同方法，及时掌握对方的运作轨迹，保证协同的一致性。例如，某项广场文化活动的协作单位，约定用对讲机联络的方式协调每个单位的工作节奏，其对讲方式便是活动现场的协同方法，如果其中某部门放弃对讲联络方式，则协同程序就可能中断，致使协同效果受到影响。

思想统一——在活动协同过程中，思想的统一是指协同观念和认识的统一。各部门和单位用相同的协同理念进行合作，可保持和提高行动的一致性。任何群众文化活动的决策方和承办方都会在活动实施以前，采用讨论会、协调会等方式对所属部门及成员进行大量的思想动员工作，使人们对活动的认识达到高度统一，思想观念的一致就会使行动一致起来，增进彼此的理解和认知，在协同动作中可更加自觉和主动，保证了合作效果。

2.　协同内容是合作的关键要素

信息协同——是指以信息作为协同内容的合作机制。例如，北京、上海、天津和重庆四个直辖市的群众艺术馆，采用互联网和互访座谈、研讨等方式定期合作，建立了以信息为内容的交流机制，虽然这类协同行为没有在同一项活动中得到体现，但大大丰富了各自的活动创意理念，并提高了组织大型群众文化活动的水平。他们的协同机制即为信息协同。

业务协同——是指以活动内容为中心的合作机制。例如，某地区举办书画展览，则展品的展出即为协同内容，各个单位和部门的一切动作，如场地的准备、展品的保存、现场的布置、观众的组织等都要为展品的展出服务，没有业务内容，协同便无从谈起。

协同内容不同，其合作手段也会不同，活动的承办方应按其内容的特征来确定协同方式。

(三)多种方式的协同模式

①流程连锁式协同——是指以活动的各项任务为中心，由岗位合作形成不同的工作环节，指挥系统再以协同的方式将各个环节连接在一起形成链条式的工作流程，这是群众文化活动普遍采用的协同模式。

②岗位合作式协同——是指以人际关系为纽带，由岗位与岗位之间合作形成的协同模式。这种模式在活动内容比较单一，操作难度不高的情况下经常使用。

③项目联合式协同——是指以活动项目和内容为中心，形成相互协作关系的协同模式，如活动的后勤部门与餐饮、旅店等单位的合作等。这类协同方式可以采用内部协同，也可以用于外部协同。

④会议交流式协同——是指在大型群众文化活动中，用于系

统之间、部门之间调整和协调合作关系的主要协同模式。活动的主办方和承办方经常通过定期和不定期的协调会议来下达指令，处理各类工作关系。

三、协调会议

群众文化活动中的协调会议在协同性运作当中具有特殊的地位，它是沟通各个系统和部门的平台和纽带。尤其在大型群众文化活动的实施当中，各指挥系统一般都用协调会议来处理活动中的相关问题。

（一）协调会议是协同性操作极其重要的方式，可使活动的各相关单位和个人，运用会议的方式沟通信息，统一步调，明确任务，确保活动的顺利进行

在大型活动中，参与活动的各个部门及成员往往来自于不同的相关单位，彼此之间的工作风格、人员特点都不十分了解，应有一个适应磨合过程。召开协调会议可以使相关单位面对面地交换意见，增进友谊，加强信任，缩短这一磨合过程，同时还可使各级指挥系统的运作更加通畅。

（二）协调会议可采用多种方式召开

①现场会议——将会场设置在与会议内容相关的实际环境中，通过实地分析和现场说明，使到会人员达到思想上的统一，在此基础之上指挥系统部署各项工作，保证各部门行动的统一。

②信息沟通会议——又称"情况通气会议"。到会单位及相关人员介绍各自执行任务的具体状况，使各部门的信息得到沟通，在指挥系统的协调和部署下，统一步调，明确方向，保证了活动实施的协调有序。

③任务部署会议——由活动的决策方或指挥机构召集，活动相关部门参加的工作性会议。会议主要目的是上级向下级部署任

务并提出相关要求，参加会议的各个部门根据会议部署确定自己内部岗位的协同运作计划。

④经验交流会议——为了增强了解，提高活动质量，主办方召集相关单位和部门召开的调研座谈性会议。人们通过经验交流，开阔思路，更新理念，凡是高质量的文化活动都离不开经验交流性的会议，它会大大提高活动实施当中的协同性。

会议内容分单项内容（情况通报会议、任务布置会议等）和多项内容（经验交流会议、问题协调会议等）两类。单项内容的会议一般用于专业性较强、内容比较单一的部署和协调。而事项复杂、综合性较强的议事活动则多采用多项内容的会议。

(三)协调会议的任务

协调会议的任务包括：保证指令的畅通；保证各工作环节的衔接；解决和调解工作矛盾；调整工作计划。

①保证指令的畅通——各级指挥系统通过召开协调会议向各所属部门发布指令，这是最简便、最直接的方法，并且可以及时得到下级对指令的反馈意见，从而减少了决策失误。

②保证各工作环节的衔接——通过协调会议，指挥机构可以迅速掌握各个工作环节的运作状况，及时发现协同过程中的问题和苗头，对把握活动流程的顺利无阻起到重要作用。

③解决和调解工作矛盾——在群众文化活动的实施过程中，各部门之间因工作原因产生矛盾和误解是经常发生的。召开协调会议，将问题摆在桌面上，通过交流和沟通情况，解除矛盾、统一思想，对提高指挥系统的协同运作大有益处。

④调整工作计划——在活动协调会议上，决策机构和指挥系统可以通过相关部门的信息交流和情况报告，发现工作部署中的问题和隐患，及时调整工作计划可避免活动操作当中的各类失误。

第四节　群众文化活动组织实施中的控制与管理

群众文化活动的实施是通过各级指挥系统的有序管理来实现的，其中对活动的流程控制和内容的管理是关键，并贯穿活动的全过程。

一、组织实施的工作步骤

群众文化活动的实施共分为三个阶段，即准备阶段、实施阶段和后期收尾阶段。

（一）准备阶段

群众文化活动实施过程中的准备阶段是最终得以展现的基础，准备工作是否充分直接决定了活动的质量。从工作的步骤划分可分成前期准备、中期准备和后期准备三个阶段。按照时间比例分析，中期准备阶段所占用的时间最长，是全部准备时期的核心，通常按照 1：2：1 的比例分配，甚至有的活动中期准备的时间更长。

1. 前期准备阶段

这一时期的工作主要是基础性的准备工作，完成活动实施必须具备的条件和手续。包括组建工作机构，以活动策划方案为依据制订工作实施方案；制定工作细则和规章制度；落实活动经费；完善法律程序和手续；组建实施队伍；明确岗位分工和职责等。

前期准备工作是否充分决定了中期准备是否顺利，因此各部门的工作必须扎实细致、准确到位，这是活动实施过程最基本的条件。

2. 中期准备阶段

活动的中期准备阶段是准备时期的主体部分，按照活动内容的要求，各部门进入实际筹备程序。活动内容所应具备的各项准备都在这个阶段完成，如节目的排练、舞美设计和制作、服装道具的准备、露天舞台的搭建及后勤、安全保障的各项准备等。

各级指挥系统对这一阶段的准备工作应当格外注意，活动实施的现场管理实际上从这一阶段就已经开始了。此时的准备工作如果不能到位，在活动展现时就极有可能出现大问题。

3. 后期准备阶段

所谓活动的后期准备阶段即人们通常所说的倒计时阶段，主要是各级指挥系统对各项准备工作的落实和检查验收。包括各项工作的检查验收；艺术项目的最后合成；各类票证的发放；安检工作的落实；后勤保障措施的落实；工作人员的就位状况等。

活动的后期准备和验收是决定活动是否能够顺利进行的最后屏障，如发现问题还可以进行调整补充。如果等到活动进行时才发现问题，就只有通过应急措施来进行补救了，这样势必使活动的效果大打折扣。

(二)实施阶段

群众文化活动的实施阶段是活动最终目的的表现部分，在广大群众眼中的群众文化活动所指的就是这个部分。人们通过这一阶段的活动展示感受到文化的魅力，使活动产生社会影响。因此实施阶段是活动各阶段中最关键的时期，也是对准备工作的最终检验。实施阶段应当完成三项工作内容。

1. 进入就位程序

按照工作实施方案规定的时间地点，各岗位人员及时就位，迅速做好活动开始之前的各项准备工作。

各指挥系统对各项准备工作做最后检查验收，确保万无一失。

分指挥系统将活动前检查情况报告总指挥系统，并做好活动

开始的各项准备。在一般情况下，大型群众文化活动的就位程序
应当在活动前半小时完成。

2. 进入实施程序

总指挥系统在确认各项准备工作就绪后，按照预定计划向各
分指挥部系统及所属部门下达活动启动指令。

各部门及各岗位按实施计划和操作流程开始协同运作，即晚
会开始演出、展览会开始接待观众等。各级指挥系统做好应急准
备，对活动的全程进行指挥、监督和检查，对不适合操作的内容
进行协调或调整。

3. 进行收尾程序

当各项活动内容完成之后，总指挥系统即可下达停止指令，
并对其结果进行检查。各工作部门和岗位按职责进行活动还原归
位工作，如拆卸舞台装置、服装道具装箱、演员卸妆整理、器材
清点归位，等等。操作结束以后逐级向上报告。

总指挥系统下达活动结束指令，演员及工作人员有序撤离，
现场活动阶段结束。

(三)后期收尾阶段

群众文化活动的后期收尾阶段是十分重要的工作时段，任何
文化机构和单位都不应当忽视活动的收尾工作。大致可分为以下
几方面内容。

1. 文件和资料的收集、整理归档

每次群众文化活动举办以后，主办方都应当将活动资料的整
理归档工作，作为重要事项来完成。这对群众文化事业的科学发
展具有实际意义。尤其是系列活动和周期性活动，档案资料可以
提供丰富的参考依据和成功经验，有助于提高活动质量。其中包
括：各类方案、数据、图片、表格、流程，等等。

2. 活动各阶段的意见反馈

将从活动策划阶段到活动实施结束的全过程中，以各种形式收集到的内部和外部的意见、反映，进行认真分析研究，从中探索规律，寻找不足，为活动的总结评估打下基础。

3. 资产设备的清理归位

在大型群众文化活动结束后，组委会应当将用于活动的相关物资、器材及办公用品进行清点整理，损坏的进行维修，借用的进行归还，购买的应当登记入账明确资产归属单位。

4. 经费资金的清算和结算

群众文化活动经费的使用是个严肃的问题，每次活动结束以后都要认真结算，按照财务制度的规定对使用的每笔经费详细核对。对社会资助的经费应当具有相关手续，做到清晰、准确、翔实、可靠。

5. 活动总结、评估、表彰和处罚

群众文化活动的主办方对每次活动都应做出综合性评价，对活动做出总结。群众文化事业就是在不断地总结、不断地探索中发展起来的，同时每一个群众文化工作者都希望通过活动来提高自身的业务水平。因此，活动的总结和评估无论对事业还是对个人都十分重要。总结和评估是对活动的整体价值做出判断，而表彰和处罚则是对各岗位人员的综合表现进行认定。

6. 遗留问题的处理和移交

由于群众文化活动建立的各类机构，如组委会、领导小组等均为临时性活动组织，活动结束后就要解散，因此活动一旦完成应立即处理各类相关问题。但在某种情况下，有些问题在短期内无法解决，如与合作单位出现的法律纠纷、资产归属无法确定、经费结余或亏损的处理等，均应作为遗留问题移交相关单位解决。

在通常情况下，接受移交的单位应是对该次活动承担后果的具有独立法人资格的主办单位。如果主办方在两个以上，则由上一级主管部门委派或指定其中一方为处理遗留问题的责任单位。文化主管部门也可按照遗留问题的性质，将其分解到各职能单位进行解决，如治安问题由公安部门解决、奖品领取问题由文化部门解决、环境污染问题由环卫部门解决，等等。

7. 组委会宣布解散

活动领导机构在完成各项收尾工作后，即可宣布停止工作，各级指挥系统和相关机构解散，至此该项活动最终宣告结束。

二、组织实施的管理内容

群众文化活动实施过程中对各岗位及流程的有效管理，保证了活动运行的基本秩序。活动总指挥系统运用计划、指挥、协调、控制、监督等手段，通过各分指挥系统对专业职能系统和部门行使管理权。系统管理的基本单位是由相同工作性质的部门和岗位建立起来的专业工作系统，接受各分指挥系统领导。

(一)指挥系统的建立与分布

指挥系统一般分成三级，即总指挥体系、分指挥体系和专业工作体系。由于群众文化活动的规模各不相同，其管理系统的具体构成可作适当调整，如将专业系统的指挥管理简化为各部门系统对所属岗位的协同管理等，分指挥系统通过专业部门行使管理权等。

(二)通信联络系统的建立与分布

群众文化活动的通信联络系统的建立应视活动的实际需要而定，不同性质的活动对于联络要求也不相同，如广场活动、剧场文艺演出活动、公园游园活动，等等。

　　通信联络手段分机械器材联络(如对讲机、手机、电话及其他通信工具等)和人体行为联络(如旗语、手势、喊话等)两类。

　　主要联络布局可分三类。

1. 指挥布局联络体系

　　如总指挥——副总指挥——分系统指挥——部门负责人——工作岗位。

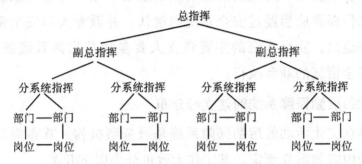

图 4-1　指挥布局联络体系

2. 专业布局联络体系

　　仅以文艺性演出活动为例：如总编导——分项编导——演出单位——舞台监督。

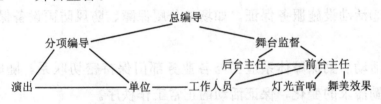

图 4-2　文艺性演出活动的专业布局联络体系

3. 广场布局联络体系

　　由于广场群众文化活动的场地宽阔，岗位之间距离较远，因此减少中间环节十分重要。广场联络体系是在指挥布局联络体系的基础之上，将指挥员的指令直接与岗位连接，各分系统进行联络协调，保证联络速度是这个体系的关键。

(三)安全系统的建立与分布

群众文化活动中的安全系统的建立是活动组织建设的重要内容，是相对独立的保障系统，在遇到紧急情况时由公安部门的协同单独运作。主要内容包括人身安全、设施设备安全和器材物品安全等。

安全系统的布局应从活动的策划阶段开始，各业务系统的安排和工作部署应当经过安全系统的确认，并派专人与安全系统建立联络通道。安全系统的主要负责人要参加总指挥系统的工作，确保安全措施的顺利执行。

(四)后勤保障系统的建立与分布

群众文化活动的后勤保障系统是服务型机构，其布局设置应视活动内容的需要而定。其工作大致可分为以下几类。

①人员服务保证。如提供运送车辆、食宿安排、生活用品的提供、医疗卫生保障，等等。

②器材设备服务保证。如服装保管、通信设备使用、广场活动的桌椅摆放，等等。

③活动设施服务保证。如场地公厕保障、防风防雨设备保障，等等。

活动后勤保障体系应当与各业务部门保持密切联系，随时掌握后勤需求的变化，保证活动的正常工作秩序。

(五)各类大型活动的票证管理

大型群众文化活动的票证管理应当是后勤服务的一部分，但因其管理的特殊性又常常成为一个单独的系统。票证管理对保障活动的秩序起着至关重要的作用。大型群众文化活动组委会应从以下几个方面进行票证管理：①票证的分类设计；②票证的制作流程；③票证的发放使用；④票证的广告性利用；⑤票证的保存，等等。

活动的主办方应对活动票证的全程使用情况进行监督和检查。无数事例证明，忽视对活动票证的管理和控制，会给活动造成重大混乱，甚至会导致失败。

(六)各主要活动类型工作人员的安排

不同类型的群众文化活动对内部岗位人员的力量分配和管理重点是不相同的，活动的指挥系统应当根据活动的性质和特征进行岗位人员的合理分配。

群众文化活动现场的岗位人员可分为指挥人员、管理人员、专业人员和服务人员四类。仅以群众性文艺比赛活动为例：现场总指挥、舞台总调度或舞台监督等即为指挥人员；负责场内秩序、各部门协调运转、处理应急事项的人员等即为管理人员；负责舞台灯光音响、担任比赛评委、参赛演员等即为专业人员；各出入场口服务、舞台催场、节目联络、评比计分的人员等人员即为服务人员。

在通常情况下，广场文化活动服务性岗位人员的配备比重比较大，群众性文艺演出活动专业人员的配备比重比较大，不同活动的主办方在策划阶段就应当将该因素考虑到组织设计之中，为承办方的人员力量分配工作打下基础。

(七)大型活动的财务管理

大型群众文化活动的财务管理是一项非常严谨和细致的工作。从经费预算到每一项的分配使用，都必须按照严格的制度和程序进行操作。在活动的实施阶段，承办方对财务的管理应注意以下几个事项。

①活动的财务主管和负责人要对各项财务支出的内容和数量做到心中有数，对经费预算和财务计划了如指掌，并熟知财经制度和相关纪律。

②活动的财会人员要了解该项活动的内容、性质和经费使用

目的，要坚决按照财务制度办理各项事务，把好财务关，严禁各种违纪现象发生。

③财务主管人员应随时与财会人员沟通意见，统一思想，向财务人员学习相关知识和规范，鼓励照章办事的原则和精神。财务人员应当充分理解上级主管及用款部门的工作目的，学习群众文化活动相关的专业知识，不当外行人，做好活动指挥系统的有力助手。

④向活动各部门及各个岗位宣传财务纪律，对每一个工作人员进行财务基础知识教育，鼓励人们自觉遵守财务制度，减少财务人员的工作压力。

第五节　群众文化活动的应急处理

在群众文化活动的实施过程中，应急处理是保证活动顺利进行的最后防线。所谓应急是指当活动发生意外情况时，需要立即采取某些超出正常工作程序的行动，以避免事故发生或减轻事故后果的措施和行为。对于活动的承办方来说，应急处理不仅是针对安全应急而言，运作环节的衔接和突发性应急也占有相当重要的比例，如接送演员的车辆发生故障演出无法进行，广场活动中忽然下雨等。承办方在制订活动实施计划时，应将应急处理作为重要项目进行单独设计。

一、群众文化活动的应急类别和处理内容

(一)群众文化活动的应急类别

从活动的总体结构划分共分为三类，即事前应急、现场应急和善后处理。

1. 事前应急

群众文化活动的事前应急是指在活动前，承办单位依据历史的经验和实际可能发生事故的敏感部位，进行的预防性设计。事前应急的预防一般是以制定应急方案的形式来体现。

任何预防措施的制定都应当建立在深入分析和实地调查的基础之上，分析得越透彻，调查得越细致，就越有发言权，其制订的应急方案也就越具有针对性和可行性。活动的承办方应当将主要精力放在事前的预防性准备上，任何细节都不应放过，小的疏忽就可能造成大的事故。

2. 现场应急

现场应急是指当群众文化活动实施过程中发生意外情况时，指挥系统所采取各种紧急措施的运作行为。

在群众文化活动的实际运作中，无论多么周密的应急措施都不可能将现场的突发情况全部包括在其中，尤其是大型群众文化活动的意外情况更难避免。当发生突发意外状况时，现场指挥员必须快速做出反应，利用最短的时间果断应对是解决问题的关键。现场指挥员应立即进行四步运作，即"稳定、判断、决策、处理"。

稳定——稳定现场的秩序，稳定群众和所属人员的情绪是指挥员在紧急情况下要做的第一件事。如果现场秩序发生混乱，指挥员无论采用何种应急方法都不会得到有效的实施，所属人员只有保持冷静的心态才有可能忠实地执行指挥员的各种指令。因此，镇静和有序是应急处理的第一要素。

判断——指挥员对意外状况的部位、范围、产生原因、涉及的工作部门等要素进行分析，并对其性质迅速做出判断。

决策——在经过准确判断的基础上，指挥员应果断做出决策，下达对人员安排、设备使用和操作流程的指令。

处理——按照指挥员的统一部署，各相关部门协同行动迅速排除险情，使活动恢复正常。

3. 善后处理

活动的应急善后是指现场应急处理之后，对遗留下来的问题进行处理的过程。包括：人身伤亡、财产设备损耗、经费使用结算等。善后处理是一项耐心细致的工作，应设专门部门进行操作，如在短期内无法完成，应移交相关单位进行解决。

(二)确定活动实施中的应急点

许多有经验的活动承办单位在长期的工作实践中总结出了应急规律，他们对某些容易发生故障的部位和事物格外关注，这些被关注的内容就是通常所说的应急点。如，舞台幕布、吊杆与灯光之间的距离；表演场所的出入口；大型群众文化活动现场的公厕布局，等等。

活动应急点的确定对制定应急性方案具有重大意义，它能使方案的各个内容更有针对性。活动承办方在确定应急点时，不应该仅凭过去的经验和下属的汇报来做出判断，更要亲临其境，实地考察和调研，在经过充分获取第一手资料后确定的应急点才最为可靠。

(三)制定应急措施和办法

活动承办方依据应急预测确定的应急点内容，制定相应的实施办法和措施，作为活动应急方案的主要内容，这是事前应急的主要工作。

在制定应急措施时，应注意将一般性应急和特殊性应急分开。一般性应急是指针对应急点设计的应急办法，这些措施是预先准备好了的，如遇情况可按计划实施。特殊性应急是指一些不可预见性的应急，如演出期间突然全场断电等。在现场应急中，虽然指挥人员的当机立断十分重要，但基本手段、指挥方法还是需要事先进行设计的，要使每一个岗位人员做到心中有数，避免临时产生误解而造成混乱。如演出断电后在黑暗中的联络协同等。

由于群众文化活动所处的环境和实际情况各不相同，因此产生意外的种类也是各式各样。承办方在事前应急设计中，对应急点的措施准备完成后，应再设计一至两个预备方案，做到万无一失。

(四)任务分解，责任落实到人

群众文化活动的应急任务分解与活动实施阶段的任务分解方法基本相同，主要完成三项内容。

①确定应急第一责任人和项目应急责任人。第一责任人对活动应急拥有指挥权和决策权，并对应急最终结果承担责任。在通常情况下，应急第一责任人由总指挥系统的主要负责人担任。项目应急责任人对某项业务或某个区域拥有应急指挥权，并承担相应责任，他的工作向应急第一责任人负责。

②按应急方案将各项应急内容分解成各个任务，经部门落实到岗位个人，要做到内容、任务、个人三对位，即应急内容与应急任务进行针对性对位设计，每个应急点都有相应的对策安排，而对策和措施都有专人负责，做到任务、岗位、个人三对位。

③岗位个人在接受应急任务的同时，必须要进行相关技能和应急方法的学习，并熟知指挥人员的指令意图，这是完成应急任务的基本条件。

(五)提出应急要求

①当应急任务落实到各个岗位之后，应立即落实应急管理体系和指挥规范的建设，分工明确、层级管理，逐级建立责任追究制度。

②落实和检查各应急设备和设施是否完好，保证所需器材及时到位，并设专人保管和维修。

③在活动前必须要对应急岗位人员的实操能力进行检查，通过预演得到落实，要使每一个应急人员做到胸有成竹，保证指挥系统的各项指令能够得到迅速落实。

二、现场应急应掌握的基本原则

(一)群众生命第一的原则

在群众文化活动的现场应急过程中往往会遇到许多突发情况，如风雨、火灾、拥挤、断电等。无论情况多么复杂，指挥人员和岗位应急人员必须时刻牢记，保证人员的安全是应急处理的第一原则，包括群众安全、演员安全、工作人员安全和应急人员自身的安全。当人员安全与设备、文物等其他安全发生冲突时，保障人员为第一要素。

(二)关键部位优先的原则

所谓关键部位是指对活动全局能够产生重大影响的部位，如指挥中枢、供电系统、高空悬挂物、灯光音响系统、易燃易爆部位、群众集结部位，等等。

当在活动中发生多个意外情况时，关键部位是应急指挥系统优先处理的对象。在众多的关键部位当中，容易引起现场秩序混乱的部位是重中之重，良好的秩序是应急处理的基本条件。

(三)必须始终保持指挥系统联络通畅

在活动的应急处理中，保证各系统各岗位的信息畅通十分关键。在某种紧急情况下，最佳处理的时机就在瞬息之间，联络不通就无法进行岗位协同运作，发生重大事故的概率就会大大提高。在战争中，失去联络是指挥员最怕的事情，群众文化活动同样如此。

第六节　群众文化活动组织实施人员的基本素质

群众文化活动的组织实施人员素质对活动的实施和质量保证起着至关重要的作用，没有高水平的实施队伍就不可能全面领会活动创意策划的真实意图和理念。广大群众衡量活动的质量高低，一般都是从承办方的运作水平和实操能力上面进行评价的。由于组织实施人员与策划人员所承担任务和工作特点均不相同，因此在素质要求方面也各不相同。

一、工作设计和组织设计能力

所谓工作设计是指将策划方案中的设计转变为实际操作计划，并将这一计划进一步细化落实的过程。实施人员在转换策划设计的过程中，要了解策划人员形象化的思维模式，领会创意的真实意图，更要掌握从活动构思向实施运作转化的基本规律，因此对活动实施人员逻辑思维能力和形象展示能力的要求十分严格。

组织设计是指为实施程序而设定的工作机构，落实人员岗位，明确岗位职责和分工的过程。当承办方拿到活动的策划方案之后，应当从活动设计中知晓任务总量及类别，并根据任务总量和类别性质确定部门及岗位的数量；对实施队伍进行能力分析，根据实际情况落实岗位设置；根据所述人员的业务特点和实际能力将其分配到具体岗位等。这些内容都是组织设计的要点，其设计质量关系到活动运作水平。

二、指挥控制能力

大型活动十分复杂，各个环节很多，组织实施人员必须能够将自己分管权限范围内的人、财、物及操作进程，时刻控制在正常的秩序之中。绝不允许出现失控现象。控制是群众文化活动管理的重要手段。

指挥控制能力包括活动程序的控制、人员行为的控制、现场秩序的控制、活动方向的控制等。

1. 活动程序的控制

群众文化活动的实施操作是以实施方案为依据，按照一定的规范程序进行运转的，对程序的控制即是对活动节奏的控制。将活动运作的进程和步骤掌握在指挥系统的权限之内是组织指挥员的基本功。

2. 人员行为的控制

活动实施阶段的人员控制是各级指挥系统保证各项任务得到落实的有效管理方式。所属人员的精神面貌、技术发挥、工作效率及任务完成的质量等，都要通过其行为动作得到体现。控制岗位人员的行为，既要凭借规范制度、下达指令，又要靠指挥人员的个人魅力和号召能力。科学管理是门艺术，也是对组织实施人员的基本要求。

3. 现场秩序的控制

对于活动的承办方来说，现场秩序的控制是一项比较复杂的任务，尤其是大型群众性场面的控制就更需要集体的力量来共同完成。优秀的活动组织者在控制现场秩序时，能做到场内的气氛热烈而不喧闹；参与的群众积极而不混乱；制度的落实严格而不生硬；指令的下达迅速而不仓促。指挥员的心理素质是控制现场秩序的关键。

4. 活动方向的控制

群众文化活动的方向在策划阶段就应当设计完成，但在实施过程中由于各个岗位任务的性质各异，岗位人员在理解上常常会发生偏差，这对活动的完整性和运作步调的协同统一等方面会产生很大影响。把握活动方向是各级指挥系统贯彻活动始终的重要任务。无论岗位人员如何运作，活动的方向和性质绝不能有一丝的改变。

三、组织协调能力

大型活动很难靠某个单一部门独立完成任务，必须要靠多个职能部门协同合作。这就需要组织指挥人员拿出较多的精力去协调各部门的关系，思想统一，步调一致，将各环节磨合成一个整体，使各相对独立的内在循环系统在整体大系统中发挥作用。活动的组织协调能力应包括以下几点。

1. 部署召集能力

指挥人员较强的逻辑思维能力和对活动流程的熟练把握是具备召集能力的关键因素。能用最短的时间，最少的语言，最清晰的思维逻辑部署最完整的活动任务，是各个岗位人员最欢迎的召集模式，也是组织指挥人员应具备的素质。

2. 宣传号召能力

在体育比赛中，教练员要将运动员的状态调整到最好才能参赛，群众文化活动的运作也是同样的道理。活动的组织者在实施过程中也要像教练员一样，要将岗位人员的兴奋点和工作积极性调整到最高水平。要通过各种宣传手段调动所属人员以旺盛的精力和高度的责任心圆满完成各项任务。广大群众会通过工作人员的精神状态感受到活动的魅力，同时也会看出活动组织者的工作水平。

3. 处理矛盾能力

在现实生活中，无论从事何种工作，矛盾都是普遍存在的，群众文化活动是一项复杂的工程，每一个岗位人员的压力都很大，相互之间更不可避免产生这样或那样的矛盾。活动组织者必须要有解决内部矛盾，缓解内部人员压力的能力。从某种角度上讲，活动的管理过程就是不断处理矛盾的过程，不具备调解能力的管理者不是合格的活动组织者。

群众文化活动的特征之一就是群众广泛的参与性，参加活动的群众其各自情况均不相同，对同样活动内容的态度也不相同，时常发生矛盾就成为较普遍的现象。如在群众文艺比赛活动中，参赛选手对比赛规则，参赛选手相互之间等都可能产生矛盾。只有不断地解决问题，活动才能不断完善，群众文化活动就是在处理矛盾的过程中不断发展起来的。

4. 调整计划能力

为了保证活动质量，满足广大群众的文化需求，活动的实施计划必须要符合现场活动的实际需要，情况变化了计划也必须随之改变。在活动的实施过程中，实际操作与事前计划总是有差距的，决策机构只有不断地调整方案才能保证活动的顺利实施。因此，调整计划的能力是活动组织实施人员的基本素质。

四、调整应变能力

在大型活动的组织实施过程中完全一丝不变地将策划意图落到实处，是十分罕见的。工作中总要出现这样或那样的变化。组织人员必须机动灵活，及时调整和修改计划，使之能够确保活动目标的最终实现。但在许多时候由于情况的突变，指挥人员来不及修改计划，必须当机立断，这时就要看其是否具备应变能力了。指挥人员的应变能力主要表现在以下几方面。

①迅速做出反应——活动的决策者应对实施过程中的细小变化十分敏感，应有比其他人员更快的反应，只有这样才有可能将

问题消灭在萌芽状态。

②迅速做出判断——能在瞬间对发生问题的性质和影响做出判断，并对原因和后果进行准确地分析。

③迅速确定处理办法——根据准确的判断快速确定解决问题的方法，并清楚地说明实施方向和路线。

④迅速采取行动——调动一切相关力量快速解决问题，将影响限定在最小范围。

五、预测能力和评估能力

如果说在策划工作中，判断和预测是一个十分关键的环节，那么在组织实施阶段中的评估就显得更为重要了，组织指挥人员必须对实施过程的各个阶段及时做出评估，根据评估来判断工作效果是否符合要求，这是每个组织人员的基本功，也是确保活动成功举办的重要保障。

所谓活动组织实施人员的预测能力是指对活动实施方案的执行结果进行预测推断的能力。只有具备了预测能力才能够对实施方案进行有效的调整，对活动的流程进行节奏上的控制。例如，某城市举办了国庆节游园活动，活动指挥部根据第一天的客流量和节日期间广大群众的文化消费习惯，预测出从第三天开始活动将进入高峰期。于是，迅速对活动计划进行了调整，将游园结束时间推后两小时，满足了群众的文化需求，得到了社会各界的好评。

第七节　群众文化活动组织实施的一般技巧

群众文化工作者在实施群众文化活动的过程中，除了忠实按照活动计划和指挥系统的指令完成相关任务外，还要受到诸多内外部因素的影响，这些影响使工作很难正常进行，如实施条件不具备，获取的信息依据不足等。因此，活动的组织者及各部门各岗位的工作人员在操作时，要时刻把握住从实际工作中总结出来的影响活动进程的重要环节，也就是这里所讲的一般技巧。

一、眼观六路，耳听八方

所谓"眼观六路、耳听八方"是指各级岗位人员要采取多种手段获取各类文化信息，使自身的视野始终保持开放状态，从而能够客观地分析事物，正确对待上级指令和岗位所承担的任务，做到从容有序、方向明确。

(一)眼观六路是指在活动中必须时刻观察六方面内容

①群众需求——随时掌握群众的文化需求变化，倾听人们的兴趣点和爱好趋向，如果群众文化需求的改变与活动内容的设计意图相差过大，则应当对原有计划是否调整进行研究。

②工作进度——时刻观察工作进度是否按照计划正常运转，如果发生改变必须立即寻找原因加以解决。

③事故隐患——对活动各敏感部位时刻保持高度警惕，凡是事故隐患一般都会事先有所预兆，各岗位必须加强责任心不放过任何细节，防止小隐患变成大事故。

④系统运作——活动的各指挥系统要随时掌握各业务系统的工作状况，确定各自系统内部运转得是否畅通，各个环节协同是否默契。

⑤队伍状态——观察工作队伍运转是否正常，人员对自身的工作是否满意，工作情绪是否高涨等。活动承办方应关心所属人员的实际困难，如发现问题应及时解决，全力保证活动的正常运行秩序。

⑥活动经费——活动承办方要不断观察活动经费的到位情况，

这是保证有序运作的基本条件，总指挥系统要检查各部门的经费是否按时到位，如发现问题应立即查找原因，迅速解决。

(二)耳听八方是指在活动中必须倾听八方面意见

①上级指示——群众文化活动的承办方应通过会议、汇报等方式不断听取上级机关及相关领导的指示和意见，从中可获得各级政府关于文化建设的有关政策和方针，对把握活动的方向具有重大意义。

②社会信息——运用互联网、群众文化信息网络等方式及时了解全国各地的相关文化信息，探索与本地文化活动的内在联系，对掌握该次活动将产生的社会影响具有较大的参考价值。

③专家反映——采用召开座谈会、主题专访等方式，多方面征求文化活动专家与学者的意见，诚恳倾听他们从理论高度上的指导和帮助，对本地区群众文化活动的科学发展具有深远意义。

④媒体反应——对于群众文化活动来说，能否引起宣传媒体的关注非常重要。在通常情况下，媒体对社会热点十分敏感，活动的主办方和承办方可以通过媒体的关注度来推测本次活动的社会价值和将要产生的影响力。

⑤群众反映——群众文化活动的根本目的是满足广大群众的文化需求，因此群众对活动的意见和看法十分重要。听取群众意见的方法很多，可召开座谈会，也可以对参与活动的群众进行抽样调查，甚至通过三言两语的交谈对话都可以获得可靠的信息。

⑥内部反映——对活动的创意、策划和实施操作的体会最深、最有发言权的，莫过于参与活动的全体群众文化工作者。活动的主办方应当经常征求所属人员对活动的意见，尤其是策划理念和运作程序方面的感想。建立民主管理机制可以提高活动的综合运作水平。

⑦现场反映——在群众文化活动的实施过程中，从现场得到

的意见和反映是最直接、最可靠的信息。活动的主办方可以从现场人们的态度和情绪当中，对本次活动产生更深的感受和更清醒的认识。每一个活动的组织者都不应当忽视或放弃亲身体会和获取第一手资料的机会。

⑧事后反馈——当活动结束后，主办方通过社会调查、活动总结等方式，广泛听取社会各方面的反馈意见，对活动进行全面思考。这时听到的意见是对活动整体的意见而不是局部的看法，因此最有总结价值和研究价值，凡是希望在群众文化活动领域有所作为的文化机构都会在活动后的反馈上面下功夫。

二、万事俱备，经费当先

举办任何群众文化活动都必须具备相应的环境和基本条件。在各类条件之中，活动经费是最关键的要素，它是活动中的"血液"，不断为各系统输送营养和水分，"血液"不足，活动就会患上"贫血症"，主办方和承办方无论付出多么艰辛的努力都很难取得优秀的业绩。因此，活动的组织者在策划活动时，一定要将经费因素作为首要条件来考虑。其中有三个因素主办方应特别重视。

（一）经费是活动的先决条件，经费不到位，操作需谨慎

在实际工作中经常会出现这样的情况，即经费未到实施先行。从规范活动程序的角度来讲，这样的运作风险极大。主要表现在以下几点。

①群众文化活动的实施是个系统的连续性工程，一旦启动，各岗位、各环节便会协同一致、连锁反应，如果这时活动经费供应不到位，就很难避免某些环节的断裂，如演出服装制作停止、排练场地停止供应等。如同一部汽车，其燃油系统、制动系统、冷却系统、润滑系统、供电系统等，只要其中任何一个系统发生故障，则整部汽车便会瘫痪。在活动的实施过程中，其协同链条

是不能断裂的，否则会发生运作秩序的混乱甚至失控，后果不堪设想。

②在活动的运行中，各部门、各岗位都是按照活动实施计划的安排进行操作的，没有经费保障，人们心中没底，在执行计划时就会懈怠和犹豫。轻则影响工作效率，重则造成人心涣散，指挥失灵。

③群众文化活动的实施程序只要启动就不能轻易停止，各部门、各岗位在经费没有到位的情况下，只能按照先运行后付款的原则与合作方进行交涉。当实到经费低于实际支出费用时，就会产生经济纠纷，有的甚至会诉诸法律，给活动带来不必要的干扰，造成不应有的社会影响。

(二)降低成本，精打细算，避免不必要的开支

群众文化活动的组织者应当借鉴和学习市场运作的一个宝贵理念，即节支即是增收，将有限的经费用在最该用的地方，发挥其最大效益。

①随着时代的变迁，广大人民群众的文化需求理念发生了巨大变化，文化审美水平有了很大提高，群众文化活动呈多样化发展趋势。在这种情况下，一些文化部门便产生了一些误解，认为人们的艺术审美水平提高了，对文化活动的要求也会随之提高，若要满足群众的文化需求就必须多花钱。于是，花重金买文化、办文化的现象逐渐增多，一些主办单位甚至将花钱数量作为衡量活动质量的标准。这些现象的出现说明一些同志对群众文化活动的宗旨发生了认识上的偏差，必须加以纠正。社会的发展带来群众文化需求水平的提高是必然趋势，这是毋庸置疑的，但文化需求是精神上的满足，人们的文化兴趣及其满足不是以金钱为依据的，群众文化活动的质量与花钱数量不是等同概念。举办文化活动所需经费的数量应视活动内容的实际需要而定，不能笼统地认

定用款数量越少越好，如果活动本身需要加大投入就必须增加经费，但如果不是活动质量的需要，而是为了其他目的，则应当慎重处理，不必要的支出，多花一分钱都是浪费。每一个群众文化工作者都应当牢记，满足群众的文化需求是开展活动的第一标准。

②我国改革开放三十年来，许多地区的经济建设有了重大发展，经济富裕了，手头宽松了，对文化事业的投入更是加大了，这是十分可喜的现象。但与此同时，社会上某些文化浮躁现象也不断地深入群众文化领域中，一些地区不以服务群众为主要目的，而是投入大量经费以豪华的群众文化活动场面来显示本地区的经济实力，这是极不可取的。广大人民群众在参加活动时得到了精神上的满足，同时也要通过活动来提高精神文明水平和社会主义道德理念。文化浮躁行为不仅会误导人们的文化消费理念，还会引起群众的反感，对群众文化事业的健康发展极为不利。勤俭节约、服务于民、不撑门面、不讲排场是开展群众文化活动的基本原则。

③群众文化群众办是开展群众文化活动的基本方针，群众的广泛参与是群众文化活动的主要特征之一，人们将文化活动作为自己生活的一部分，既然纳入自己的生活之中就要作为自己的事情来对待，于是关心和监督是不可或缺的。保障群众的基本文化权益是我国公共文化服务体系的基本任务，在基本文化权益之中就包括了群众的知情权和监督权。随着社会的进步和发展，广大人民群众的参政议政意识越来越强，群众文化活动在群众的支持和监督下发展和前进是时代的需要，更是社会发展的必然趋势。财务公开，欢迎监督，既符合人民群众的利益，也是对活动主办方的有力保护。每一个群众文化单位在组织文化活动时的经费支出，都应当做到遵纪守法，经得住检查。

(三)集思广益，筹资有道

在法律允许的范围内，积极拓宽经费来源是发展群众文化事业的必然途径。在实际工作中，活动主办方经常运用的筹资方式有三种，即政府支持、社会赞助和群众自理。由于经费的来源不同，则运作中的注意事项和关注的重点也各不相同。

1．政府支持

群众文化活动的承办方在使用各级政府调拨或支持的经费时，除了按照国家有关规定执行以外，最主要的是要明确政府调拨经费的目的和支持该项活动的动机和指导思想，它关系到经费的使用方向及政府今后对文化活动的支持力度。

2．社会赞助

在大型群众文化活动中，接受社会力量的经济支持是经常发生的，形式也表现得多种多样，如无偿提供、实物支持、有偿服务等。活动的承办方在接受赞助时，特别应注意要与赞助方完善和履行相关程序和法律手续，避免产生不必要的干扰和不应有的法律纠纷。

3．群众自理

在一般情况下，由群众自行解决经费的现象在中小型活动中经常出现。虽然经费数量不多，但体现了群众自主管理的特点，不但方便了活动，还增强了相互之间的信任感。活动的组织方在支持自理模式的同时，应当注意遵循经费公开，透明管理的原则，只有做到"亲兄弟，明算账"，活动才能长久，才能健康有序。

三、耳听为虚，眼见为实

当群众文化活动的各级指挥系统建立起来后，应立即对各部门和各岗位的任务进行全面部署，这是个细致而复杂的过程，指挥者应对各部门各岗位的任务性质和人员的实际情况进行了解。当在活动的运行中出现意外状况时，指挥者还要及时变更活动计划和相关部署。活动的指挥系统在进行上述了解情况和调整部署的过程中，应当时刻牢记"没有调查就没有发言权"的道理，把掌握的第一手材料作为部署的最终依据。

(一)活动的决策者和指挥者不能仅凭情况的汇报和资料汇总来调整部署

群众文化活动的指挥系统在调整部署时，经常使用的方法是召开碰头会议、通气会议或各类协调会议，这是好方法，但不是唯一的方法。

①活动的指挥者可以通过大量的信息资料丰富自己的决策思想和理念，听取汇报和查阅资料都是重要的决策依据。活动总指挥系统不可能随时亲自到每一个岗位去调控任务，召开各种会议可以全面听取下属各部门和各岗位的情况反映，同时还能够了解到各部门的真实思想和工作意图。通过大量的纵向信息和横向信息，可以汲取历史的经验，引入全国各地的先进理念，还能够减少决策失误。因此，听取汇报和查阅信息都是活动指挥者不可缺少的工作环节。

②虽然召开各类会议十分必要，但汇报和资料都不能成为唯一的决策依据。对于指挥者和决策者来说，从会议和网络传播等手段得到的信息虽然数量很大，但都是间接信息，由间接信息做出的判断都是推测性判断，仅从推测得出的任何结论都带有很大的主观臆断的成分，在此基础上做出的决策和部署，其真实性和可靠性都要大打折扣。活动的指挥者在进行决策前必须根据所掌握的材料对重点地区和部位进行实地调查和体验，将自己亲自收集的第一手信息与先前掌握的间接信息结合起来进行综合分析，这样得出的结论才更具科学性。

(二)没有经过实地调查，不要轻易做出判断或决定

在群众文化活动的实际运作中，经常性的信息交流和沟通是各系统协同合作的重要环节。由于各自所处的操作环境和任务的性质不同，因此对问题的态度和意见也会各不相同，甚至出现对立的局面。各指挥系统在这种情况下所做的任何判断都要持谨慎的态度，不经过调查不要轻易决断。

1. 信息的真实性

群众文化活动的决策者通过各种方式获得的内部和外部信息，为决策提供了丰富的参考依据。决策者在得到信息之后第一件工作就是辨别其真伪。这里所指的真伪并不是指信息的提供者有意所为，而是要辨别信息的来源和信息所要表达的真实意图。在许多事物中，其外在的表现与内在的真实内涵是有区别的，内涵有时会被表面现象所掩盖，信息的提供者如果不加分析地提供信息，就会对活动的决策者产生误导。例如，某地拟在市区中心公园举办节日民间花会展演活动。在协调会议上有的部门反映许多农村群众不愿意参加，立即引起决策方的高度注意。从表面上看，这条信息反映出的问题是活动的内容不符合广大群众的文化需求，与满足人们文化需求的本意发生了冲突，于是主办单位派专人进行了走访调查，其结果是因交通不便，许多农村群众由于难以到场而表现出不满情绪，在政府的努力协调下由公交系统进行了车辆调配，使问题得到了解决。

2. 信息的全面性

在活动的运行期间，由于岗位人员受工作环境的范围和观察的角度所限，反映出来的信息经常不是问题的全部，而是其中的一个方面。同时，每人在表达意见时也会不可避免地加入一些个人的情感和倾向，从而使表达的意见带有一定的片面性。活动的

决策者在收集信息时应特别注意其客观性和全面性，最有效的解决方法就是进行调查研究，信息的全面性是做出正确部署的有力保证。

3. 考察结果与汇报材料的对比分析

通过实地调查掌握第一手材料是活动决策者进行决策的必要程序，没有调查，开展研究工作就会缺少底气。但若要对活动的每一个环节都进行系统调查是很难完成的，决策者只能从全局的角度出发，对重点部位进行重点研究。这样新的问题就出现了，群众文化活动是一项系统工程，协同运作的每一个环节都不能发生问题，仅凭重点部位得到的信息虽然是第一手材料，但不是全部材料，由此做出的决策仍然带有主观片面的缺点。这时，各类协调会议的作用便显现出来了，将实地考察结果与汇报材料进行互补性研究，由此得出的判断才更全面更准确。

(三)过去的调查不能代替现在的调查

在举办周期性或持续性的群众文化活动时，如每年的五月鲜花歌咏活动、春节游园活动或一年一度的民俗文化节等，一些活动的决策者为了节省时间，习惯用过去类似活动的调查结果作为本次活动部署和决策的依据，这是十分不妥的。过去的调查虽然也是实地调查，但"过去时"不能代替"现在时"。

①我国现代化建设的飞速发展，促使文化事业每时每刻都在发生着巨大变化，社会文化理念的快速变化要求群众文化活动的内容和形式也必须随之变化，否则就会跟不上时代的步伐。常言道"去年的黄历今年翻不得"，过去的调查结果不可能全面反映当前的实际情况。以过去的调查为依据只能带来两种结果：第一，相关的决策和部署不符合活动的实际要求，使活动的质量大打折扣；第二，活动的特色服从于过去的理念，甚至回到过去的水平，逐渐形成"年年在聚餐，年年一道菜"的局面，时间久了群众会产

生厌烦情绪。

②在现实生活中，广大群众的文化需求随时都会发生改变，而且这种改变会随着文化审美水平的不断提高越来越丰富。过去的调查结果很难准确反映出当前群众的文化需求，因此违背了开展群众文化活动的宗旨。

③从活动的内部运作模式来看，各部门的构成、人员的配备相较于过去的活动都会发生很大变化，具有较大的不确定性。过去的调查结果很难反映出现有人员的实际状况和工作能力，由此做出的判断往往是不准确的，此法不可取。

四、千头万绪，照章办事

(一)随着群众文化事业的高速发展，群众文化活动的运作模式也越来越复杂，包括小型活动在内的各类活动都逐渐形成了各自的规律

活动规律的形成是几代群众文化工作者辛勤劳动的结果，他们从无数的经验教训中总结和领悟出了活动的真谛，并逐步完成了从感性向理性的转化过程，这是形成群众文化活动理论的必然之路。理论是实践的结晶，它必然要回到实践中去为活动服务。广大群众文化工作者在开展文化活动时必须要树立理性操作理念，逐步完成由经验型向程序型的转变。要意识到在大型群众文化活动面前，有章有法硬仗敢打，仅凭经验临场必乱。

1. 经验型是简单操作的基本手段

在实际工作中，许多群众文化工作者习惯依靠经验开展文化活动，这在内容单一、规模较小的活动中是可行的。尤其是群众自发的小型活动，其组织比较松散，不确定性较强，因此在组织实施过程中的协同程度也比较小，如老年秧歌队、民间自乐班等。活动的组织者可依据传统的经验将群众集合在一起，按照人们的

需要开展一些常规性的小型活动。但当活动发展到一定规模之后，仅凭经验就很难完成了。

2. 程序型是时代发展的需要

现代群众文化活动的操作环节越来越多，对岗位人员的素质要求也越来越高，各环节的运作需要一致的节奏，一致的协同动作，采用统一的规范来保证活动的正常运行秩序。在大型群众文化活动中随意性越来越小，从创意、策划到实施是一个完整的系统工程，仅凭经验是很难完成这一复杂的运作程序的。

随着广大人民群众文化素质的不断提高，人们对群众文化活动组织水平的要求也越来越高。活动内容的不断丰富、活动形式的不断多样化，使活动的组织者无法再用简单的运作来满足人们的文化需求。

群众文化活动的服务对象是全社会广大群众，人们的职业不同、理念不同、文化素质不同，对同一项活动的理解也不会相同。大家在参加文化活动时必须遵守一定的规范，按照一定的法则进行活动，才能保证该项活动目的的最终实现，而这个过程是通过各部门、各岗位的协同运作来体现的。

(二)必须按照规范和程序运作，保证各个工作岗位步调一致

各岗位人员在接受了活动任务后，经常要面对头绪繁多的矛盾，其中包括任务本身、任务中的工作对象、任务所处的环境、执行任务应具备的条件及本人的工作能力，等等。若要将自己的任务融入整体活动链条之中，成为协同系统中的有机组成部分，就必须按照一定的规范和程序进行运作，从而保证各个工作岗位步调的一致。

1. 将繁乱如麻的任务点理成若干行动线

即对本岗位的任务进行全面分析，把各类矛盾进行归类合并，使任务按其性质形成若干个任务点，然后再将这些任务点串联起来形成完整的行动线。例如，在活动中负责后勤保障的人员要为相关人员提供工作用餐，于是就要面对人员的数量、用餐的时间、用餐的环境、如何配送等一系列的矛盾。将这些矛盾进行归类就形成了餐饮制作、餐饮运输、用餐地点安排、食品发放及餐后清理等任务点。将这些内容连接在一起就成为一项完整的工作任务，即行动线。后勤保障岗位不仅是提供工作餐这一项任务，还要承担交通、住宿、通信等一系列任务，它们都要形成各自的行动线。因此，每一个岗位及部门都要有若干个行动任务线。

2. 根据行动线制定相应的程序

当岗位任务形成了完整的行动线之后，应当选择完成任务的方法，将任务按照先后顺序进行排列便形成了工作步骤，把工作步骤按照规范确定下来就形成了程序。工作程序的确定均来源于任务行动线的确立。

3. 将本岗位的工作程序与活动的总系统进行衔接

在实际工作中，每个岗位的工作程序都有其独特的规律和方法，但无论其方法和程序多么独特都必须为总系统和总任务服务。因此，对于活动的总系统来说，各部门、各岗位既是独立的任务单位又是系统的组成部分，无论工作多么特殊都必须遵守统一的工作程序和规范。

(三)在群众文化活动的实际操作中，无数的事实告诉我们：规范是金，经验是银

①规范是保证正常秩序的基本要素，没有秩序的活动是杂乱无章的。人们在旅游时要有导游来引导观光，文艺演出要有主持人来引导欣赏节目，文化活动的岗位人员要凭借工作规范来执行每一个动作，参加活动的群众要按照相关制度和具体要求来体会

活动的魅力。当代群众文化活动对规范和程序提出了非常高的要求，每一个群众文化工作者都应当充分认识到其重要的作用和地位。

②强调规范在群众文化活动中的作用并不是否定经验的重要性。经验是人们在长期的实践中积累起来的纵向信息，是群众文化工作者的宝贵财富。缺少经验的人员在活动中经常会感到心中无数，当遇到突发情况时因缺少办法而束手无策。相比之下，经验丰富的人员在处理这些问题时就会表现得胸有成竹，根据过去曾经出现过的事例来处理相应的事件。

文化理论是无数经验的结晶，实践是形成理论的源泉。只有经过实践锻炼的人员才能对理论产生更深层次的理解。因此我们可以得出这样的结论：经验是基础，但仅凭经验就会束缚手脚，难免犯经验主义的错误；理论是指导，但仅凭理论而无实践经验，就会犯"纸上谈兵"那样的教条主义错误。只有在实践的基础上按照科学规范进行运作，才能保证群众文化活动的健康发展。

五、准备从细，小处着手

凡经验丰富的群众文化单位在组织文化活动时，都十分重视对细节的设计和运作。细节运用的巧妙会在活动中起到画龙点睛的作用，但如果忽视细节的重要性就可能产生不必要的麻烦，甚至会铸成大错。这就是"大处着眼，小处着手"的道理。

(一)在活动的运作中，每个岗位人员都必须清醒地意识到，一孔蚁穴可毁掉一座大坝的道理，小的漏洞必有大的隐患

①小的漏洞隐蔽性强，常常会被人们忽略。例如，某群众艺术团在一次演出中安排以大型红绸舞作为开场节目，但由于保管道具的人员一时粗心，在临上场前才发现忘记戴红绸了，结果十几名表演者空手上场，观众看得莫名其妙，严重影响了演出效果。

这样的事故可能在许多群众文艺社团中都曾经发生过，若养成习惯则后患无穷。

②小的漏洞往往会反映出活动承办方操作程序上或管理模式上的缺陷，活动的组织者必须引起高度重视。例如，舞台装台以后忘记关灯，说明检查制度没有落实；演员演出时在台上滑倒，说明舞台验收工作不到位等。一些单位的负责人在处理小事故时往往就事论事，不习惯从细节当中探索运作规律，这是影响和制约进一步提高承办能力的重要原因。

(二)当协同机制建立起来后，重视细节的操作就显得格外重要，不能漏掉每一个细小环节，这是保证活动质量的关键

①细节产生特色。许多人在看电视剧时都会对某个细节产生深刻印象，如《亮剑》中李云龙的"坏笑"、《宰相刘罗锅》中刘墉会动的耳朵等，这些都为全剧增添了不少色彩。群众文化活动中的细节也会起到相同的作用。例如，在某社区里有几个老大妈自发组织了一个秧歌队，每天早上在广场排练，一连数月并未引起人们的注意。五一节前夕社区邀请秧歌队参加演出，由于没有演出服装，于是每人在胸前戴了一朵大红花，正是这朵大红花吸引了社区群众的注意力，"大红花秧歌队"就在这无意之间成立了，短短两个月竟由几个人发展到数十人，成为社区的优秀品牌团队。从某种角度上讲，有些特色就隐藏在细节之中。

②群众文化活动实施中的协同合作，是必须依靠部门和岗位之间的密切配合才能完成的技术性工作。衡量协同效果的标准主要是看其相互之间的默契程度，而默契程度在很多时间是通过细节来体现的，如人员之间通过一个动作、一个眼神便可将操作意图准确地传达给对方等。各级指挥系统在检查协同运作效果时，一定不要放过对这些细节的观察。

③人们在参加群众文化活动时，对活动的细节是十分敏感的，

有些细节甚至会影响群众参与活动的积极性。例如，某街道文化站根据群众的要求，在文化广场举办了老年健身操活动。但在活动的第二天参与的群众就开始减少了，正当文化站研究修改活动方案时，离去的群众又开始返回了。原来人们离去不是因为活动本身，而是老年人喝水不方便，前几日文化广场安装了热水器，所以大家又回来了。这个事例说明，满足群众的文化需求不仅要在活动的内容和形式上面下功夫，对任何与活动相关的细节因素都应当给予应有的重视，不同群众文化活动的细节特征是不一样的，需要每一个群众文化工作者通过耐心观察才能找到。

(三)活动的组织者除了要对活动的协同流程进行宏观控制以外，还要对具体环节进行观察和把握，任何疏忽和大意都会给活动带来不利影响

活动的组织者必须具备"六熟悉"的能力，即熟悉现场，熟悉环境，熟悉设备，熟悉人员，熟悉部署，熟悉活动内容和形式。

①熟悉现场——了解活动现场的特点，场地的大小，场地的硬件设施状况以及容易发生事故的部位等。

②熟悉环境——了解活动所处的自然环境(气候、地理等)，场地周围的道路和交通环境，社会安全环境等。

③熟悉设备——了解各类设施设备和器材的数量、种类、功能、完好状况及分布的位置等。

④熟悉人员——了解各岗位人员的工作状况，参演人员及外请专业人员的实际状态，群众参与活动的积极性等。

⑤熟悉部署——掌握各部门、各系统的任务分布，协同默契状态，各环节衔接的特点等。

⑥熟悉活动内容和形式——了解内容的内涵，形式的类别，主项与副项的布局和分配，高潮出现的时机等。

六、处乱不惊，临阵冷静

在群众文化活动的实施过程中，由于内外部因素的变化，无论预先设计得多么周密，发生意外状况都是很难避免的。每到这时对活动的组织者都是一次考验，也是检验指挥员基本功的过程。

(一)活动发生意外的情况一般都超出了指挥人员的预先设想范围，思想准备不足和暂时的慌乱是普遍现象，当活动的组织者遇到突发事件时应尽量避免焦躁和慌乱，更不能匆忙指挥、盲目应对，急躁情绪会使工作人员失去准确的决策能力和判断能力

在这种状况下应设法做到下列三个步骤。

1. 沉默停顿

当紧急情况出现的瞬间，现场指挥员的第一个动作就是什么都不做，原地沉默至少 30 秒钟。在戏剧理论中，沉默和停顿是戏剧动作的重要组成部分，具有丰富的含义，给观众提供了无限的想象空间。指挥人员在群众文化活动中的应急处理同样要把停顿作为重要的方法来运用。短时间的沉默停顿有三大好处：第一，稳定自己的情绪，避免慌乱和急躁；第二，稳定现场工作人员情绪，人们在等待指挥员的决策过程中消除恐慌情绪；第三，用最快的速度观察周围的情况，找到发生意外状况的位置和与之相关的人员。沉默停顿的时间一定不能过长，甚至是越短越好，否则会失去应急处理的最佳时机。

2. 分析判断

指挥员在判明意外情况之后，应立即进行技术性分析。明确突发状况的原因、范围、可能造成的后果，在此基础上对该状况进行判断，依据其性质寻找出应急处理的办法。对这个步骤的要求是：迅速、准确、具体、实用。

3. 果断抉择

应急办法确定后就必须马上进行决策，分派人力、调动物资，力争用最短的时间解决问题。这个过程的关键是果断，切忌犹豫不决。只要决策开始实施，没有重大原则问题就不要轻易改变。

上述三个步骤是一个整体，不能分开运作，抢时间是应急处理的关键。

(二)在实际运作中，出现紧急状况时要求人们丝毫不紧张是不现实的，活动的指挥者必须要做到即使心中烦乱，在外表神情上却不表现出来，这对稳定大局事关紧要

1. 从容镇定、不露声色

群众文化活动的指挥者是活动实施的灵魂，也是全体工作人员的主心骨。在紧急情况面前指挥员的一举一动都会对所属人员产生重大影响，人们会从指挥员的表情和动作中作出各不相同的判断，如果这时指挥人员表现出一丝慌乱情绪，各个岗位就会随之作出相应的反应。因此在没有进行决策之前，活动的指挥者最好的方法是不露声色，不给下属释放出任何不确定的信号，只要主心骨不乱，场面就不会失控，这是活动应急处理的基本条件。

2. 相信骨干、稳住大局

每一个活动指挥人员都必须时刻牢记，活动应急处理不仅是某个人的决策行为，更要依靠集体的力量。在通常情况下，各部门的负责人都应成为指挥系统的骨干力量，当应急决策确定之后，骨干力量的执行能力和实施水平就成为处理应急的关键。无论指挥员的决策能力多么强都不可能凭借一个人的力量来控制活动全局，必须设法使骨干力量完全理解决策意图并忠实执行指挥员的各项指令。因此，活动的指挥人员与所属骨干之间的信任度和默契度十分重要，需要较长时间的磨合和协作。

3. 抓紧时间、理清思路

在活动中出现紧急状况，现场指挥员仅仅做到保持镇静是远远不够的，必须要具备在稳定情绪的同时迅速将大脑的思维功能全部打开的能力。现场的情况、下属的等待不允许指挥员有半点拖沓，一定要用最短的时间理清思路，做出准确判断，并给相关人员发出明确信号。在这个时候，时间就是生命。

(三)在活动的现场应急过程中无论情况多么复杂，时间多么紧迫，作为指挥员都应时刻意识到"想、断、行"的关系

"想"即是思考分析；"断"即是判断决策；"行"即是应急实施，这三者必须形成一个有机的整体。在整体实施中，指挥人员要特别注意把握好三个要点，这是确保紧急应对的关键因素。

1. 当事者迷、旁观者清

无论多么有经验的指挥人员，在遇到紧急情况时都要有一个反应思考过程，这个过程不仅要靠头脑思考，还要眼观环境、耳听反应。指挥员的正确判断来源于相应的信息，仅凭想象得出的结果只能是主观臆断，失误率很高。因此，观察周围的状况就显得格外重要，人们的一个眼神，甚至是一句牢骚怪话都可能成为判断的依据。善于观察和倾听旁观者的反应和意见是优秀指挥者的必备素质。

2. 先行措施，后去评理

在紧急情况出现时，活动的指挥员和所有参与人员都处在同一个环境之中，除了指挥人员进行应急判断决策之外，所有相关人员都要依据自己所处的位置对情况进行分析。由于各自所处的环境和自身的任务性质不同，所得出的结果也会各不相同，甚至会与指挥系统做出的判断相左。在这个时候，指挥员必须清楚地认识到倾听群众意见与无休止讨论之间的本质区别。指挥系统一且经过分析作出了决策，各分系统和各部门就必须按照民主集中的原则坚决执行统一部署。现场指挥人员应设法在最短的时间内，让上述人员按照部署先动起来，随后在行动中根据各方面的意见适当进行调整。

3. 分清职责、敢于担当

紧急状况应急决策的实施需要多个岗位的协同合作才能完成，各司其职是协同的关键。由于意外事件的突然性使各部门没有充足的时间来设计协同动作，常常出现在紧急情况时仓促上阵一拥而上的现象，职责不清就成为影响应急秩序的主要敌人。无论时间多么紧急，各级指挥人员都必须坚持合理安排、职责清晰。职责明则心中安，心中安则秩序定，秩序定则效果显。

如果在应急处理时下属出现了某些失误，指挥人员务必不可立即指责和处罚，而是将责任主动承担起来，待活动结束后再进行总结或相应的处理。当时最主要的任务是缓解下属因失误带来的恐慌和压力，保证他们以旺盛的精力完成各项应急任务。除了重大失误必须当场进行处理以外，一般情况下指挥员都不会在应急处理时对岗位工作失误进行现场处罚。失误的原因是多样的，可能是操作失误，也可能是客观原因，在这样短的时间内对失误做出准确判断是不现实的，如果一定要进行处理就只能依据失误的结果来进行主观认定，这种做法不但会影响随后应急处理的工作效率，而且还会对活动结束后的总结工作带来一系列的不确定影响。因此，各级指挥人员一定要对此高度重视。

七、群众意见千万条，指挥果断树权威

群众文化活动的实施运作是一项十分复杂的系统工程，指挥系统的龙头作用是全部工程最重要的部分，而指挥人员的指挥艺术和个人魅力又是这个龙头的关键因素，在很大程度上指挥员的

能力会影响到整体活动的成败。活动的指挥者在活动实施过程中应牢牢把握住三点原则。

(一)集思广益，拍板一人

①活动的指挥者在决策前一定要广泛征求各方意见，发挥集体的智慧取长补短，避免独断专行，一人说了算，尽量减少运用指挥权限强行推进决策的实施，更不能动用行政手段过多地干预艺术行为的运作。应采用民主的方式使每一位岗位人员能充分理解指挥决策的意图和方法，将被动执行转变为主动实施，协同合作需要理解、宽松的环境氛围。

②当经过充分讨论形成了决策任务之后，应以指令的形式及时下达给各部门及各岗位。下达指令的人只能是对活动指令承担责任的现场活动指挥者，而不能是其他任何人员，包括各级领导。活动现场拥有指挥权的只有指挥员一人，各实施部门不应同时听到和接收来自两个或两个以上的指令声音。活动的主办方在确认指挥人员的同时，也将相应的权限一并下放到该人身上，包括授权人在内的一切人员均无权直接向活动实施人员下达任何指令，如果必须下达指令也应通过指挥人员发布，这是保障活动正常工作秩序的基本原则。

(二)令下即行，切忌犹豫

①群众文化活动的指挥系统在形成决策前，必须要经过认真的调研论证，不要草率形成决议，但只要最终形成了决策就应当毫不犹豫地坚决实施，而且不应轻易更改。各岗位得到的指令一定是坚决明确的，而不是摇摆不定的，指挥员的任何犹豫都会动摇岗位人员的自信心和运作决心。

②各活动部门在接到任务指令后，必须进行认真分析，了解指令的意图和要点，执行指令要坚决、高效。如果在实施过程中发现自身的部署与指挥系统的指令存在矛盾，应按上级指令的意

图修订自身的部署，若必须更改指令任务也应当报告指挥系统，由活动指挥人员进行任务调整，部门自身不得随意改变。尤其在大型群众文化活动中，每一个部门都是协同运作环节中的组成部分，部门擅自变更任务指令会严重影响整体协作秩序，这是活动实施过程中的大忌。

（三）疑人不用，用人不疑

①群众文化活动的承办方在实施方案确定之后，一定要对上岗人员的综合能力，特别是业务能力进行再次认定，要遵循实施方案的要求，将最合适的人员安排在最适合的岗位上。这是一项十分细致而又需要慎重对待的工作，它将关系到活动的质量和基本秩序。上岗人员应具备与岗位任务相应的业务能力，活动的指挥系统更应对所属部门内的人员做到心中有数。如果活动的决策机构发现某些人员不具备完成岗位任务的条件，应当在活动实施前进行调整，不要等到协同操作开始后再进行变动，这是避免活动隐患的重要手段。

②在群众文化活动实施程序启动之后，整部协同机器便开始有序运转，此时应尽量保持工作队伍的稳定性，没有特殊情况不要随意变更或调动岗位人员。稳定的工作队伍是保证各系统良性运转的基础，既然对岗位人员进行了素质认定和考察，就应该对他们给予高度的信任，即使在工作中出现了一些问题也不要轻易调整岗位，这对提高人们的自信心和工作积极性，增强队伍内部的凝聚力具有极其重要的意义。疑人不用，用人不疑就是这个道理。

第八节　群众文化活动的评估

群众文化活动的评估是整体实施过程中的重要组成部分，是对活动成果的综合检验和考评。通过考评要对活动的组织、管理、

效率、社会效果等进行全面总结，并从总结当中进一步探索群众
文化活动的规律。

　　当前，我国群众文化事业得到了快速发展，群众文化活动的
科学化、规范化建设也随之发生了质的变化。群众文化活动的现
代化建设经过了长期的探索和总结，从无数的经验教训中不断评
估，不断分析，逐步走上了科学发展的轨道。活动的评估是一项
不可替代的必经程序，它体现了该次活动的真实价值和主办方、
承办方的实际水平，同时又为群众文化事业的进一步发展提供了
有力的素材和依据。因此，每一个群众文化工作机构在举办活动
时，都应将活动的评估工作摆在重要位置，不走过场，认真总结，
为今后发展打下坚实的基础。

一、评估内容

　　由于群众文化活动的群众性和多样性，决定了其评估内容的
复杂性。评估内容的选择不仅要针对活动本身的质量，更要面向
社会效果和对广大群众的文化需求满足程度。评估的全面性和针
对性是选择内容的基本原则。

　　**(一)活动的评估内容包括：社会效果的评估、经费核算的评
估、项目质量的评估、工作业绩的评估四个方面**

　　1. 社会效果的评估

　　活动社会效果主要体现在两个方面。第一，社会各方面对活
动的评价。包括上级机关的反应、专家学者的反应、新闻媒体的
反应、社会舆论的反应等。从社会各界的反应中可测评出该项活
动的艺术价值和社会价值，从而得出该项活动继续发展的空间范
围和保持其延续性的可行价值。第二，参与活动群众的评价。包
括群众参与活动的积极程度，文化需求的满足程度和对活动的基
本态度等。群众文化活动的根本目的是满足人们日益增长的文化

需求，因此群众的评价是活动评估的基础。

2. 经费核算的评估

活动经费核算的评估主要体现在以下几个方面。第一，活动经费的来源渠道是否合理合法，手续是否完备。随着社会力量办文化被普遍认同，群众文化活动的经费来源逐渐呈多样化发展趋势。企业的赞助、单位的支持、社会力量的有偿提供等，极大地支持了群众文化活动的发展，但也随之产生了许多新问题。赞助的性质、拨款的方式、协议的内容、经费的分配等，都需要一整套严格的程序来进行运作，并应将其纳入考评的重要内容。第二，活动经费的支出是否与活动本身的实际需求相符。如小于需求则须看活动的质量是否得到了保障，如大于需求则须查明超支的原因。第三，经费预算与活动实际支出是否相符。如出现差距，需要找出其中的原因，是预算不合理还是支出发生了偏差。第四，活动经费的使用是否符合财经制度和相关法规。在群众文化活动的实施过程中，我国对活动经费的使用有着十分明确的规定，无论何种群众性的文化活动都必须遵守相关的政策和法规。第五，经费的投入与活动实际产生的社会效果是否成正比。如果活动没有达到预期的社会效益或没有体现群众文化的群众性，尽管经费使用符合相关要求和规定，但仍不应在考核评估中取得高分。

3. 项目质量的评估

活动项目质量的评估主要有两方面内容。第一，活动的实际结果是否与主办方举办活动的动机目的相一致，是否符合活动的设计意图。在实际工作中，主办方的活动目的往往会与最终结果产生一定的差距，这是正常现象，将其列为评估内容有助于促进主办方的动机与群众文化需求的一致和协调。第二，活动的各种设计数据和任务是否圆满完成，这是对活动策划能力和实施能力的考评。活动的各类设计数据是在策划阶段完成的，而任务的形成是实施阶段的主要设计内容，二者之间的统一是完成活动的基本条件，也是活动质量的重要评估依据。

4. 工作业绩的评估

活动工作业绩的评估主要体现在以下三个方面：第一，活动组织机构和各级指挥系统是否充分发挥其应有职能，各部的设置是否与活动的规模和性质相符。第二，各部门协同运作是否协调默契，活动内容是否得到了充分展示。第三，岗位人员的配备是否合理，人员的综合素质和工作状态是否达标。上述这三项考核内容主要是评估活动运行中的工作效率，比较全面体现了活动的综合管理水平。对于群众文化单位来说，通过活动的评估不断地锻炼和培养自身队伍实践能力，对形成具有特色的工作模式和活动风格具有重大意义。

(二)群众文化活动的评估是个系统的工作过程，应对活动进行全面的评价，因此评估工作需贯穿活动的全过程

按活动阶段评估应包括：前期评估、过程评估和事后评估。

1. 活动前期评估

所谓活动的前期评估是指在活动实施之前，通过多种预测手段，如媒体反映、社会关注度、专家预测、群众舆论等对活动的意义和即将产生的效果进行评价。这个阶段的评估不会对活动的最终结果产生影响，但可以对事后评估提供充分依据，如创意价值的评价，策划理念的分析，策划方案的实用性考评，等等。

从某种角度讲，前期评估是一项预测性分析过程，承办方的许多实施性决策都是在这个过程中产生的。通过活动前期的评估可使策划设计更加完善，确保主办方的活动意图得到充分体现，因此是一项不可缺少的评估程序。

2. 活动过程评估

所谓活动的过程评估是对活动运行当中各系统各部门工作质量和工作效率的评价。其中包括岗位设置、工作进度、协同运作、人员状态、管理水平、任务完成质量，等等，这是一项十分重要的工作程序。活动指挥系统通过对各协同环节的评价来把握工作节奏，评定工作质量，掌控实施进度，这对活动的有序运行发挥着重要作用。

活动过程的评估是阶段性的评价，其评估结果应当以相应的形式记录下来，为事后的最终评估提供依据。这项工作很重要，对群众文化活动的队伍建设，活动科学规范实施的探索，以及活动理论的进一步完善具有十分深远的意义。

3. 活动事后评估

所谓活动的事后评估是指活动结束后，主办方在前期评估和过程评估的基础上对活动进行整体评价和总结，也是对该项活动的最终考评，其中包括上述全部评估内容。我们通常所指的活动评估就是事后评估，是活动评估程序的核心。

对于群众文化单位来说，每次活动的评估都是一项非常重要的工作，它不但是对活动本身的评价，更是对主办方和承办方的组织能力和策划水平的检验，对活动主办方综合水平的全面提高具有重大意义。

活动的事后评估主要侧重社会影响力和设计、实施的科学规范程度两个方面。群众文化活动的服务理念和以人为本的策划思想，就是在不断对活动评估当中逐渐完善起来的。群众文化事业的快速发展要求群众文化活动必须沿着"二为方向"和"双百方针"的道路前进，活动的评估正是把握活动发展方向的有效方法。因此，群众文化工作者不应将活动的评估作为单一的任务来看待，而应将其作为群众文化战略的一部分，从其本质规律上进行认真总结，这样的评估才能具有长远意义。

二、评估方式方法

运用何种评估方法对于文化活动最终的评估结果起着十分关键的作用。尤其针对群众文化活动的评估，更应当重视方式方法的使用。群众文化活动是面向社会的开放式活动，其群众性和多样性决定了评估的复杂性。运用正确的评估方法是保证评估结果全面、准确的重要因素。

(一)群众文化活动的评估可采用多种方式进行，其中包括外部评估和内部评估两大类

①外部评估是指群众文化活动工作主体以外的社会性人员对活动的评估。他们不是该次活动的策划者和决策者，而是以旁观者的身份参加到评估工作中来，由此产生的评估结果可以做到更加客观、公正。

专家型评估——由活动的评估决策方委托或邀请相关业内专家、学者组成临时评估机构对活动质量、实施规范、指导思想、实际效果等进行全面评价。

在一般情况下，临时机构由评估决策方领导，以群众文化活动专家、学者和财务评审专家及相关管理类学者为主要成员，就该项群众文化活动的社会效益、实施运作效率、财务管理规范及经费使用状况等进行审核考评。在认真听取主办方和承办方的系统陈述后，将相关材料与实际情况相结合作为重要评审依据，经过核对、测算、分析、研究等手段，对活动作出完整的评价。这是活动评估常见的评审方法。

社会型评估——由活动的评估决策方邀请社会相关人士对活动的社会效应和社会价值进行评估。作为社会舆论展示平台的各类宣传媒体，以及与群众文化活动密切相关的社会团体自然成为这项评估的主要成员。他们的评价对该项活动的实际价值和系统内自我总结提供了丰富的素材，具有非常重要的意义。各类媒体具有弘扬时代精神，反映民众心声的职责，他们对群众文化活动的社会影响十分敏感，往往会从职业的特殊角度作出评价。任何群众文化单位都不应当忽视媒体在评估中的作用。

开展群众文化活动的目的是满足广大人民群众的文化需求，因此群众对活动是最有发言权的。在对活动的评估过程中，听取群众的反映和评价是不可缺少的程序。如果没有群众的支持，无论多么高质量的群众文化活动都会失去存在的意义。参与活动评估的群众可由两类人员构成：第一，邀请直接参加活动的群众对活动进行评价，他们对该次活动有着亲身感受，从文化需求的角度作出的评价是最有价值的；第二，采用多种形式听取社会各界群众对活动的看法和意见，要善于从人们多角度、多侧面的评论中找出自身的不足和未来发展的方向。

②内部评估是指群众文化活动工作主体内部人员对活动的评估总结。他们是该次活动的直接决策者和参与者，对活动的结果各自承担着相应的责任。评估是群众文化活动的必经环节，没有经过评估的活动就不能视其为结束。内部评估既是对工作的全面考核，又是群众文化工作持续发展的动力。从职责上划分可分为系统内评估和主办方认定两个部分。

系统内评估——参加活动的承办方各级岗位人员按照评估计划对活动进行综合性总结考评。其重点主要侧重于活动的实施运作方面，包括机构设置、协同运作、管理模式、工作效率、经费使用、人员表现等。各指挥系统和部门可以通过评估对自身的工作做出客观的判断，优秀的组织机构就是在不断的总结当中逐渐成长起来的。

群众文化活动系统内评估的结果应以书面形式上报活动的主

办方或决策方。

主办方认定——在系统内评估的基础上，活动的主办方对活动的整体效果进行测评。其重点是活动的社会价值和社会反响，活动运作的质量，活动持续发展的可能性及法律法规的执行情况等。这是对该次活动成果的终极认定，应作为重要资料留档保存，对本地区群众文化事业的发展将会产生积极作用。

(二)群众文化活动的评估可采用多种方法进行

评估的对象不同、内容不同，采用的方法也会各不相同。其中主要包括：数字统计、监督观察、问卷调查、召开总结会和座谈会、评选评比、项目负责人总结报告及汇报展示等。

1. 数字统计

运用数字和数据进行测评是群众文化单位普遍使用的一种量化评估方法，如通过对参与活动人数的统计分析该项活动在人们心中受欢迎的程度；通过例如演出场次、下乡次数等数字参数的归类和计算分析该项活动组织实施的效率等。数字统计方法简便、直观醒目，是十分可行的辅助性评估方法。

在实际工作中，该方法的使用常表现在两个方面：①将各项工作任务进行量化分解，并用数字确定出量化的标准作为评估的依据；②将活动中各系统的运作情况用数字的方式进行记录，如时间的限定、完成任务的速度、参演节目数量及参与活动的单位数量等，并以此作为测评活动效率和质量的依据。

2. 监督观察

这是活动过程评估的主要方法。分内部监督和外部监督两类：①内部监督是指各指挥系统对活动中的各实施程序进行阶段性测评，各部门依据测评结果调整工作部署，确保活动的有序开展；②外部监督是指参与活动的群众或相关社会群体，通过适当方式

（如意见箱、现场采访等）对活动的效果和运作水平作出评价，这种方法可以促进活动组织单位对活动运作协同的改进和实施水平的提高。

3. 问卷调查

根据评估单位的评估目的，将考评内容转变成若干问题，以问卷的方式对活动的质量和实施效率进行测评认定。在通常情况下，问卷调查的结果比较能够真实地反映出活动的水平。此种方法可用于内部工作考评，也可用于社会性调研活动。

4. 召开总结会和座谈会

它是群众文化活动评估程序不可缺少的部分。召开总结会多用于系统内部的评估工作。每当活动结束后，各部门岗位人员都要进行个人总结，对自身的工作进行自我鉴定，同时也应对部门及系统的工作给予应有的评价。这项工作一般都是以召开总结会的形式来完成。座谈会是一种民主的评议方式，评估单位为了客观公正完成活动评估项目，组织系统内的成员或系统外群众进行座谈，在人们的畅所欲言中得出评估结果。这是一种较好的辅助性评估方法。

5. 评选评比

评选评比是指由活动的决策单位或上级机关对活动的组织方、承办方及部门、个人进行业绩评价的方法。参与活动的各岗位人员在自我总结的基础上，经过充分讨论评选出优秀的部门与个人，作为对活动质量和实施水平的认定。从活动评估的角度讲是对活动全方位的再测评的过程，决策机关对先进单位和先进个人的表彰即是对活动结果的肯定，因此它是评估阶段不可缺少的环节。

6. 项目负责人总结报告

群众文化活动的主办方在活动完成后，应立即从活动的指导思想、创意策划、整体实施、队伍素质、工作效率、活动质量及社会反响等方面进行全面总结，经系统内部人员评议后形成文字材料，这是活动评估过程中的重要文件，是对活动主办方工作业绩的认定。

7. 项目汇报展示

运用活动成果展示的方式参与评估程序是群众文化活动的一大特点。在丰富多彩的群众文化活动中，有些项目是通过成果的展示来表现活动水平的，例如舞蹈培训班结业后的汇报演出；群众性的摄影展览；群众文艺团队精心排练后的文艺表演等。广大群众就是在其展示过程中使自身的文化需求得到了满足的，这是开展群众性文化活动的基本目的，也是活动评估的重要内容。

8. 财务考评

在各类群众文化活动的评估过程中，财务的考评工作都是必不可少的。这主要体现在两个方面：①检查活动中的经费使用是否符合财务纪律和相关法规；②采用将财力、物力、人力投入量与活动的实际效果进行比较的方法，检验和测评活动的社会价值与运作效率。

三、评估程序

群众文化活动的评估是一项系统而严肃的工作，必须按照一定的科学规范程序进行操作。在实际工作中，活动的规模不同，运作方式和复杂程度不同，其评估程序的运用也会不尽相同，但无论何种类型的活动在评估程序上如何变化，其总的原则和步骤是一致的。只有按照一定的程序运作，评估的结果才能保证真实有效。群众文化活动的评估程序大致可分成三个阶段，即准备阶段、实施阶段和发布阶段。

(一)准备阶段

①相关上级单位和活动的主办方组成评估组负责活动的评估工作，明确活动评估的指导思想和评估目的，确定评估方向，领导机构或决策单位向评估对象提出相关要求。

②活动承办方将活动过程中获取的评估素材进行梳理筛选、归纳分类，在此基础上确定评估内容，并根据本系统内部的具体情况确定评估方法。

③根据活动确定的评估内容和实际情况制定相应的评估标准。群众文化活动的类型不同，所处的实际状况不同，所制定的标准也会不同。评估标准的制定单位应当根据活动的评估需要确定标准的类别和内容。虽然评估标准的制定各地区和单位各不相同，但基本原则和与之相关因素的内在联系是一致的。例如：举办活动的动机和目的会影响社会效益标准的制定；活动所处的社会环境和活动内容要求会影响安全保障标准的制定；活动指挥机构的设置会影响系统协同标准的制定；活动岗位人员的素质会影响操作技术标准的制定；活动规模和项目内容会影响经费使用标准的制定；活动的运作模式和活动形式会影响运作效率标准的制定；活动承办方的综合能力会影响人员使用标准的制定；活动设备条件和管理水平会影响环境保护标准的制定等。

④在活动主办单位的领导下，对相关系统进行评估动员，组织岗位人员学习评估标准，了解评估目的和内容，做好评估前的各项准备工作。

(二)实施阶段

①活动承办方依据活动前期评估和活动过程评估的相关情况，对所属部门做活动事后评估报告，报告中要对活动的事实状况作出综合评价，并交由内部各系统讨论。

②各部门及各岗位人员进行内部评估，岗位人员是活动的执

行者，他们对活动的价值最有体会，对协同运作效果最有发言权，因此是活动评估的主体部分。通过各系统内的自我总结，对本部门、本岗位工作效率和工作质量进行认定，并构成总体评估的基础。

③由活动的评估决策方组织有关专家学者及群众进行外部评估。通过各类考评、座谈会、问卷调查等手段，广泛听取社会各界反应，从而对该次活动的社会影响力和社会价值做出客观评价。

(三)发布阶段

①考评领导机构负责人向各系统做活动终极评估报告，公布评估结果。这是经过活动评估各阶段程序之后，在广泛评议的基础上形成的总结性报告，是对活动最终的评价和认定，标志着活动评估工作的完成。

②根据评估结果对相关部门和个人进行表彰、奖励或处罚。这项工作对加强群众文化队伍建设，提高所属人员的综合素质具有十分重要的意义。当某岗位人员在评估过程中因自己付出了努力而得到肯定和承认时，便会产生自豪感，并获得新的动力。受到处罚的人员也会从教训当中找出今后努力的方向。因此，表彰和处罚是每一项群众文化活动结束时必须完成的工作，是评估发布阶段的重要内容。

③群众文化活动评估结果经过最终认定后，活动的主办方和决策方应采取如公文下达、召开会议、组织媒体等一定的方式向该次活动所影响到的相关单位和地区公布评估结果。这是扩大活动社会影响的好方法，同时又是进一步接受群众监督的必要措施。

【思考题】

    1. 群众文化活动实施过程中，工作机构的设置分类和各自职责有哪些？

    2. 简要论述群众文化活动组织实施程序的内容。

    3. 群众文化活动组织实施人员的基本素质有哪些？

    4. 简述组织实施过程中的一般技巧。

第五章　群众文化活动方案的编写

【目标与要求】

要求学员通过对本章的学习，掌握群众文化活动方案编写的基础知识，包括：方案的类别；方案的作用与特征；策划方案和工作方案的基本结构；简易方案的编写；应急方案的编写。并可进行实际操作。

第一节　群众文化活动方案的类别、作用与特征

一、活动方案的类别

群众文化活动的策划与组织是一个复杂的系统工程，必须经过从创意到实施若干运作过程。但不管这一过程如何操作，最终都要通过各类方案得到体现。活动方案是策划阶段的最终成果，是实施阶段的基础性依据。因此，活动方案的编写质量对整体活动来说具有决定性意义，任何活动的主办方和承办方都必须将活动方案的编写作为重大事项来抓，这是保证活动成功的关键。

这里所指的群众文化活动方案是一个由多类方案构成的综合性概念。在通常情况下，可按照工作性质、属种关系和活动内容三个方面对活动方案进行分类。

(一)按工作性质划分

策划与实施是举办群众文化活动过程中的两个完全不同性质的工作类型，因此在其方案中也表现出完全不同的性质特征。

1. 按活动性质划分，群众文化活动方案可分为设计方案和实施方案两大类

设计方案主要反映该项文化活动从点子、创意到策划各阶段的内容、形式、布局以及各相关元素的构思和设计。实施方案则主要反映该项活动在实际操作过程中的方式、方法及具体安排。两类方案各自承担的任务不同，其方案编制者的思维方式和构思的方法也不尽相同。设计方案为实施方案提供了依据，实施方案又为活动的具体运作提供了依据。

2. 设计类方案又可分为活动创意和活动策划两类方案，这两类方案虽然都属于设计类范畴，但各自的目的和侧重点却不相同

创意方案的编写目的主要是加深主办方和受众对该项活动的认识，为活动的决策机构准确做出判断提供依据。因此在方案的编写上更加侧重活动特色的渲染，将较多的笔墨用在对活动的意义、内容和形式的亮点等方面。方案的编写风格也相对形象、活泼，富有鼓动性和宣传性。

策划方案的编写目的是直接为活动的实施提供依据。更加注重活动的总体布局和相关要素的设计，将主要精力放在活动的可行性、机构的设置、内容分布和安排、经费预算等方面。方案的编写更加系统、全面，使承办方在编写实施方案时对活动看得见、摸得着，做到心中有数。

在实际工作中一些策划人误将创意方案当作策划方案提交给承办方，导致具体操作单位只能从方案中了解和感受到活动的意义和感染力，却不能确定活动的运作方向和原则，这说明策划人在策划概念上存在误区。

3. 实施类方案又可分为活动实施方案和活动应急方案，这两类操作性方案虽然存在较大差异，但相互关联密不可分

实施方案是策划方案的延续，是任务化了的策划方案。实施方案所涉及的全部内容都是以在正常状态下的操作为前提的，其操作内容和程序的设计都来源于策划方案。因此，在方案的内容上不能照搬策划方案的设计模式，应将策划方案中的感染力转化为实际操作方法。工作任务分配、步骤安排、经费使用等是实施方案编写的重点，直观、具体是实施方案编写的基本要求。

应急方案是实施方案的延续，是针对非正常状态的特殊操作设计。在开展群众文化活动，特别是大型活动时，不确定因素的存在是不可避免的。意外事件的预防主要体现在活动的应急方案之中。因此，活动应急点的确认，应急任务的分配和应急措施的确定是应急方案编写的重点。简洁、明确是应急方案编写的基本要求。

(二)按属种关系划分

群众文化活动的丰富性和群众性决定了其运作实施的复杂性。在开展中型以上群众文化活动时，仅仅依据总体方案的设计是很难完成全部操作程序的，必须将策划方案和实施方案进一步细化，形成完整的方案系统，才能确保各项活动任务的顺利完成。

为了顺利完成各项活动任务，总指挥系统和工作系统必须严格按照活动的总策划方案和实施方案的设计程序进行运作；在通常情况下，活动的总指挥系统和工作系统下面应当设立各级分支系统，他们在上级领导系统的指挥下建立各自相对封闭的内在工作循环系统，并按照工作任务的要求与标准制定适合本分支系统的活动方案；为了保证各类任务的顺利进行，各分支系统又要将自身所承担的任务，按照不同的类别分配到不同的单项任务部门，各单项任务部门根据自身的具体状况制定相应的方案细则。例如，某项大型群众文化活动在总指挥系统下设立了若干的分支系统，分支系统中的宣传系统又按照任务分成新闻发布部门、媒体联络部门、稿件征集审批部门等，这些部门都要制定自己的工作方案。

各级系统的运作意图和模式都要体现在各自的设计或实施方案上来。

综上所述，按照群众文化活动工作系统的属种关系上划分，活动方案可分为：总方案、分支方案及单项方案细则。

活动方案的级别越高，其宏观性和综合性也就越强。基层部门的单项任务方案往往会带有内容单一、专业性强的特点。

(三)按内容划分

按照活动的内容来编写方案是策划人和实施方经常采用的运作方法。这里所指的活动内容不是针对活动项目的主题内容而言的，而是指活动中各类工作任务的内容。

按活动内容的角度划分，群众文化活动方案可分为：群众艺术类方案；宣传鼓动类方案；后勤保障类方案；安全保障类方案；协调管理类方案；文秘档案类方案；其他相关方案等。

群众艺术类方案：群众文化活动是以文学艺术及文化娱乐为载体的群众性文化活动，活动的艺术类设计和运作计划往往是活动方案中的主要阐述内容。例如，文艺演出活动的节目编排，舞台美术的设计，音乐的创编制作，服装道具的设计等；群众性歌咏比赛的场次安排，舞台音响设计，评委组成等；群众性游园活动的文艺演出安排，艺术品展览布置，游艺娱乐活动设计等。编写群众艺术类方案应注意其生动性和富有感染力的特征，应给承办方以足够的想象空间。活动的特色往往在此类方案中得到体现。

宣传鼓动类方案：群众文化是我国公共文化服务体系中的重要组成部分，社会效益是衡量活动成果的重要标准，宣传教育功能是活动的主要功能，因此宣传鼓动类方案的编写就显得格外重要。例如，开展活动前新闻发布会的策划；为了满足群众的文化需求，提高活动的社会影响力而进行的各类宣传项目设计等。编写此类方案应在群众的需求热点和活动的目的上面下功夫。广大群众对此项活动的内涵是否理解，很大程度上取决于宣传活动是否成功。

后勤保障类方案：后勤保障是群众文化活动的重要任务内容。无论小型活动还是大型活动，后勤保障都是必不可少的。例如，交通保障，经费提供，食宿供给，通信联络保障等。方案的编写者在制定方案前必须要将活动的特点和完成各项任务的必要因素分析清楚并最终确认，这是此类方案的必要条件。

安全保障类方案：安全保障是开展群众文化活动的关键性内容，任何文化活动都以安全作为第一要素。方案的编写者应将主要精力放在方案的制定之前，要调查清楚各类安全隐患，并纳入方案，作为方案的主要内容，不能留有任何死角。安全保障类方案的编写重点是预防措施的制定，要做到准确、实用。在通常情况下，人员安全、设备设施安全、环境保护等是方案编写的重中之重。

协调管理类方案：在开展中型以上的群众文化活动的过程中，对内、对外的协调和管理任务是必不可少的，此类方案的制订是确保活动顺利进行的重要保证。例如，岗位、部门之间的协调磨合，合作单位之间的相互配合，活动各环节之间的衔接运作等。此类方案的编写重点应是各类规范、制度和管理标准的设定认同，以及协调方式方法的约定等方面。

文秘档案类方案：这类方案往往容易被人们忽视，但在实际工作中又十分重要，它是维系活动运行的良性秩序的重要因素。例如，各类文件的起草、报送，内部、外部的沟通联络和接待，信息资料的收集使用，各类材料的归类入档等。此类方案所涉及任务内容的规范性、制度性较强，编写风格与群众艺术类方案有明显不同。方案结构要严谨有序，突出服务性和条理性。

其他相关方案：由于群众文化活动具有群众性和多样性，在实际策划和运作中会出现一些特殊的或非常规性情况和任务内容。例如，我国少数民族地区的特色活动项目内容，根据地理特色开展的文化活动等。这些活动都有特殊的限定条件和设计要求。

二、活动方案的作用

随着我国群众文化事业的飞速发展，群众文化活动的开展也迅速走上了规范化轨道。科学化的运作模式促使活动方案的作用更加凸显出来，可以说，在当代一切群众文化活动的运作过程中，离开了活动方案就很难保证活动的有序进行。各类方案均按照自身预定的设计目的发挥着各自的作用。前文已述，活动方案分多个种类，但按其性质划分可归为活动策划类和组织实施类两部分。

(一)策划类方案的作用

策划方案的作用包括：决策依据作用、活动定向作用、活动程序设定作用、活动性质与规模的约定作用。

决策依据作用：活动的主办方所做的各类决策，在很大程度上是以策划方案中所做的设定为依据的。也就是说决策方依据策划方案的设计了解活动的性质、目的、规模、内容、形式以及运作的强度和难度等，从而作出活动的必要性和可行性判断。因此，策划类方案对决策方的认同度和支持度会产生重大影响。

活动定向作用：群众文化活动在设立项目初期首先要确定举办活动的目的和目标，这是开展任何群众文化活动的先决条件。活动的策划者必须在明确了该项活动的定位之后才能进行一系列的项目设计。例如，某项文化活动的定位是活跃群众的文化生活，策划人就会在普及和发动群众方面下功夫。若这项活动的定位是歌颂祖国歌颂党，则策划人就要围绕活动主题开展相关的构思设计。活动的定位必须在策划阶段完成，并最终体现在策划方案上。如果在活动的策划方案中没有对活动的目的和运行路线给予明确的设定，那么在具体操作过程中工作人员就会失去方向，极易产生运作混乱。

活动程序设定作用：活动程序是策划人在策划过程中的主要设计内容。由于群众文化活动的类型十分丰富，不同规模、不同内容、不同形式的活动，其程序也会不尽相同。例如，大型活动的程序设计必须注重各系统的协同和衔接，而小型活动的程序设计就要充分考虑到群众的方便参与和兴趣的满足。实施方案中的任务安排和操作办法的制定，都要以策划方案的程序设定为依据，这与修建楼房时建筑公司必须按照工程设计院所设计的图纸进行施工，是同一个道理。

活动性质与规模的约定作用：群众文化活动的性质和规模是在该活动的策划阶段设定完成的。这里所指的活动性质是活动的本质性特征，例如经营性活动和公益性活动；政府主办的活动和民间主办的活动等。活动的规模决定了运作难度，相关单位介入的数量和程度关系到该项活动协同磨合的强度。在策划方案中对活动的级别、性质、责任单位、受众范围和参与单位的数量，等等，都要作明确的设计，为承办单位的组织实施提供了依据。

(二)组织实施方案的作用

实施方案的作用包括：工作秩序的保证作用，项目实施程序的可控作用，明确职责分工作用，保证系统协调协同作用。

工作秩序的保证作用：实施方案是活动的操作性方案，它对活动的工作流程进行了详尽的设定，规定了活动的实施者必须按照方案中的流程步骤进行操作，明确了与活动相关单位和个人的相互关系，确定了活动的受众参与活动的规则与规范，从而保证了操作方在活动中的正常工作秩序。

项目实施程序的可控作用：在活动的实施方案中，对活动的运行节奏和计划安排都会用较大篇幅进行设计，什么部门什么人在什么时间进行什么工作都有明确规定。各指挥系统按照方案中的约定对下级单位和部门行使指挥权和管理权,确保该项活动的各参与单位和个人始终在总指挥系统的控制之下,使活动能够有条不紊地付诸实施。

明确职责分工作用:在活动实施方案的组织机构的设置中,对指挥系统和工作部门的各个岗位都进行了明确设定,并制定了相应的岗位职责。在方案的实施办法和任务分解等部分中,对各岗位的任务进行了分工和落实。保证了各系统在实际工作中目标明确,各司其职。

保证系统协调协同作用:在群众文化活动中,各部门协同配合是保证活动顺利实施的重要基础因素之一。尤其在大型群众文化活动中,任何部门都无法在无配合的状态下独立完成自身承担的任务。在实施方案的任务内容和操作方法中,对这一关系作了详尽设定,保证了各部门在一定的工作规范内进行良性合作。

三、活动方案的特征

(一)策划方案的特征

群众文化活动策划方案的特征是由其所承担的职能和任务所决定的。人们在审视策划方案时往往会关心三项内容:这是一项什么样的活动?为什么要开展这项活动?怎么开展这项活动?因此,策划方案就要既生动又要层次分明地将活动的全貌展示给广大群众,同时又要详尽说明开展这项活动的目的和意义,使主办方和受众方对活动产生兴趣和认同。为了达到这一效果,方案的编写者会凭借丰富的创造性构思能力,在结构的层次性和内容的生动性上下功夫,力求将方案写得有声有色,富于感染力。

策划方案是一项系统工程,策划者仅有丰富的想象力是远远不够的,方案的最终目的是为活动的实施提供蓝图依据,除了应有的生动性以外，更应重视其可用性。制定方案是为了应用，而不仅仅是为了宣传，创意的可信度和真实度是策划的基础性原则，这一原则应牢牢扎根于每一个策划人员的心中。活动的承办方应从策划方案中能够准确判断出活动的设计思想、运作方向和布局意图，否则策划方案就失去了设计价值。

在实际工作中，策划方案的编写容易产生两类失误。第一，占有大量篇幅反复论证活动的动机目的，并在可行性研究和活动的社会意义上面进行分析，但忽视了对活动项目内容、运作程序、机构设置等方面的设计，导致承办方失去操作目标和运作标准。第二，方案只注重具体内容的设计和活动要素的布局性安排，忽视了对活动的可行性分析，没有对活动的意义和目的进行论证，导致主办方对活动的必要性和可信度认识不足，从而影响了决策方的判断。同时，操作方也容易在实施的过程中失去方向，对活动任务的准确实施产生不良影响。

综上所述，一个高质量的群众文化活动策划方案应具备四个基本特征：结构性强、生动形象、直观简明、真实可信。

(二)实施方案的特征

前文已述，群众文化活动的实施方案是策划方案的延续，是任务化了的策划方案，任何活动的实施者都要依据实施方案的具体安排来进行运作。承办活动的相关人员，无论是何岗位都要从实施方案中找到自己的位置，明确任务的数量，完成任务的标准，执行运作的规范，以及协同合作的方法等。他(她)们衡量实施方案优劣的标准就是看其是否实用，是否准确。

在实际运作中，一些方案的制定者容易忽视方案的服务对象，没有站在任务执行者的角度来思考问题，仅凭开展文化活动的一般操作规律进行编写，这样产生的实施方案必定缺少说服力，其应有的指导作用也会大大降低。在通常情况下，活动的承办方在编写实施方案前应当完成三项工作：第一，对策划方案进行全方位分析，尤其是活动的特色，布局的意图与实际操作的结合点等；第二，对活动的各要素进行实际调查研究，包括承办方自身的队伍状况、设备设施状况、实际操作能力，以及现场环境条件状况等；第三，根据策划方案的设计蓝图和承办方面对的实际状况，确定实施方案的编写方向和设计原则。上述三项工作完成后才可进行实施方案的编写工作。

对于广大群众文化工作者来说，高质量的群众文化活动实施方案应包括四项基本特征：任务具体明确、可操作性强、措施翔实到位、表达直观准确。

第二节　群众文化活动策划方案和实施方案的基本结构

在群众文化活动方案的实际编写过程中，每一个编写者都会有自己的写作风格和习惯，因此构成了各类方案的丰富性和多样性，对特色群众文化活动的形成十分有益，各主办单位应给予支持和肯定。

一、活动策划方案的基本结构

活动策划方案的基本结构包括：题目、指导思想和目的、可行性分析、活动内容和范围、活动方式和方法、时间和地点、步骤安排、组织机构、经费预算、相关要求。

(一)题目

策划方案的题目是该项方案的灵魂，对于方案的正确理解具有极其重要的作用。人们可以通过题目了解到活动的范围、内容及规模，准确清晰的题目可以起到画龙点睛的作用。

方案题目包括活动单位或地区、活动项目和方案类型三方面内容。例如在《陕西省西安市群众戏曲大赛策划方案》的题目中，"陕西省西安市"即为活动地区，"群众戏曲大赛"即为活动项目，"策划方案"即为方案类型。

有些策划人喜欢在方案的题目之外另设副标题，例如"××公司职工艺术节——暨庆祝公司成立×周年"。凡是设立副标题的题目必须遵循以下两个原则：①题目与副标题必须有内在联系，不能是两个不相关的活动项目；②题目的内容含量应大于副标题，在通常情况下副标题的内容应是对题目的补充和进一步的说明。例如，"京城秋色，霜叶红于二月花——暨北京香山枫叶节"。

(二)指导思想和目的

群众文化活动的指导思想和目的是对该项活动的定位，指导思想为活动确定了方向，目的为活动确定了目标。指导思想和目的是两个不同的概念，但又紧密相连，指导思想表述的是活动的动机，而目的表述的是活动的结果。例如，在某市新秧歌普及活动的设计中，有这样一段话："随着我市人民生活质量的改善，人们对文化需求的数量和质量要求都有了较大提高……为了满足广大农村地区群众日益多样化的文化需求，现拟在各郊区县开展新秧歌普及培训活动……通过这次活动力求将首批新创编的秧歌迅速传播到我市农村60%基层单位中去，并得到广大群众的认可。"上述表述的前半段应视为指导思想，而后半段应视为对活动目的的表述。

(三)可行性分析

策划方案中的可行性分析是活动主办方做出决策判断的重要依据。策划人在这部分的编写过程中应做到内容翔实、分析全面、判断准确、建议实用。这部分表述虽然在整体方案中占有十分重要的位置，但篇幅不宜过长，条理清晰、层次分明，阐明内容即可。这一点与创意方案的编写有着重大区别。

(四)活动内容和范围

内容和范围是策划方案中的核心部分，是活动价值的主要体现。策划人在方案中应详尽说明活动内容的类别、数量、特点，以及内容和规模本身约定遵循的规范与规则。内容的描述要生动、形象、准确、层次分明，富有想象力，为活动的实施人员在确立工作任务时，提供形象的内容依据。活动的范围也要叙述得清晰具体，其中包括参加活动的受众范围，涉及活动场地的需求范围，活动内容的范围要求等。

(五)活动方式和方法

这部分内容对于活动的承办方来说十分关键，在活动实施过程中一切操作流程的形成和确立，都来源于策划方案当中方式方法的设计。因此，在编写中必须做到全面、实用，可操作性强。策划方案中阐述得越翔实，操作方的实施压力就越小，实施方案中的任务分配也就越准确。例如，在群众性文艺比赛类活动的策划方案中，要详尽阐述该项活动的运作原则及方式；报名参赛的方式方法；预赛、复赛、决赛等竞赛类别的划分和运作办法；评委组成方式和评比方法；颁奖流程的运作方式等。

(六)时间和地点

由于文化活动的策划工作是对活动项目的预测性设计，其时间和地点依据活动内容和形式的需要进行设计，无法判断在活动实施过程中承办方的具体工作安排，因此策划方案当中的时间地点设计与活动实施方案中的时间地点安排有着很大区别。策划方案中的时间地点要围绕着内容、形式设定，例如，单项文艺演出活动的时间地点；周期性文化活动的时间段和活动场所位置；综合性文化活动的时间分布和地点分布等。除此之外，还要在策划方案中详细说明活动筹备期间前期、中期、后期等各阶段的时间范围及布局。

(七)步骤安排

文化活动策划方案中的步骤安排是活动程序性安排，是活动承办方在制定实施方案时的重要依据。由于活动的策划者在策划设计时，并不掌握承办方的工作特征和实施风格，因此步骤安排不应写得过细，在各阶段时间内必须完成的工作内容表述清楚即可。工作任务应当由活动承办方在实施方案中进行具体安排，这是承办方的职责，也是权力。

(八)组织机构

策划方案中对组织机构部分的编写包括三部分，即组织协作形式、领导机构和工作机构。

组织协作形式是指该项活动各参与单位的相互关系和在活动中各自所处的地位。策划方案中应说明活动主办方、联办方、协办方及承办方的具体单位，他们相互之间的协作关系和各自应承担的职责。

领导机构是指对该项活动拥有决策权，并对活动结果承担法律责任的决策性组织。策划方案中应准确说明决策机构的组织构成，如组委会主任、副主任、委员等。要注明岗位职数和各自的职责，在正常情况下应明确最高决策人员名单。

工作机构的设计是承办方进行操作的重要依据，但这里的机构设置仅限于按照活动内容的需要进行的部门类别和职数设置，及制定各部门应遵守的相应职责。部门内的岗位设置应该在活动实施方案中得到体现，而不是策划方案应叙述的内容。

(九)经费预算

为了保证主办方得到正确全面的信息，并做出准确的判断，活动的策划人必须将经费预算设计得翔实周到。其中应包括活动需用经费总数；按经费使用内容划分的科目；各使用科目需用的经费等。例如某项文化活动需用经费××万元，各使用科目为文艺节目经费、后勤保障经费、活动宣传经费……其中在文艺节目经费中，创编费×万元、导演费×万元、排练费×万元……

（十）相关要求

由于群众性文化活动经常要面对诸多的不确定情况，因此在策划方案中应针对活动的实际问题提出具体的限制性要求。例如在群众戏曲比赛中，针对曾经的职业戏曲演员离开职业舞台的时间提出了限定；在老年登山活动中，对老年选手的身体条件提出要求等。

在策划方案中的实际编写中，上述内容缺一不可，但侧重点可有所不同，前后次序可能有所变化。一些策划方案习惯将组织机构部分放在前面，将时间地点与步骤安排结合在一起编写，这是正常的。不同的策划人在各自的策划方案中，经常会表现出不同的风格和特征，主办方应当鼓励并提倡。特色活动的展示往往会从这些风格各异的策划方案中得到启示。

二、活动实施方案的基本结构

活动实施方案的基本结构包括：题目、计划目的、任务内容、实施方法和手段、具体安排和步骤、落实工作机构和岗位人员、任务分解并落实到人、保障措施、相关要求。

（一）题目

活动实施方案的题目应与该项活动的策划方案题目相一致，只是在方案类型上有所区别。一些策划人依据自己的写作习惯，在与策划方案主题相一致的前提下，略有更改也是允许的。但有的策划人习惯将策划方案的副标题作为实施方案的题目来设定，这是不可取的，容易使主办方在判断上产生歧义。

(二)计划目的

策划方案中的活动目的侧重于活动的社会效果和群众的文化需求，而实施方案中的计划目的是针对该项活动的直接结果而言的，是对策划方案中指导思想的再解读，无需再对活动的必要性和举办活动的动机进行说明。实施方案是操作性方案，其方案中的目的也是对操作结果加以阐述，因此应简明直接，切忌烦琐。例如，在某项群众文化辅导活动中这样表述："通过有序的实施操作，力争使接受辅导群众学习成绩的合格率达到××%"等。

(三)任务内容

活动承办方在制订实施方案时，将策划方案中的内容和形式部分转化为具体的工作任务。方案中应按任务的数量、类别、特征对内容进行重新编排，最终以可操作任务的形式确定下来。承办方可按不同的活动内容要求采取不同的任务设定方式，通常将各类别的任务层层细化，直至到具体的任务点，为进一步将各任务分解到部门及岗位做准备。例如，将文艺比赛类活动内容划分成业务类活动任务、后勤类活动任务、宣传类活动任务，等等；业务类活动任务又可分成竞赛程序类任务、参赛选手类任务、舞台艺术类任务、竞赛评委类任务，等等；竞赛程序类任务再可分成竞赛规则类任务、竞赛流程类任务、竞赛操作类任务，等等；以此类推。

(四)实施方法与手段

在活动的策划方案中，对活动的方式方法进行了明确的设计。但这一阶段的设计是依据活动内容和形式的需要来构思的，当内容转变为任务后，其实施方法也会随之发生变化。承办方在制定活动实施方案时，应在策划方案设计的基础上完成三部分内容：

①承办方根据活动实际面对的具体情况和活动承办单位的工作特征，以策划方案的设计为依据，对活动的实施方法进行再设计；②对实施办法和手段进行细化，与活动任务相结合转变为具体的实施手段；③确定各工作部门之间的协同协作关系。

(五)具体安排和步骤

活动实施方案中的任务安排与策划方案中的步骤安排有很大区别。策划方案是以内容的要求进行的宏观性设计，一般以阶段性设计为主，其目的是为承办方提供操作性依据。而实施方案中的步骤安排是具体操作性设定，因此必须要翔实、周到、具体。通常在制定实施方案时，该部分内容常常与时间地点结合起来编写，什么时间、什么地点、完成什么任务，必须一一说明。

(六)落实工作机构和岗位人员

根据活动任务的实际需要，对策划方案中的工作机构设定进行再次确定，必要时可进行适当调整。在此基础上对工作机构中的各部分进行分级设岗，并明确各岗位的工作职责。例如，某项文化活动设立了五个部门，在实施方案中就要进一步确定每一个部门的主任、副主任的岗位职数，其后是对每一个部门的岗位进行确定，明确阐明每个岗位的工作分工和工作任务范围。

在活动实施方案中，主要设定的是工作机构部分，至于领导机构的相关设定已在策划方案中得到体现，一般不在这里进行调整，但各领导岗位必须完成向活动指挥系统的转化，明确各指挥岗位的职责分工，并对各自的指挥结果承担责任。

(七)分解任务，落实到人

将分解后的各项任务点按照各个工作部门的职责逐一进行对位，逐级确认工作任务的数量和质量。

各部门将自身应承担的任务逐一分解到各个岗位，并依据岗位职责对岗位任务提出要求和完成标准。

根据岗位的需要和承办方队伍的实际操作能力，确定具体上岗人员，各岗位成员应对各自承担的任务进行再确认。

综上所述，活动实施方案中该部分内容应包括：部门任务、岗位任务和岗位成员确认三部分内容。

（八）保障措施

活动实施方案中的保障措施是针对任务而言的，一切措施均为了确保任务的顺利完成，因此不同地区的不同类型的群众文化活动所采用的保障措施也各不相同。但不管活动类别如何变化，有些措施是必须提前设定的。例如经费保障、人员保障、技术和设备保障、规章规范保障及法律法规保障等。

在活动实施方案中，保障措施应具体周到，具有针对性和可操作性，切忌空泛笼统。例如，在通信器材保障中要具体到各指挥系统、工作系统的器材配备种类、数量、功能及使用时间、范围等。

（九）相关要求

在活动的实施过程中，工作人员会面对一些在策划阶段无法预测的操作性问题，这些问题会在任务的落实过程中反映出来。实施方案中的相关要求是对策划方案中的相应内容的补充和细化，要求得越具体，其活动就越有保障。

综上所述，活动的实施方案是策划方案的延续，策划方案是依据丰富的想象力为活动设计出形象的蓝图，实施方案是将蓝图转变为可操作的实施方法，提供给操作方把活动的蓝图转化为现实。因此，可操作性是活动实施方案的核心，无论何种方式的撰写都不能违背这一核心原则。

三、群众文化活动的简易方案

基层群众文化工作者在实际工作中，一般接触较多的是中小型群众文化活动。由于其设计、程序和操作等方面都比较灵活、简便，因此在方案的编写上可以将策划方案和实施方案合并成一个群众文化活动方案，称为群众文化活动简易方案。

群众文化活动的简易方案的基本内容包括六个方面：即"何人、何事、何时、何地、何种条件、如何操作"，又称"六何"结构。

(一)何人——包括何人主办、何人操作、何人参加三方面内容

1. 何人主办

何人主办是指活动决策方和承担法律责任的单位是谁。主办方通常以单一单位主办和多个单位共同联办的形式出现。例如，"××市群众戏曲大赛"由××市文化局主办；"××市夏日广场系列文艺演出活动"由××市文化局、××市旅游局、××市园林局联办等。

2. 何人操作

何人操作是指活动的承办单位和协办单位是谁。在方案中要明确说明该次活动的承办方是哪一个或哪几个单位；他们相互之间是何协作方式；具体分工是什么；承办方与主办方之间的相互关系等。如果在活动中有协办方的支持，也要在方案中说明协办单位的名称、协办项目和数量等。

3. 何人参加

何人参加是指参加活动的受众是谁。其中包括参与活动的单位数量，活动规模，参与人员的类别等。例如，在群众性文艺比

赛活动中，参赛选手的来源和数量、评委的组成、现场观众的组织等，都应当在方案中体现出来。

(二)何事——包括活动目的、活动内容、活动形式三方面内容

1. 活动目的

简易方案活动目的的编写要简洁明了，直接切入主题，要明确说明该项活动欲达到的结果，避免泛泛而谈，笼统空洞。例如，"为了满足广大人民群众的文化需求，丰富群众文化生活……"，"为了促进群众文化事业的发展，提高群众文化需求水平……"等。这些表述虽然内容正确，但过于笼统空泛，对该项活动没有实际指导意义。

2. 活动内容

应当根据活动目的的要求和群众的实际文化需求来确定内容的类别。要在方案中详细说明活动类型的种类和每一类活动的具体项目内容，并说明各类活动内容的特征与要求。例如，某乡镇拟举办春节游园活动，其中民间花会表演被确定为活动的主要内容。但在方案中仅注明民间花会是不够的，还必须将该项内容分解为若干具体内容，如高跷、旱船、秧歌、跑驴等，并尽量说明这些活动项目的特色和看点。

3. 活动形式

前文已述，活动形式是为活动目的和内容服务的，方案中要说明形式与目的、内容的相互关系，为活动的承办方提供操作依据。例如，花会表演适用于广场活动形式；以选拔人才为目的歌咏活动，则适合以独唱为主的群众性歌手比赛等。综合性文化活动的形式往往是多样的，在方案中要一一说明，并将形式与活动内容对位。

(三)何时——包括初始时间、筹备期时间、活动时间三方面内容

1. 初始时间

该项活动的批准时间和起始时间应在方案中注明。在一般情况下，活动的决策方正式批准活动项目并付诸实施之日被视为初始时间。活动的承办方应根据这一时间来掌握和控制工作节奏。

2. 筹备期时间

按照前期准备、中期准备、后期准备的顺序，将各阶段的时间安排及具体工作任务写入方案之中。例如，某项活动的前期准备阶段为×月×日至×日，完成组织机构设置、工作任务安排、规章制度制定、活动经费落实等任务。

3. 活动时间

活动的具体时间应按照活动的布局逐一说明，单一时间的活动要清晰注明活动的具体时间，如举办单场次文娱晚会的起始时间等；段落时间活动应注明活动的起止时间，如某文化馆于2012年×月×日至×月×日举办专题摄影展览活动等；系列型综合性活动除了说明活动的起止时间外，还应详尽说明活动中各阶段内容的展示时间，如某乡于2012年×月×日至×月×日举办春节游园活动，其中×日×时至×时进行花会走街表演；×日×时至×时进行广场文艺演出等。

(四)何地——包括活动地点、办公地点、指挥地点三方面内容

1. 活动地点

单一项目的活动，应明确注明活动的具体位置，如在某某镇文化活动中心广场举办消夏晚会等；综合性活动应当说明各项活

动项目展示的具体地点，如在春节系列活动中秧歌表演在中心广场，文艺演出在文化中心多功能厅，民间绝技表演在活动中心小剧场等。

2. 办公地点

为了保障活动的正常操作秩序，活动的策划方应当将承办机构及办公联络单位的地址，以方案的形式告知活动的参与单位及个人，例如各类文艺比赛的报名地点等等。在实际工作中，活动的主办方与承办方往往不同属于一个系统单位，基层群众在参加活动时经常因地址不详而发生联络困难，从而影响了单位及群众的积极性。

3. 指挥地点

在群众文化活动中，指挥系统是全局的中枢系统，无论大型活动还是小型活动，决策方必须在活动前公布指挥中枢的位置。例如，大型活动在实施中的各项指令是从何处发出的，小型活动出现状况应向何处报告等。

(五)何种条件——是指举办该项活动必须具备的基本硬件要素

前文已述，群众文化活动开展的基本条件包括经费、环境、后勤保障条件、人员队伍素质和设备技术水平五方面内容。

在方案中应分别详尽说明：经费预算的数量及使用分配；活动环境的特征和利用方式；活动所需的交通、食宿、通信等后勤安排；活动所需的岗位人员分配情况；场地设备及各项技术条件需求等方面的设计和要求。

(六)如何操作——是指运作该项活动的方式和方法

文化活动的方式方法是由活动的内容和形式所决定的，同时又是使内容、形式得到充分体现的重要保障。活动的承办方须按照方案中设计的方法进行具体操作和运行。

由于各基层单位所处的环境和当时的具体状况不尽相同，因此开展文化活动所采用的方式方法也各不相同。但是，在基层文化活动中，无论采用何种方式，都应遵循便于群众直接参与，为大多数群众服务；喜闻乐见，贴近群众生活；精神鼓励为主，物质奖励为辅等原则。

综上所述，群众文化活动简易方案的编写，应当兼顾为决策方审批和操作方实施提供依据两方面的作用。文字不宜过长，1500～2000 字为宜。

第三节　群众文化活动应急方案的编写

一、群众文化活动应急方案的基本结构

在群众文化活动的实施过程中，应急设计是确保活动顺利完成的最后防线。其方案的编写也必须准确无误，简明直观，可操作性强。

群众文化活动应急方案的基本结构包括：题目、应急目的、应急内容、任务分解、应急方式方法、应急时间和地点、组织分工落实、保障措施八个方面。

1. 题目

应急方案的题目包括活动应急科目，应急内容和方案类别三方面内容。应急科目是指本项应急方案针对的活动科目；应急内容是指活动科目内的具体应急内容及范围；方案类别是指本方案的种类性质。例如：《××市春节花会表演交通疏导应急方案》中的"××市春节花会表演"即是应急科目，"交通疏导"即是应急内容，"应急方案"即是方案类别。

2. 应急目的

应急目的是应急方案中十分关键的阐述部分，是确定应急任务和落实各项措施的基本依据。从总体上讲，应急目的应当从确保策划案和实施计划的实现；避免损失或将损失减少到最低程度；对实施计划进行调整等方面进行思考和论证。由于活动所处的具体状况不同，应急目的的侧重点也各不相同。在应急方案中阐述的应急目的部分应当具体明确，避免空泛笼统。

3. 应急内容

在活动的具体实施过程中，应当以应急目的为依据来确定应急内容。应急方案中的应急内容要明确表明内容类别和相应部位。例如，综合性应急中的设备故障应急、人员安全应急、操作性意外应急、通信故障应急以及突发性变故应急，等等，必须在方案中得到分类体现，并且表明各类意外中的具体应急内容要点。设备故障应急中的哪些设备容易发生意外，人员安全应急中所指的重点是演职人员还是参与活动的群众等。

这里所指的群众文化活动应急方案的应急内容与公安部门所指的活动安全预案有很大不同。公安部门所制定的安全预案主要是针对人员及财产安全而言，如人员疏散、交通管制、设备防风防雨等。而文化部门所指的应急方案除了公安部门所涉及的内容外，还包括活动操作性和程序性安全。如舞台演出中突然停电，由于某种原因参赛选手没有到场，等等，都不是安全部门考虑的范围，但在文化活动应急方案中必须将此类因素列为重要内容。例如，某个业余京剧团在春节期间送戏下乡，表演的是全本《龙凤呈祥》，他们每到一地都准备了一定数量的游戏项目，对此部分演职人员十分不理解。当在某村演出时，场上的音响设备突然发生了故障，演出只好停止，正当音响师抢修设备时，观众席里的游戏项目发挥了作用，到场的群众在欢乐中度过了这段尴尬的时刻。

原来是活动的承办方十分了解这个业余剧团的音响设备年久老旧，经常出毛病，便将这一问题纳入应急内容范围内，从而保证了活动的顺利进行。

4. 任务分解

应急方案中的任务分解需要完成以下几项内容。

（1）对应急内容进行细分类

将每类应急内容细分成若干个单一项目的操作点。例如，在活动中将安全应急细分为人员安全、器材设备安全、场地安全等；人员安全又可细分为群众安全、演职员安全、工作人员安全等；群众安全又可细分为老年群众安全、少年群众安全、残疾群众安全等，以此类推。

（2）将各项应急内容转化为具体应急任务，并按类别进行排列

在应急内容细化后，将各应急操作点按任务的形式确定下来。例如，上文所述的老年群众安全，转化为应急任务后便成为医疗救护、安全撤离等。当该项活动的所有应急内容都转化为应急任务后，便按照应急类别将任务进行排列分类。

5. 应急方式方法

针对各类应急任务分别确认应急方式和方法。例如，老年群众安全应急中的医疗救护，所采用的应急方式一般有药品应急、现场抢救应急、车辆运送应急等。在方案中应分别注明药品的种类、医务人员的数量和车辆运送的办法及路线等。

6. 应急时间和地点

应急时间包括两项内容。第一，活动中的应急时间范围。是指该项活动的各岗位人员何时进入应急时间，何时解除应急时间，两者之间的跨度为多长。例如，某地在开展春节花卉广场文化活动时，在表演队伍和观众入场之前，工作人员就要提前上岗，拉

起警戒线，从这时起即进入应急时间。活动结束时场地内表演队伍、观众及各类器材设备安全撤离，当工作人员拆除警戒线并撤离岗位后，即宣布活动应急结束。从进入应急时间至宣布活动应急结束这一全过程，均为应急时间范围。第二，活动中的重点应急时间。在大型群众文化活动中的应急时间范围内，包含着若干个重点应急时间。例如，在北京奥运会举办之前，北京市开展了多项宣传奥运精神的大型群众文化活动，其中有一项奥运龙展示活动在北京居庸关长城举办。活动全长为四个小时，总应急时间范围为五个小时。在多个活动项目中有四十分钟的时间需要飞机在空中航拍，从飞机进入时间起至飞机撤离时间止均被列为重点应急时间段，与其他活动内容中的重点应急时间一同写入活动的应急方案之中。

应急地点是指活动过程中的具体应急岗位所处的位置。包括指挥人员的位置、执行人员的位置和应急器材设备的位置等。例如，在夏日广场文化活动中，现场应急指挥人员是在音响台旁还是在活动场地内；医护人员的位置在何处；安保人员的位置在何处；消防人员及器材的位置在何处等。

应急方案中的时间和地点应把握住两个原则，即准确和快速。所谓准确和快速是指活动应急的重点时间和重点位置必须明确，要保证活动现场的各个岗位人员在发生意外时明了向何处请示，用何种方式报告，采用何种应急手段，如何用最迅速的方式到达应急位置。

7. 组织分工落实

首先是指挥机构和主要责任人的落实。活动应急是个相对独立的系统，第一责任人一般由活动现场的指挥人或领导机构的负责人担任，并对应急结果负责。参与活动的各相关单位负责人都应进入应急指挥机构，并承担相应的义务和责任。

应急方案中的组织分工落实部分主要包括岗位落实和任务落实两部分。岗位落实是指根据该次活动的各应急部位的需要设立相应的应急岗位，并将这些岗位逐一落实到个人，要在应急方案中明确注明各岗位人员的姓名。任务落实是指将分解后的各项应急任务分别落实到各个岗位上，要使每一个岗位成员都明了自己承担任务的内容和要求。

应急方案对这部分的编写一定要翔实、具体。这是全部方案中的关键内容。

8. 保障措施

对于每一个应急岗位成员来说，完成应急任务必须要有相应的措施作为保障，具体内容要依据活动的实际条件而定。例如，防火和现场保卫人员需要提前适应场地并进行相应的技术培训；大型活动中的各应急岗位需要配备与活动相应的通信联络设备等。

编写者在编写应急方案前应对各项应急任务的具体要求进行全面了解，在经过调查研究的基础上制定保障性措施。

二、编写应急方案应注意的问题

编写应急方案是一项十分细致的工作，它关系到广大群众的生命安全和国家财产不受损失，以及活动圆满成功的大问题，不得有半点闪失。在编写过程中要特别注意四方面问题，这是保证应急方案质量的关键。

(一)编写应急方案前应对不利因素分析透彻

在编写应急方案之前，活动的承办方一定要对该项活动的全貌及优势、劣势分析透彻，分析的重点是活动的劣势和不利因素。不利因素是发生意外情况的重要因素，万万忽视不得。尤其是细节，越是平时不被注意的地方，越是容易发生问题的地方，任何疏忽都会酿成大错。

(二)应急措施安排越具体越好

一些方案的编写者在编写过程中，往往对保障措施部分不够重视，这是十分错误的。许多应急岗位的人员在执行应急任务的过程中必须得到保障措施的支持才能完成，应急措施不到位就会延误应急时机，甚至会造成重大损失。例如，在某次广场少儿文化活动中突遇暴雨，场内儿童按照应急方案要求迅速经过应急通道撤离，但在应急通道内的障碍物没有在事前清空，导致人员撤离受阻，大批儿童被雨淋湿。因此，在应急方案中保障措施越具体、越翔实越好，这是保证活动顺利进行的关键性因素。

(三)应急方案不宜过长

应急方案的关键内容是应急内容的确定；应急任务的分解细化；应急岗位人员的确定及应急办法的制定等方面。这些内容必须简练、准确、直接，应使执行人员一目了然。文字叙述不宜过多使用烘托性语言和宣传鼓动性语言，要直切主题，讲清为止，全篇不宜过长。一些同志喜欢在方案中加进活动的特色，活动的意义及各级领导的重视程度等内容，使得部分人员在执行应急方案时找不到重点，从而减弱了方案的实际效用。

(四)应急方案的编写者应对活动有全面的了解

活动的承办方在编写应急方案之前应对活动的策划方案和实施方案进行全面分析，掌握活动的全貌，尤其要对活动的意图、活动的内容、岗位的设置和任务的分解等内容进行详尽的调研。在确定重点应急内容前，一定要进行实地考察和操作可行性调查，绝不可仅凭想象和推测进行设定。例如，某地在春节拟举办民间彩车和花会表演活动。在活动的实施方案中已注明在当地设有消防设施，应急方案的制定者在没有进行实地调查的情况下设计了防火措施。当活动过程中某辆彩车发生火情时，当地的消防设施却因年久失修无法打开，险些酿成大祸。虽然这次事故的主要责任不在活动方案的设计者，但应急方案的应对不当，延误了最佳应急时机，也是事故的起因之一。

【思考题】

1. 编写群众文化活动简易方案的要点有哪些？

2. 群众文化活动的策划方案与工作实施方案的编写有哪些不同？

3. 群众文化活动应急方案的基本结构和应注意的问题有哪些？

【推荐阅读】

1. 田长广. 常用策划书创作[M]. 北京：北京大学出版社，2007.

2. 廖灿. 商务策划实务教程[M]. 北京：中国经济出版社，2005.

3. 何英隽. 撰稿人[M]. 银川：阳光出版社，2010.

4. 郑永富. 群众文化管理学[M]. 杭州：浙江人民出版社，1994.

5. 卢盛忠. 管理心理学[M]. 杭州：浙江教育出版社，1985.

6. 郑永富. 群众文化学[M]. 北京：中国国际广播出版社，1993.

7. 厉新建. 中国休闲研究[M]. 北京：旅游教育出版社，2009.

8. 高等艺术院校《艺术概论》编著组. 艺术概论[M]. 北京：文化艺术出版社，1983.

9. 袁德. 社区文化论[M]. 北京：中国社会出版社，2010.

10. 陶家明. 群众文化心理学[M]. 北京：中国文联出版社，2001.

后　记

　　为了满足全国广大基层群众文化队伍的工作需要，进一步促进群众文化理论体系的日益完善，文化部组织力量编写了《文化馆（站）业务培训指导纲要》及其相应的六本教材，在一定程度上解决了基层群众文化队伍长期没有统一培训教材的局面，这是一项系统工程，对群众文化事业的科学化发展具有重要意义。作为《群众文化活动的策划与组织》一书的写作者，我为能够参加系列教材的编写工作感到无比荣幸。

　　系列教材的编写是群众文化事业发展的需要，也是社会主义文化事业发展的必然。一门学科的建立和完善需要经过几代人的共同努力才能实现，几十年群众文化活动的发展历程，为这一理论的形成奠定了坚实的基础，在这方面我深有体会。从20世纪80年代湖北孙渊老师的《群众文化概论》，山西赵恒举老师的《群众文化管理学》《中国群众文化史》，湖北谈祖应老师的《文化（艺术）馆管理》，90年代初由文化部常泊同志主编的《中国群众文化词典》，直至浙江郑永富老师主编的《群众文化学》《群众文化管理学》《群众文化辅导学》三本教材，我都进行了较系统的学习，并从中获得了宝贵知识。在从事群众文化工作三十余年的实践中，我几乎经历了改革开放以后群众文化事业从复苏到发展的各个阶段，在大大小小的群众文化活动中尝到过成功的喜悦，也感受过失败的痛苦，现在回头望去，无论是成功还是失败，都是宝贵的财富，使我终生受用。我要感谢北京市文化局多年来对我的锻炼和培养，并给予我多次实践的机会和较多的思考时间。

　　《群众文化活动的策划与组织》这本教材，最早起源于十年前我为中央文化管理干部学院准备的课程提纲，并在长达近十年的授课实践中得到了进一步的充实和完善。学院领导为我提供了大量与基层群众文化工作者交流的机会，使我能够广泛接触全国各地的同行和同事，从他们对课程内容的评价和建议中得到了启发，随之开始了长时间的酝酿撰写过程。数年来，这本讲义几乎时时刻刻都在修改。2003 年我将其中部分内容写进了北京市群众文化系列职称考试大纲（初、中级）中并沿用至今，取得了较好的效果。为此，我对《群众文化活动的策划与组织》这本教材的撰写充满了信心。

在教材的写作过程中，我事业的领路人、老领导、北京市政府文化顾问冯守仁先生对我长期的支持和无私的帮助，使我获得了无穷的力量，该教材的主体结构就是在他的反复推敲后，最终确定下来的。我多年来的合作伙伴和工作搭档，北京文化艺术活动中心专家委员会副主任石振怀老师，对我的撰写工作给予了多方面的指导和帮助。此外，我还得到了原文化部社会文化司的刘波处长、原北京市崇文区文化馆马浩流馆长、原天津市和平区文化宫寇援主任、北京市朝阳区文化馆徐伟馆长、成都市群众艺术馆郑时雍老师等众多老领导、老同事的大力支持，他们的许多观点和理念对该教材的立论产生了重大影响。浙江省文化馆的王全吉老师对教材大纲进行了认真修订，北京市天韵星光文化艺术有限公司的李振兴经理对教材中的技术性问题给予了多方面的指导。在此，我谨向上述各位领导和老师表示最诚挚的感谢。

由于群众文化活动的理论研究是一项全新的课题，可供参考和引用的权威性材料十分有限，我将策划学、管理心理学、民俗学和教育学，以及各艺术门类当中与群众文化有关的一些理论和知识进行了梳理，将其通俗化后与群众文化活动的实际相结合，努力在可行性和操作性上下工夫，试图让读者看得见，摸得着，用得上。但由于我自身的能力有限，视野还不够宽阔，虽然经过了长时间的酝酿，可最终写出来的教材仍然不可避免地存在许多不足和缺憾。教材中所涉及的内容较多，但有些只是点到为止，没有系统展开论述，影响了教材的整体深度。当代社会科学技术的飞速发展和互联网的广泛运用，极大影响了群众文化活动的策划理念和表现形式，但在教材当中却较少涉及，前瞻性不够。

当前，在我国群众文化领域中有许多有识之士，正在依据自身的实际情况，编写有关群众文化活动策划方面的文章和著作，有些作品相当有分量，我正在认真学习，受益匪浅。我真心盼望广大同行和各界朋友对本教材给予关心和指导，把本教材作为铺路石，不断弥补其不足，完善其内容。众人拾柴火焰高，希望各界同仁能在不长的时间内，将"群众文化活动的策划与组织"这一应用性很强的新型理论提高到一个崭新的高度，为我国群众文化事业的大繁荣作出应有的贡献。

贾乃鼎

2013 年 6 月 1 日